静观日本

徐静波 著

中国出版集团公司
华文出版社

图书在版编目（CIP）数据

静观日本 / 徐静波著 . -- 北京：华文出版社，
2015.10（2019.11 重印）
　ISBN 978-7-5075-4427-5

　Ⅰ . ①静… Ⅱ . ①徐… Ⅲ . ①日本－概况 Ⅳ .
① K931.3

中国版本图书馆 CIP 数据核字（2015）第 242615 号

静观日本

著　　　者：徐静波
责任编辑：潘　婕
出版发行：华文出版社
社　　　址：北京市西城区广外大街 305 号 8 区 2 号楼
邮政编码：100055
网　　　址：http://www.hwcbs.com.cn
电　　　话：总 编 室 010-58336239　发行部 010-58336238
　　　　　　责任编辑 010-63429159
经　　　销：新华书店
印　　　刷：北京明恒达印务有限公司
开　　　本：787mm×1092mm　1/16
印　　　张：22
字　　　数：350 千字
版　　　次：2015 年 11 月第 1 版　2018 年 8 月第 2 版
印　　　次：2019 年 11 月第 13 次印刷
标准书号：ISBN978-7-5075-4427-5
定　　　价：49.80 元

版权所有，侵权必究

徐静波学兄

静说日本

林山悌市
二〇二五年九月二吾

序

村山富市

中国有一个词,叫"忘年交"。我今年已经91岁,而徐静波先生才迈上50岁,虽然年龄相差近一半,但在许多的问题上,我们的观点和立场是十分相近的。我想,这源自他对日本社会和日本人的深刻理解,而这种理解,需要一种公正客观之心,一般人很难做到,但是他做到了,而且做得很真诚。

六年前,徐静波先生第一次到我家来采访我,他拿出一张1997年在我的国会办公室里与我拍的合影,我才知道,我们的友谊其实已经有十几年了。与其他的外国记者不同,徐静波先生提的每一个问题都会照顾到我的心境与情绪,因此,我可以敞开胸怀与他谈了我为什么当上首相,后来为什么辞职,为什么在阪神大地震发生时一概不知等让我自豪和心酸的事情。

后来,徐静波先生多次来我家和我聊天,我对他讲了"村山谈话"发表的前因后果以及发表这份谈话的目的,也讲述了自己对于历史问题和日中关系的看法。甚至在敏感的尖阁列岛(中国名:钓鱼岛及其附属岛屿)问题上,我也表达了自己的立场。

日中两国是无法搬家的邻居,在文化上也是血脉相连,两国没有理由不友好相处。但是,友好需要基础,日本政府需要在历史问题上承认侵略战争的历史,尊重中国受害者的牺牲，这是最起码的两国政治互信的基础。同时，对于中国的崛起，日本要以平常心对待，并尽可能地提供协助。

日本是一个美丽的国家。我相信经过70年和平环境熏陶的日本人民，与中国人民一样热爱和平。两国人民携手合作，亚洲乃至世界才会和平繁荣。

徐静波先生把自己对于日本的理解与观察，写成了《静观日本》一书，也将我的观点与立场收录其中，我非常高兴与感动，希望中国朋友能够理解我对于历史问题的立场和对于中国的感情。我也希望通过《静观日本》这本书，让中国朋友多了解一些真实的日本。只有相互理解，才能促进友谊。

从这个意义上来说，《静观日本》这本书的出版，对于改善和发展日中两国的关系，将会起到十分积极的作用。

日本前首相
村山富市
2015年9月吉日

目录

让我们好好做邻居——静观中日关系 / 1

1. 我不是徐福的后代 / 3
2. 到奈良去寻找古长安的影子 / 7
3. 遣唐使渡海来中国到底有多艰难 / 10
4. 冲绳岛上的中国人 / 13
5. 甲午战争，清廷为何会失败 / 16
6. 日本老兵证言：确实拿中国活人练刺刀 / 19
7. 寻找日本"731部队"战犯的下落 / 22
8. 日本老兵忏悔：当年我们在南京杀人放火 / 25
9. 我问老兵金子的7个问题 / 27
10. 日本人为什么把中国地图倒过来看 / 31
11. 我与高仓健做邻居 / 34
12. 日本女人嫁给中国男人时的感觉 / 38
13. 自掏腰包为中国人打官司的日本律师 / 40
14. 日本驻华大使的任前课 / 47
15. 大分县知事的"中国梦" / 50
16. 日本人如何看待"中国GDP赶超日本" / 54
17. 日本为何担忧中国人来投资 / 57
18. 捕捞红珊瑚，事情其实是这样 / 59
19. 中日关系该如何避免"两败俱伤" / 61
20. "中国第一股"为何在日本遭遇退市 / 68
21. 为什么中国人一听"日本制造"就上当 / 73

目录

22. 一台日本电脑的维修故事 / 75
23. 在冲绳美国村里闯荡的苏州美女 / 77
24. 中国人到日本炒房的麻烦和陷阱 / 79
25. 中国人能否换个角度看日本 / 82
26. 杨贵妃是否真的逃到了日本？ / 84
27. 一年有多少日本新娘嫁到中国 / 89

悲情的樱花——静观日本文化 / 91

1. "守家业"在日本人心中分量有多重 / 93
2. 对话日本首富——优衣库老板柳井正：钱多了该怎么花 / 96
3. 日本公主上学享受什么待遇 / 101
4. 日本人为何拾金不昧 / 109
5. 日本白领为何在墓地里吃饭看书 / 112
6. 环保大国日本为什么不取消塑料袋 / 114
7. 日本女孩为何要跪着服务 / 117
8. 拯救万人生命的播音天使为何得不到表彰 / 120
9. 日本为何允许女孩16岁结婚 / 123
10. 日本女星为何不拜金 / 126
11. 日本女人选择老公的三大条件 / 128
12. 日本女人为何很少举报情人 / 132
13. 在日本撒谎将会付出什么代价 / 134
14. 日本著名科学家为何上吊自杀 / 137
15. 日本奥运会奖牌得主都奖些什么 / 141
16. 日本女足为何能够成为世界冠军 / 144
17. 日本人看待美国人的心态 / 147
18. 日本为什么没有乞丐 / 150
19. 日本人生病为何不往大医院跑 / 152
20. 日本年轻人为何不愿意当"啃老族" / 156

21. 麻央之死为何让日本社会哭泣 / 158
22. 日本的科技水平到底比中国高出多少 / 164
23. 日本的深夜食堂到底是啥样 / 168
24. 日本人如何居家养老 / 172
25. 日本人为何出门都要戴口罩 / 176
26. 中国大熊猫在日本人心中的分量有多重 / 180

神坛下的"不死鸟"——静观日本经济　185

1. 日本人为何只相信"国货" / 187
2. 日本家族企业久盛不衰的五条法则 / 190
3. "丰田王子"如何拯救丰田汽车王国 / 193
4. "松下电器"的名称为何从地球上消失 / 197
5. 日本制造业为何会走下坡路 / 201
6. 郭台铭收购夏普公司为何这么难 / 205
7. 日本经营之神如何拯救日本航空 / 209
8. 日本八佰伴集团为何破产 / 214
9. 东京的房价到底有多高 / 217
10. 一个中国人在日本的买房记 / 220
11. 在日本当老板为什么比在中国当老板轻松 / 224
12. 日本化工项目落户之前要做哪些工作 / 227
13. 日本最牛的一家豆腐店 / 229
14. 一位日本小老板的悲喜曲 / 231
15. 日本企业家为何不愿抛头露面 / 234
16. 从家庭收支簿看日本人如何生活 / 237
17. 互联网经济，日本年轻人没兴趣 / 239
18. 麦当劳总裁为何被骗 7000 万日元 / 242
19. 日本到底还有没有核辐射？ / 244
20. 日本农民一年的收入到底有多少？ / 248

目录

21. 日本自由行的黄金旅游线 / 251

拿来与继承——静观日本政治 / 255

1. 村山口述："村山谈话"发表的前因后果 / 257
2. 对话鸠山由纪夫：当首相的酸甜苦辣 / 263
3. 安倍的讲演费是天价 / 268
4. 安倍让自卫队出兵海外到底为了什么 / 272
5. 日本为何怕加入亚投行 / 276
6. 没有人比日本更关注中国 / 279
7. 行政改革，日本为何也这么难 / 283
8. 日本反贪，谁开第一枪 / 286
9. 日本政坛有一位华裔议员——莲舫 / 289
10. 日本的市长每天都忙些什么 / 292
11. 日本29岁最年轻市长为何被捕 / 296
12. 日本"官二代"为何没有财产 / 298
13. 东京的"城管"都管什么 / 301
14. 大地震中日本学校为何不倒 / 303
15. 福岛核泄漏应该由谁来买单 / 307
16. 核泄漏后东京人怎样生活 / 310
17. 东京遇台风为何不会水漫金山 / 313
18. 日本风景旅游区为何不卖门票 / 315
19. 日本民众有苦向谁说 / 319
20. 日本企业请客送礼为何这般小气 / 322
21. 野田身后的"和风美人" / 325
22. 日本消防队是如何救火的 / 328
23. 首相儿子与陪酒小姐谈恋爱 / 330
24. 外国人研修生制度到底存在哪些问题 / 333
25. 从一起强奸案看日本司法制度公正性 / 338

第一章

让我们好好做邻居
——静观中日关系

1. 我不是徐福的后代

一

在京都的伊根渔村温泉旅馆住了一夜,温泉旅馆就建在伊根村附近的绝壁上,下面就是大海。

涛声阵阵催醒人。早上醒来睁眼一看,发现一道强烈的白光从窗帘的缝间透漏进来,"一定是好一场大雪",我兴奋地起了床。

揭开窗帘,果然是一片银色的世界。雪还在纷纷扬扬地下着,把庭院整个化了个妆。对于像我这样的南方人来说,雪是一份美。

用完早餐,准备赶回东京。陪同我的田村先生说半路上一定要带我去看一个地方,说这个地方和我有关系,还和日本的开国历史有关系。

话题严重了,搞得我非去看不可。

汽车沿着海边的盘山公路跑,20 几分钟后,来到了一个小村落。田村指指远处的看板对我说:"到了,你去见见老祖宗吧。"

我是万万不会想到,我的老祖宗会待在这么偏僻的小村庄中。但是,下了车,看了村口的大看板,一下子肃静起来,原来这里是徐福来日本上岸的地方。

徐福何许人也?《史记》中有这样的记载:"齐人徐市等上书,言海中有三神山,名曰蓬莱、方丈、瀛洲,仙人居之。请得斋戒,与童男女求之。于是遣徐市发童男女数千人,入海求仙人。"结果是徐福"得平原广泽,止王不来"。

这话是说,秦朝时有一位方士,说海中有三座神山(蓬莱、方丈、瀛洲),住着仙人,而且岛上有长生不老之药。秦始皇大喜,于是令徐福带数千童男童女入海求仙。结果一去不返,据说到了"平原广泽"之地做了国王。

写《史记》的人,是西汉武帝时的太史令司马迁。司马迁生活的年代与徐福仅相差七十几年。因此可以断定,当年徐福带数千童男童女入海寻长生不老之药一事还确有其事,不然司马迁是不会把它记录在史的。

问题是,徐福去的"平原广泽"在哪里?司马迁没有搞清楚,那个时代当然也没法搞清楚。因为秦始皇忘了给徐福配手机。

结果,徐福跑到日本来了。

村口的指示牌告诉我,徐福的上岸处在200多米远的海边。我和田村先生一路走下去,看到了一根石柱,上书"东极"两字。记得浙江省舟山近海也有一个"东极岛",也有徐福的传说。莫非徐福所到之处,必有"东极"相伴,而且还有水仙花撩人?

徐福的上岸处,是一片茂密的树林。田村说,那都是樱花树,春天来时,这里将会是粉红一片。

我有些激动。穿过一个神社,就看到了大海。

右拐,沿着一条小道往下走,看到一个山洞。洞口边上竖的牌子说,这个洞是徐福当年居住过的山洞。

再往前走,看到了一块碑,上书"方士徐福上陆之地"。田村先生说:"徐福可是我们日本的神武天皇啊。"

你还别说，这个上陆之地还真有烟雾缠绕般仙境的感觉。只是山下是一片礁石，数千人的一支大部队，如何在此上岸？我还真想象不出来。

上岸处有一个神社，叫"新井崎神社"。碑文上说，徐福当年从这里上岸后，将带来的数千童男童女安顿在附近，自己还当了村长。

这么来说，京都人都是秦人的后代？——扯远了。

神社很小，有些破落，想必没有人捐钱将它好好维修。作为徐家人的后代，突然有些心疼，掏出1万日元放在钱箱里，双手合十，希望与祖宗有个神灵的对话。

一群海鸥从头顶上飞过，莫非是老祖宗欢迎我的信号？睁开眼，看到田村先生在边上，嘴里嘟囔着："也实在放得太多，1万日元啊。"或许，他是怕人偷走成了酒钱。但是，我倒有了一个念头，想募集一些资金，把这个神社好好修修。不管老祖宗到底有没有来过此地，日本人如此诚心纪念2000多年前的一位中国人，我们也该有些表示才是。

回到车上后，我打开了iPad，上网查询徐福与日本神武天皇的故事。发现徐福传说与日本之接轨，大约开始于隋唐时期。

史料称，隋大业三年(607年)，日本派小野妹子来华。次年，隋炀帝派裴世清出访日本，裴世清在日本九州一带看到有一个风俗同于华夏的"秦王国"，于是就猜想，这大概是传闻徐福居住不归的"夷洲"，但又无法确定。之后，有人就把这个"秦王国"直接比定为日本。如宋代欧阳修在《日本刀歌》中，明确指出徐福所滞留的地方就是日本，并且认为徐福东渡时携带了大量的典籍，才使得中国在遭秦始皇焚书坑儒时部分典籍在日本得以保留。1339年，日本南朝大臣北畠亲房所著《神皇正统记》将此事作为信史记录，称"孔子全经唯存日本矣"。明人薛俊著的《日本考略·沿革考》(成书于1530年)中说："先秦时，遣方士徐福将童男女数千人入海求仙，不得，惧诛。止夷、澶二洲，号秦王国，属倭奴。故中国总呼曰'徐倭'。"

元朝的吴莱热衷于徐福传说，他泛舟东海，寻访古迹，写下了著名的《甬东山水古迹记》，把徐福在舟山群岛中的遗迹一一记录下来，并写下了《听客话蓬莱山紫霞洞》《听客话熊野徐福庙》等诗篇。

据悉，徐福兴师动众到达日本(可能路过舟山)后，因为没有得到长生不老药，担心遭秦始皇追杀，于是滞留不归，并要求同行男女各自改姓成为"秦""福田""羽田""福山""波田""波多"等姓氏。在现在的日文中,"秦"和"羽田"依然是念同一个音,都念成"HATA"。

突然想起数年前,在一个酒会上与日本前首相羽田孜相遇,他开玩笑地对我说:"我们两个是兄弟。"因为羽田先生一直认为,自己是徐福的后代,而且是第65代孙。

我估计,除了同姓,一竿子插下去,也不会和徐福沾上边。

日本认为自己的开国皇帝是神武天皇。那时日本还处于绳文时代向弥生时代(新石器时代)的转变期。日本在九州以及京都边上的奈良出土了中国秦朝的刀币、青铜镜和剑(日本人称这三样东西为"三神器"),也可以怀疑是徐福当年带来日本的东西。徐福就是神武天皇的传说,也持续了数百年。

1975年,"香港徐福会"成立。日本昭和天皇的御弟三笠宫在贺词中动情地说:"徐福是我们日本人的国父。"史料记载,从宇多天皇到龟山天皇,由日本天皇主祭徐福达80多次。

不管徐福是不是日本的"国父",徐福驾驶那些小木船历经恶海巨浪的打击,把当时世界最先进的科学技术和最优秀的工匠,以及五谷金银,加上数千帅哥美女带到日本,并繁衍后代,不把他当皇帝,也真对他不起。单拿出一把青铜酒樽让那些还用树叶遮体的日本土著人瞧瞧,非把他们吓坏了不可。被顶礼膜拜为王,也是情理之中。

中日之间,纠纠缠缠,但是,历史与文化之脉永远也割不断。

2. 到奈良去寻找古长安的影子

上海举办世博会的那一年，黄浦江里驶入了一艘和 1400 多年前一模一样的日本遣唐使船。这艘没有机械动力的船，其实是在江苏省张家港市建造好后再运回日本的。为什么选择在张家港市建造，原因很简单，一是日本目前已经没有能够建造这种古船的工匠，二是因为张家港是唐朝高僧鉴真东渡日本时出海的地方。无论从哪一个角度来讲，搁在张家港建造，理由都十分充足，而且相当地有历史意义。

但是，参加世博会"日本周"活动的遣唐使船并不是如当年那样，从日本用橹划了一个多月才划到中国的，而是在日本近海划了一阵子，过东海时，坐上大型运输船，到了黄浦江口才又放到海里划进来。

现代社会，做许多事都重在意义而不在于动真格。但是，日本这么多现代版的遣唐使者，在遣唐船进入黄浦江后，一点儿也没有偷懒，硬是拿出祖宗们的顽强斗志，把遣唐使号划到了世博码头，并举行了庄严的"抵达中国"的仪式。

那么，在 1400 多年前，在没有机械动力的情况下，日本人为了寻求最新的社会制度和文化科学技术，是如何冒着随时葬身鱼腹的决心，乘着这样的一艘木帆船来中国"求经"的呢？

为了解答这一个问题，我去了一趟奈良。1400 多年前，奈良是日本的首都，遣唐使就是从那里出发的。而且，奈良县博物馆正举办着"大遣唐使展"，展出当年日本遣唐使前往中国的极其珍贵的文物资料。

从东京坐新干线 3 个小时到京都，再从京都坐列车 1 个小时到奈良。这段路在古代，需要走上一个半月，有一个名称，叫"东海道"。如今的新干线也因此称作为"东海道新干线"。

奈良古时叫平城京，上海世博会举办的2010年，刚好是平城京建都1300年的大纪念年。如今已经成为世界文化遗产的平城京皇宫的遗迹地，有一幅当时平城京的全景图。解说词说，整个都城的建设，是完全按照当年中国长安都城（如今西安）的建设模式复制而成的。虽然那时的规模只有长安的四分之一，但是却是日本第一座真正意义上的城市。

我看了，一阵激动，不仅因为当年日本人对于中国的崇拜到了何种程度，连首都的建设都依样画葫芦，同时也感知到，当年日本的遣唐使到中国学习是何等的用心。

如今俯瞰奈良城，城市布局与平城京的全景图相似，可以说，是保留了古长安的城市格局。

平城京皇宫的遗迹地，复制了一座当年的皇宫正门，叫朱雀门，粉红色的建筑，煞是好看。朱雀门的对过，展示着一艘同比例复制的遣唐使船。

日本遣唐使的历史，其实起源于遣隋使。607年，当时的日本天皇派遣小野妹子出使隋朝，同时派遣大批留学生和僧人渡海到中国学习，开始了日本"遣隋"学习的历史。

日本进入奈良时代，正是中国盛唐时期。631年，日本舒明天皇沿用前朝的做法，第一次派出了一支由学问僧和留学生组成的遣唐使船队。到894年，260多年的时间里，日本朝廷一共任命了19次遣唐使，其中任命后因故中止者3次，实际成行的16次。但是有1次仅抵朝鲜半岛的百济国，有2次是作为送回唐朝专使的"送唐客使"，另有1次是因入唐日使久客未归而特派使团前往迎接的"迎入唐使"。因此实际上名副其实的遣唐使是12次。

其实，"大遣唐使展"还告诉我这样一个事实，当遣唐船历经千辛万苦，终于抵达中国（大多是在浙江的舟山和宁波地区）时，当时没有电报，也没有手机，唐朝的官吏们也不知道是从哪里突然冒出这么一批衣衫破落，精神疲惫的异人，于是统统地将他们抓了起来，关入大牢受刑。到后来搞清楚是怎么回事（不知当时有没有日语翻译），再千里快马跑到长安报告，再等朝廷派特使到宁波迎接。这一个折腾，也就要一个多月了。即使吃了这么多的苦头，到最后能够跟随遣唐使到长安走一趟的，仅仅是几位高官和少数留学人员，大多数人留在了宁波修船待命。

我也突然醒悟到，日语中许多汉字的发音与宁波方言十分相似，敢情是当年这些日本人在宁波待久了，也没有电视看，以为宁波话就是中国的"普通话"，结果学了一口宁波腔回国当老师去了。

3. 遣唐使渡海来中国到底有多艰难

1300多年前的日本，还处于相当落后的时代。国家的税收主要依靠徭役，加上诸侯割据，中央财政十分贫乏。

因此，为了组织一次到中国的遣唐使活动，国家需要用3年的时间来筹备财力，因为打造4艘当时是"超级"的遣唐船，和筹划一支船员队伍，很需要花费一大笔国库资金。

按照现代人的思维，打造一艘长33.6米、宽9.2米的木帆船，实在是太过于简单的事。但是，当时日本科技很落后，尤其是金属加工技术水平很低，因此要用木板和木栓把一条船全部拼合起来，而且要做到不漏水，还要经得起东海巨浪的袭击，实在不是一件简单的事。

当时的人们对于渡海往返中日之间是何等的恐惧？记录鉴真和尚东渡日本的《唐大和上东征传》里有这样一段文字：日本邀请鉴真东渡日本传法，鉴真问弟子去不去。弟子们吓坏了，说了一句话："彼国太远，性命难存，沧海淼漫，百无一至。"但是，鉴真还是决定去了，出海6次，最后一次才抵达日本。

日本人渡海来中国学习的艰险，虽然没有如鉴真东渡那样记述得详尽，但是，在奈良博物馆，我看到一份资料，说当年派往中国的遣唐使船队，一般为4艘，但是，最终能够成功到达中国的，往往只有一艘。那么其他3艘如何了呢？要不就是沉没，要不就是中途折返。但是，即使是中途折返的，能安全回到日本的，几率又有多大？

资料记载，当时的遣唐船其实很小，长33.6米、宽9.2米，但是每一艘遣唐船配置的船工有130人，加上一些遣唐使和政府官员、留学人员等，总共有150余人。4艘船至少有600人，但是最终能侥幸抵达中国的，可能只有150余人，其余的都成了这些成功者的"殉葬品"。

我在展览中看到一幅名为《入唐画卷》的古画，其中有遣唐船遇巨浪倾翻，船体破裂，人们在大海里痛苦挣扎的悲惨场面。

所以，日本遣唐使船队每一次出使中国，其实就是许多亲人的生死离别。换成今天，如果中国人送孩子到日本留学，四分之三的人将会中途遇难死掉，估计没有一个父母会让孩子离开家门。但是，当年的日本人为了学习中国先进的技术和文化，确实到了刀山火海都敢上的境地。这种勇气，差一点儿让我落泪。

正因为如此，每一次遣唐使出访中国，日本天皇都要举行隆重的仪式，设宴相送。而侍臣们也会唱起天皇亲自作的一首诗为大家送行。这首诗译成现代文的话，大意是：希望你们渡大海如平地，居船上如坐床，四船联翩，期盼早日归来。

我想象当时的送别情景该是如何的悲壮。也许没有人当场哭泣，但是必定有许多人在心中默默自语："天皇，臣就此别过，去也。"

中国唐代大诗人李白写过一首著名的诗，叫《哭晁卿衡》。晁卿衡是谁，值得大诗人一哭？晁卿衡就是随遣唐使到中国留学的阿倍仲麻吕（中国名字叫"晁衡"）。他19岁到中国，因为学习勤奋，人又灵性聪明，后来居然在唐朝做了大官，官至光禄大夫，因此也与李白同朝为官，情同手足。

公元753年，已经56岁的仲麻吕搭乘遣唐使船回阔别36年的日本，不想中途遇险，船漂流至越南，170多人被杀。也许因为仲麻吕是大唐的部长级官员，又是皇帝的亲信，因此他和10余名随从被免于死罪。遣唐使船遇难的消息传到长安后，李白以为仲麻吕已死，痛苦了好久，写下了《哭晁卿衡》。

> 日本晁卿辞帝都，
> 征帆一片绕蓬壶。
> 明月不归沉碧海，
> 白云愁色满苍梧。

可见当时往返中日，是多么的危险。

因此，成为遣唐使船队的船员，是一件拼命的事情。为了征集船工，日本政府采取了一个当时属于很优惠的政策，那就是免除船工一家3年的租税。这一政策使得至少数千名日本男人在十几次的遣唐活动中成了"拼命三郎"。

日本NHK电视台制作的一部介绍遣唐使历史的电视片，其中说到一个细节，当时因为日本纺织技术很落后，没有能力织出一个船帆来，因此使用的船帆，其实是竹帘做的帆。因为竹帘帆漏风，因此效果不是很好。为了保证船的航行速度，需要大量的船工来摇橹，因此，每一艘遣唐使船上配备的船工多达130人，加上遣唐使（分大使和副使）以及留学人员，一艘船上的人员达150余人。150多人在这么一艘小小的船上怎么睡？是一个很大的课题。

根据历史资料的记载，当时除了遣唐使可以住在船的上层之外，其他的都睡在下层的船舱内，每个人所占的面积只有1.5平方米，也就是自己躺下的位置。

譬如，遣唐使船从奈良附近的大阪港出发，最后从长崎县的五岛列岛告别日本横渡东海，最终抵达中国的舟山群岛附近，并在宁波上岸，往往需要一个多月的时间。在这一个多月的海上漂泊的时间里，这么多人靠吃什么活命？这也是一个很大的课题。

史书记载说，当时日本人发明了一种"方便饭"，也就是说，类似于现代的方便食品。先把大米蒸熟，然后晒干，需要吃的时候，再用水一泡，就变成了稀饭。

食品专家说，"方便米"应该是奈良时代发明的"方便食品"。

因为船上怕有火灾，因此无法生火，所有的食品都是干货和腌制的酱菜。史书记载说，当时遣唐使船队吃的食品，除了这"方便米"之外，还有鱼干、肉干、干海带、腌制酱菜、豆瓣酱、盐水饭团以及柿饼和大核桃。

由于船小，能够携带的货物有限，因此，当时规定全船人员只能一天吃两顿。但是，由于没有机会吃到新鲜的蔬菜，因此，许多船员最后病倒，甚至病死。

4. 冲绳岛上的中国人

最近一段时间，总是在出差和开会中度过，一直静不下来，或许还有天气炎热的影响。今天是日本的"海洋日"，难得在家窝一天，下午看电视，看到了 NHK 播出的一档节目《琉球王国的秘密》，其中谈到了目前居住在冲绳岛上的中国人后裔。

这是一个很有趣的话题。到底中国与古代的琉球王国——现在的日本冲绳县有多少密切的关系？到底冲绳以前是不是中国的领地？中国人移居冲绳的历史，是一把很好的解读历史真相的钥匙。

节目称，这一支中国人后裔目前居住在冲绳县的那霸市，当时这里是琉球王国的首都。600 年前，一位姓梁的官员被朝廷作为翻译派往琉球王国，并留在琉球王国的宫廷内（首里城）从事翻译工作。后来，这位梁姓官员留在琉球，并繁衍了不少的后代。

现在，这一支中国人后裔人数已经达到数百人，他们珍藏有祖先留下的中国家谱，并定期举行中国象棋比赛，在过年时举行舞狮等活动，并建有纯中国式的庭院假山，以不忘自己的祖宗。这一支后裔的代表人物是第 20 代后裔上江洲和男先生，家谱记载，他们的祖先是梁嵩。

梁嵩是何许人？据史书记载：梁嵩是龚州（今广西平南）人，字子高，又字仲邱，生卒年不详。五代十国南汉白龙元年（925 年）中状元，深受皇帝赞赏，恩授翰林学士。后获恩准，离任回乡，侍奉老母。梁嵩谢绝皇帝赐宝物，上奏请免其家乡龚州人丁税赋一年，以体恤民情，慰藉乡望，梁嵩甚得民心。回乡时，"急于见亲，野渡无舟，乘白马过河"，人马淹没而死。州人感德，岁祀不绝。龚州有白马庙，为乡人祭祀之遗迹。《全唐文》第八百九十二卷第四千一百三十页中收有梁嵩的《代母作倚门望子赋》一文。

什么时候，我很想去冲绳拜会上江洲和男先生，看看这一本家谱。

琉球王国12世纪即存在，初分为南山、中山、北山三国，史称"三山时代"；明洪武五年（1372年），琉球三国即正式成为明朝藩属。1429年，中山国王尚巴志灭了其他两国，建立统一的琉球王国。1879年被日本兼并，其间存在了450年。

琉球王国建立时，中国是明朝时代。琉球国王向明朝朝贡，被明皇帝封为中山王。

1591年，萨摩藩岛津义弘致书琉球国尚宁王，指出丰臣秀吉欲出兵朝鲜，命令琉球在明年二月前，将7500人十个月的粮食运至萨摩藩的坊津，然后设法运往朝鲜。有中国血统的琉球王国三司官郑迥认为无理，强硬拒绝，并且遣使向明朝报告日本欲从朝鲜入侵中国。1598年，琉球的进贡船遇风漂至日本仙台，德川家康遣返了船只，要求琉球遣使向日本谢恩，又遭郑迥拒绝。1609年，萨摩藩乃遣桦山久高率军入侵琉球。于是，琉球王国在此后的200多年时间里，事实上是向中国和日本两边朝贡，只是日本没有给琉球国王名义。

日本明治维新时期，大肆进攻邻国，也把手伸向琉球王国。琉球国王向清王朝求救，但是清朝已经是自身难保，没有出兵相救，结果在1871年，琉球并入日本的鹿儿岛藩，次年设置为琉球藩。1879年，日本正式废除琉球王室，宣告琉球王国的灭亡。

1392年（洪武二十五年），明太祖朱元璋为方便琉球贡使往来，准福建的舟工36姓人家赴琉球，这些"闽人三十六姓"居住在首里城附近的那霸唐营（现久米村）。而中国人大量移民琉球王国，是在明朝灭亡之后。琉球王国的正史《中山世鉴》记载，清兵大举南侵，明朝灭亡，一部分不愿做"亡国奴"的中原人，从福建等沿海地区渡海逃来琉球王国。

当时中国人受教育的程度和懂得的技艺比琉球人高，因此，这些中国人很快成为琉球王国的士族，除了当官之外，还负责与中国的贸易和交往。

蔡温是当时在琉球王国的中国人后裔的代表，出生于清康熙年间的1682年。其父亲蔡铎曾任协理府总理司、紫金大夫，也就是在琉球中国人后裔的头。蔡温15岁中秀才，19岁就任通事（翻译）。27岁时，被国王任命为"进贡存留役"前往福州负责与清王朝的交往事宜（当时福州有"琉球馆"）。3年后回国，出任太子尚敬的教师。次年，国王去世，尚敬继承王位，蔡温被任命为国师。

1716年（康熙五十五年），由于尚敬王就任国王需要清朝的册封，因此派出使节团前往北京，蔡温担任使节团的副团长（副使）。当年从那霸出发后，中途遭遇暴风只好折返。次年2月，再度出发，成功渡过大海来到福州，再从福州前往北京，于8月抵达紫禁城，见到了康熙皇帝。1718年2月，携带康熙皇帝对尚敬王的册封诏书，蔡温和使节团离开北京取道福州，于8月回到了琉球王国。次年，蔡温就任琉球王国的三司官，相当于宰相。他执政的20年间，被称为是琉球王国历史上最好的"小康时代"。

说来也是巧合，担任了两届冲绳县最高行政长官——冲绳县知事的仲井真弘多是蔡温的后裔。他在接受媒体采访时说，正因为自己是蔡温的后裔，因此对中国有一种特殊的情感。

冲绳学者伊波普猷、真境名安兴于1916年出版的《琉球五伟人》一书中，列举出了为琉球历史做出巨大贡献的5位历史人物——麻平衡、向象贤、蔡温、程顺则、向有恒。其中，蔡温、程顺则两人是闽人36姓的后裔。

冲绳县的一项不完全统计称，闽人36姓目前在冲绳的后裔人数大约有两万人。大家到冲绳去旅游，说不定为你开车的就是中国人的后裔。

5. 甲午战争，清廷为何会失败

2014年是中日甲午战争120周年，中国各学术团体纷纷举行研讨会，媒体也推出专版或专题节目。与中国高度在意这120周年前的战事相比，日本几乎没有人提起这事。巨大的舆论落差，颇让人感觉到中国像一个"怨妇"，而日本则是一个偷着乐的贼。

因为工作安排上的关系，我未能回中国参加有关甲午战争的节目录制和研讨会，但是很认真地看了许多专家的发言。第一感觉是"鬼子太残暴"的诉苦，第二感觉是"狼还在"的警觉，第三感觉是"老祖宗腐败"的怨言。

我前几天去了一趟日本伊豆半岛最南端的城市下田。1853年7月，美国东印度舰队司令贝利率舰队驶抵这一个港口城市，胁迫日本开放门户。这就是著名的"黑船事件"。日本幕府政权屈服于美国的坚船利炮，同意与美国，后来与俄国，先后在下田市签署了贸易协定。明治维新历史由此拉开了序幕。

明治维新是日本在闭关锁国几百年之后，第一次向西方列强打开大门，它也因此成为近代亚洲国家中第一个实施改革开放的国家。短短的30年时间，日本从一个光屁股的贫穷国家，一跃成为亚洲强国，并在1894年悍然发动了甲午战争，导致清朝政府耗费巨资经营多年的一支近代化海军——北洋海军全军覆没。

这是我们的屈辱，这是中国的百年之痛。

堂堂的北洋海军为什么会败在日本海军手下？这是我们需要认真思考的问题。

1882年，日本海军还只是以鱼雷艇和2000吨以下的近海铁甲舰为主，无大型铁甲巡洋舰。而清王朝已经从欧洲购入了大型军舰。1886年7月，北洋海军在李鸿章的命令下，抵达朝鲜元山一带巡弋操演"以振国威"，后又奉命前往俄国海参崴访问。鉴于铁甲舰在长途航行后，须回港涂油维护，而当时清廷的旅顺军港尚未完工，李鸿章遂决定由水师提督丁汝昌率镇远、定远、威远和济远4舰前往位于日本长崎的三菱造船所进行检修，并展开对日本的"亲善访问"，这也是清朝海军舰队首次访问日本。清朝的铁甲巡洋舰的公开亮相，让日本政府极其震惊和恐惧。日本于是提出了10年扩军计划，下定决心要超越北洋海军，并企图控制中国和东亚地区。

资料显示，1886年，日本政府委托法国海军工程师白劳易建造4700吨级大型铁甲巡洋舰松岛号防护巡洋舰和严岛号防护巡洋舰。1890年，清朝北洋海军总排水量为2.7万吨，而日本海军总排水量在1.7万吨以上。日本以国家财政收入的60%来发展海、陆军，当时日本政府年度财政收入仅8000万日元。1893年起，明治天皇决定每年从自己宫廷经费中拨出30万日元，再从官员薪水里取十分之一，补充造船费用。到了1894年甲午战争时，日本海军舰队总排水量为7.2万吨，多数是配置有速射炮的新式舰艇，远远超过了清朝北洋海军。当然，这种吨数的统计不见得科学。

从海军力量的对比中，我们可以看到，北洋海军无论怎样顽强抵抗，都无法逃脱最后的命运。北洋海军的全军覆没，最后直接影响到几十年后日本再次发动的侵华战争——当时日本已经拥有5万吨级以上的航空母舰舰队，但是民国的海军，只有几艘千吨级的旧军舰。民国的将士们在吴淞之战中浴血奋战，但是面对停泊在长江口外日本航空母舰上起飞的飞机扔下的一颗颗炸弹，他们无力还击。

有一个故事，说当年日本海军为何敢对清朝北洋海军开炮？是因为日本海军司令从单管望远镜里看到了北洋海军的铁甲巡洋舰的炮管上晒着官兵的汗衫短裤，于是认定这是一支不堪一击的军队。

坐在下田的沙滩上，我想了一个问题：120年后，我们纪念中日甲午战争，到底是为了什么？是为了诉一通被打之苦，还是继续提醒国人不忘日本狼心？我觉得这两个问题都不应该成为我们今天纪念甲午战争的主题。我们最值得反省的是：我们为什么会失败？然后如何避免再一次的失败！

当年，清朝花费大量白银从欧洲买进最先进的战舰，但是，我们只买了战舰，却没有(或根本就不想放下身段)引进西方最先进的海军战术与舰队的建设经验。而日本买了欧洲军舰的同时，更是派遣大批年轻的官兵前往欧洲留学，学习欧洲海军的整个制度与战术，包括海军军服，并按照欧洲的经验来编制和训练日本海军。所以，黄海之战，很大程度上，北洋海军是败在战术上。

120年后的今天，日本海上力量在许多领域依然领先于中国。好在我们也已经看到中国海军在奋起直追，并总有一天会超越日本海上自卫队。

甲午之痛，也让我们知道，战争的成败最终取决于人。单有强大的舰队是不够的，没有一支意志坚定、纪律严明、不贪不腐、英勇善战的军队，甲午之痛还有可能会再来一次。

我这话说得挺没有志气，并有"助纣为虐"之感。但是，这恰恰是甲午战争留给我们现代中国人的最大教训，也是最需要思考的问题！所以，纪念中日甲午战争120周年，我们应该从反省自己开始。

6. 日本老兵证言：确实拿中国活人练刺刀

日本NHK电视台虽然是一家接受政府资助的电视台，但是其"公益电视台"的色彩依然浓郁。在过去几年里，NHK拍摄过许多揭露日本侵略战争历史的电视片，其中《证言记录：日本人的战争》系列电视片是其中的代表作之一。

我特别关注这一系列电视片的第一集《被亚洲民众包围的战争》，因为它描述了日本军队侵略中国的罪行。

这个专题片以日本长野县的一个村庄"中川村"的老兵们为背景，讲述了在战争时期这个村发生的悲惨的故事，并以老兵们的口述作为证言，回顾了这一场罪恶战争的渊源和实况。

中川村，原来叫南向村，在日本发动侵略战争时，整个村有422名男子被征召当兵前往中国和东南亚国家，有近一半的179人战死。另外，整个村子有许多家庭作为"开拓团"前往中国东北地区的伪"满洲国"驻屯，一些人在此后的中国人民的抗日战争和苏联红军的进攻中丧生。

这部专题片是我迄今为止看到的日本老兵证实自己在中国和东南亚国家犯下了烧杀抢掠罪行的最深刻的电视片，作为一名媒体人，我对NHK的努力表示敬佩。相信许多日本人在看了这一部电视片后，会知道他们的先辈在中国犯下了多大的罪行。

中川村有座桥，已经有80多年的历史，400多名中川村的男子从这座桥上走过，满怀"为天皇而战"的激情前往战场。

一位名叫竹本的老太太，今年101岁，还每天在农田里劳作。在她22岁时，她的丈夫战死在中国战场。

竹本是当时中川村的第一名战死者，离开村里才两个月，到中国河北省才5

天,被中国军队打死了。

竹本战死的消息传到村里后,村里为这位"英雄"举行了"村葬"。竹本太太抱着才几个月大的孩子参加了葬礼。

如今回忆当时的情景,竹本老太太说:"当时说什么都是战争第一位,日本国土太小,想要更多的土地。"

那么,当年的日本兵是如何在中国残杀百姓的?节目中介绍了中川村几位老兵的回忆。他们说:"当时八路军常常和一般的平民混在一起,并经常袭击日军的据点。"

一位名叫大岛的老兵回忆了一起袭击村庄的事情。他说,得知八路军在一个村庄里的消息,我们立即组织了部队前去"讨伐"。

这位老兵当时是一位小钢炮炮手,他开炮袭击四处逃散的村民,"爆炸之处,许多人都倒下了。"他说"当地村民和八路军在一起,所以,不管怎样,我们就是射击。"他说,当时没有因为有住民而停止攻击。"进入村里后,住民们都逃走了,一个人也没有。我们的主要任务就是掠夺,抢粮食和食物,还有金钱。"

当时的军中资料记载,一个旅中有796人有过抢掠和强奸中国妇女的记录。

另一位名叫岩永的老兵面对摄像镜头说,刚到中国,自己还是一个什么都不懂的新兵,被集中在一个训练场上练刺杀,而刺杀的对象竟然是中国人,大概有70人,当时自己的手都在发抖。上司命令说:"在'三八式'步枪上上刺刀。"那一瞬间才明白,自己要杀人了。

上司命令:"对着中国人的心脏部位刺杀。" 教官一声令下"突击",我们就奔过去朝中国人刺杀了过去。

这位老兵在节目中最后说,想想自己现在的家庭,总觉得自己过去所做的一切都不是人做的事。假如现在发生战争,把我的全家都抓去杀死,那是无法想象的事。他说:"不应该干的事都干了,真是对不起中国人。"

NHK 有勇气制作这一节目,这些老兵有勇气说出自己的罪孽,我们应该给予鼓励和肯定。2015 年是世界反法西斯和中国人民抗日战争胜利 70 周年,也是日本战败投降 70 周年,安倍政府真的应该借此机会,坦承面对自己的侵略历史,真诚反省自己的罪孽,只有这样,才能赢得中国和亚洲其他国家的宽恕和原谅,实现国家与国家、国民与国民之间的和解。

7. 寻找日本"731部队"战犯的下落

在8月15日日本投降纪念日前夕，日本最大的电视台之一的朝日电视台在12日下午2时，播出了一个特别电视节目《"731"部队的真实》。这个节目不仅揭露了"731部队"残害中国人民的事实，同时也是第一次公开了美国控制的远东军事法庭当年为何会免除"731部队"战犯的战争责任的黑色内幕。节目还揭露了"731部队"战犯在战后创建"绿十字"制药公司，制造艾滋血液毒害日本国民的新的犯罪事实。

"731部队"全称"满洲731部队"，是日本侵略军细菌战制剂工厂的代号。为掩人耳目，"731部队"伪装成一个水净化部队，从20世纪30年代开始，"731部队"在中国东北哈尔滨附近的平房区，建立了占地300亩的大型细菌工厂。

日本著名的新闻人鸟越俊太郎以走访哈尔滨的"731部队"遗址"平房"，采访被"731部队"杀害的中国人遗族为线索，穿插了大量的原"731部队"士兵与医生的证词，全面揭示了"731部队"的犯罪黑幕。

节目揭露，日军"731部队"在短短的几年时间里，为了研究和制造细菌武器，把许多无辜的中国人抓到哈尔滨的"平房"（"731部队"驻地代号）进行人体实验。一位当年的日本兵在节目中承认，他参与了杀害5名中国人的实验活动，而这些人都是在被细菌折磨得奄奄一息的情况下，被活活地解剖、被活活地取出内脏。大量的历史史料显示，至少有3000人死于"731部队"的毒手之下，其中也包括一部分苏联人、蒙古人和朝鲜人。

"731部队"将研制出来的细菌撒于中国许多城市乡村，在山东西部地区发起的鲁西细菌战，造成了42.7万余人死亡，使1500平方公里的土地成为无人区。在云南西部发动的滇西细菌战，造成20余万人死亡。在浙江衢州发动的衢州细菌战,造成衢州8年传染病流行,传染病患病者达30万人以上,死亡5万人以上。在湖南常德发动的常德细菌战,已经确认遇难人数也有7643人。"731部队"的罪行罄竹难书!

节目说,可恨的还有,在日本投降前夕,"731部队"为了掩盖犯罪事实,司令官石井四郎下令毒死了40多位被关押在"平房"内的中国人,炸毁了大多数建筑,销毁了大量的文件资料。大批带菌动物逃出,给当地人民带来巨大灾难。

日本投降后,美军司令部为了获取"731部队"的细菌武器的研究成果,征得华盛顿和美军驻日司令麦克阿瑟的同意,以免除"731部队"成员的战争责任为条件,与石井四郎等人进行了一场罪恶的交易:让"731部队"成员提供研究成果,尤其是人体实验的数据,不再追究他们的战争责任。

节目引述当时的一名美军中校的证词:美国人是不可能去搞什么人体实验的,只有日本人敢这么做,这些研究成果是美国最希望得到的。

结果,美军的这一个肮脏的交易,导致这些沾满中国人民鲜血的"731部队"成员全部被免予起诉,包括司令官石井四郎。

节目指出,这些漏网的战犯们后来有不少人成为日本医学界的权威人物。相当长的一个时期,日本各医科大学的校长,几乎都来自于这一个臭名昭著的"731部队"。尤其是日本血液制品制造企业的经营者,百分之一百来自于"731

部队"。他们用杀害中国人民所获取的"经验",累积起日后的巨富。更为可恶的是,由这些战犯创立的日本最大的血液制品生产企业"绿十字"制药公司,在20世纪80年代制造带艾滋病毒的血液制品,导致许多的日本国民感染了艾滋病。其中一位名叫川田龙平的受害者,公开自己被"绿十字"制品感染艾滋病的事实,与"731部队"这些战犯们进行了长时间的法律抗争。2007年7月,31岁的川田作为民主党的候选人参加日本参议院大选一举获胜,成为日本第一位艾滋病国会议员。

一贯敢于揭露日本军队犯罪事实的朝日电视台,在播出这一个节目时特别强调:日本政府必须面对自己的战争责任。

1997年8月,中国108名"731部队"细菌战受害者及受害者亲属代表向东京地方法院递交"侵华日军731部队细菌战受害国家赔偿诉讼案"起诉状,把日本政府告上法庭,要求被告对细菌战罪行谢罪。1999年12月,另外72名"731部队"细菌战的中国受害者及受害者亲属的代表,向东京地方法院提起第二次诉讼。这一诉讼案自1998年2月第一次开庭,到宣判前的2001年12月最后一次开庭,前后经历了近4年时间,开庭27次之多。报道说,在漫长的法庭审理中,被告日本政府的代表只做了一次答辩,然后在所有的庭审中都保持一种傲慢的沉默。

2002年8月27日,东京地方法院对"731部队"细菌战受害国家赔偿请求诉讼案进行宣判,驳回中国180名原告的一切请求。但判决书用10多页的篇幅指出日军曾在浙江和湖南等地实施细菌战,造成1万以上的人痛苦死亡。这是日方第一次承认了细菌战的历史事实。

日本《朝日新闻》当时发表评论说:"通过国家对'731部队'细菌战诉讼所持的态度,再次深深地感到我们日本人必须马上停止无视过去历史事实的行为。"

8. 日本老兵忏悔：当年我们在南京杀人放火

1937年12月17日，是日本侵略军占领南京举行入城式的日子。70年后这一天的晚间综合新闻节目中，日本TBS电视台推出了一集特别报道节目《原日本兵看到的"那一天"》。节目通过多位日本老兵的证言，向日本国民揭示了南京大屠杀的真相。在我的记忆里，日本电视台如此真实地报道"南京大屠杀"事件，这还是第一次。

长达25分钟的节目，通过一位88岁的老兵三谷翔的南京忏悔之行，和其他4位参加过"南京大屠杀"的日本老兵的证言，真实地反映了70年前发生在中国大地上的极其残忍的一幕。

18岁参加海军，并作为侵略南京日本兵的一员，三谷翔当时服役的驱逐舰停泊在南京码头。三谷说：占领南京第二天，我就看到一群群中国人被卡车拉到江边，只听到"突突"的机关枪扫射声，二三十人一排排倒下，被扔进扬子江里。哪怕是5天之后的入城式结束后，这样的屠杀还是每天在进行。

三谷的女儿律子这次陪父亲到南京忏悔。她说，4年前才知道父亲参加过"南京战斗"。父亲说，自己在有生之年一定要把这一段历史告诉给人们。这次是相隔70年重访南京，亲戚们都反对，觉得怕惹麻烦，但是，父亲态度很坚决，一定要去，说一生就这一回了。

节目播放了参加过"南京大屠杀"的原日本第16师团几位士兵的证言。他们说："当时杀中国人就像杀牲口一样，用铁丝穿起来，拉到江边用机枪扫杀。""江边有很大的仓库，把许多中国人关在里面，然后放火把他们烧死和熏死。""我跑进一户人家，两个人都被砍了头。""一个小女孩被5个兵强奸，直到小女孩口吐白沫为止。"

老兵们作证说，部队当时下达了命令："强盗，强奸，放火，杀人，想怎么做就可以放肆去做。"

日本"南京大屠杀60周年全国联络会"会长松冈环女士在节目中表示，联络会已经收集并录制了150名参加过南京大屠杀的日本老兵的证言，并将这些证言汇编成了一书。

与TBS电视台这一节目播放的同时，日本一个右翼团体拍摄制作了一部抵赖"南京大屠杀"事件的电影《南京的真实》在日本上映，电影制作发起人包括以当时的东京都知事石原慎太郎和前通产大臣平沼赳夫为首的12名日本国会议员。募集的资金达到2.2775亿日元（约1200万元人民币）。

在这样的背景之下，作为日本最有影响的民间电视台的TBS电视台，能够用25分钟的时间来报道日本老兵的证言，揭露南京大屠杀的真相，我由衷地感到敬佩。同时也感铭那些老兵们的良知，他们在离开这个世界之前豁出去一回，把自己的罪恶和悲惨历史告诉给后人，在现今的日本需要一种勇气。

9. 我问老兵金子的 7 个问题

接到金子先生女儿圣子的电话，说她父亲很想见我一次。

金子先生是日本一所大学的名誉教授，一直从事统计学的研究，算起来应该有 90 岁出头，已经好多年没有见面了。

我去了埼玉县的川口市，金子先生的家就在临近河边的地方。

推门进去，老先生坐在一把椅子上，见到我，他想站起来，但是显然已经很吃力。

圣子女士端上茶来，对我说，父亲最近怎么就突然唠叨起你来，说很想和你见一面。

就着一杯茶，金子先生跟我聊起了中日关系，还有靖国神社问题，看起来他很担忧，很希望中日之间不要再争。他说安倍就是一个浪荡公子，也是一个不会读书的笨蛋，除了张扬，啥都不会。

5 年前，金子先生向我表达过一个愿望，说很想再去一趟中国，尤其是想去一趟开封，他说在中国当了 6 年的兵，最多的时间是在开封，直到投降。

我替他买好了机票，要陪他一起去，结果老先生摔了一跤，没去成。

金子先生找我的一个目的，是觉得自己身体已经十分虚弱，想了却一桩心事：在神奈川县的川崎市有一块住宅地，看能不能建成一个留学生宿舍楼，专门给中国学生居住。

我立马答应他，觉得应该以他的名字来成立一个中国留学生援助机构，并建设和运营这栋楼。

金子先生说，有你帮忙，我就放心了。

我知道，老先生想以此来向中国人民赎罪！

金子先生是在大学一年级时，被征兵去了中国。他说是从天津上的岸，然后在塘沽驻扎一段时间，然后坐火车去了开封。打了许多次仗，主要是与国民党政府军打，后来也和当地的游击队打。一起去的同学9个人，死了4个，败战投降后，活着回来4个，有一个因疟疾死在俘虏营里。

我对金子先生说，在中国人的眼里，你是侵略中国的"鬼子"。但是，今天我不带任何的感情色彩，我想请你回答我几个问题，因为这几个问题一直缠绕在我的脑子里，有许多原因找不到解读。金子先生说，你尽管问，我一定实事求是地回答。

问：我最近看了一组当年日本兵在中国屠杀蹂躏中国民众的照片，那时日本兵为何如此残酷？

金子：日本经过明治维新这一场改革开放之后，引进了西方的各种制度，成为亚洲最强盛的国家。此后在日清战争（甲午战争）和日俄战争中，都取得了大胜，因此，日本上下产生了"大日本天下无敌"的狂妄。而中国因为经过鸦片战争以来的沉沦，国家十分破落，因此在当时的日本人的眼里，中国就是劣等民族，根本就不把它放在眼里。我想这是一个根本的原因。

当然，并不是日本兵人人都是那么凶残，相对来说，受过较好教育和城市出身的军人一般都比较守规矩，而来自东北农村的那些兵，相对表现得凶狠。

问："军国主义教育"到底是怎么一回事？

金子：当时进行的教育叫"爱国主义教育"，后来称其为"军国主义教育"。当时整个国家教育每一个国民，为了日本和天皇，要随时准备牺牲，奉献自己的一切。所以，你可能也看过一些电影，那时送军人出征，真的是像送英雄上战场一样，全村的人都欢天喜地，我那时也是这样，全村人来送，觉得自己特别光荣。那个时代，日本整个国家都是发疯的。打一个不恰当的比方，就像中国的"文化大革命"时期，天皇的话是绝对的圣旨，为了天皇，什么都敢奉献。现在想起来，真的有点儿可怕。

问：你们当时在中国，到底有没有抓过中国女性做慰安妇的事情？

金子：这种事情是有的。刚攻打中国时，这种事很少发生，后来占领了大部分中国，局势开始稳定了，闲下来就想着玩女人。我们一段时间驻扎在河北省农村，周围没有什么妓院，于是就绑架农村的妇女到驻地来。有的女性是叫当地的乡长之类的官强迫送来的，有的是我们进村去抓的。女性年纪大小不一，有的才十几岁，关在驻地里，往往就好几个月。现在想来，真的对不起她们，是一件很羞耻的事情，许多人身体都被搞垮了。

问：日本军队当时为什么能够在这么短的时间里，以这么少的兵力侵占大半个中国？

金子：我想原因有这么几点：第一是日本很早就学习西方的军事教育制度，办了不少的军事学校，因此日本军队的管理与指挥，是很现代化的。也就是说，是按照当时最先进的现代作战方式侵略中国的。而当时的国民党政府军，虽然也按照现代军事制度进行组建和训练，但是在战术上与日本还有一段距离，因此，正面交锋时，日本军队往往占优势。

其次，日本当时的武器装备要超过中国的军队，无论是炮还是枪，在当时都属于亚洲一流的武器。尤其是日本拥有航空母舰和大量的战斗机，而当时的中国只有几艘破旧的军舰，战争初期还没有战斗机群，所以，日本在武器装备上也占了上风。

还有一个原因，可能是当时的日本兵都接受了"军国主义教育"的洗脑，因此打仗十分凶狠，而且对待中国军人和民众，有时候不加区分就予以杀害，表现得凶残。当然我们也遇到过许多中国军人的顽强抵抗。我记得中国的一个连队被我们包围，最后一名活下来的士兵见到我们，还举着一把上了刺刀的空枪冲过来。我印象很深，现在还记得他那焦黑的脸，那是一名真正的军人。

问：我在中国的电影里，经常看到一种场景，日本兵进村后抓八路军，把整个村的人都集中到一处，要他们交出八路军，不交的话，就开始杀人。有没有这样的事？

金子：这种事有过。因为我们是正规军，因此每一位军人在打仗时都是穿军服的，但是中国的八路军，往往穿着和当地民众一样的服装，躲在暗处袭击我们，他们会打冷枪，我们许多战友就是这样被打死。为了抓住这些八路军，于是就采取了你说的这一种办法。当然，只要我们开始要杀人，一般来说，穿便衣的八路军人会站出来。但是有时候没有人站出来，那就会发生枪杀人的事件。我想，我们当时伤及了不少一般的民众。

问：据说日本兵在与中国军人拼刺刀时，会先把枪里的子弹退膛，那是因为什么？

金子：确有这样的事，而且记得当时还是属于军令规定。我想原因有两个。一是日本的武士道精神在作怪，觉得拼刺刀就是拼刺刀，不能做手脚，不能拼不过了开枪。二是我们当时使用的步枪是"三八式"步枪，当时在世界上也属于最先进的武器之一。这种枪有一个特点，就是威力大，射程远，有效射程在500米以上。而中国当时使用的步枪大多数是汉阳造的，威力不及我们。也就是说，我们当时不把子弹退出来的话，万一在拼刺刀时走火，子弹会穿透好几个人，可能就会伤及自己人。

问：过去这么多年了，现在回头看，你如何看待这一场战争？

金子：日本当时为什么会发动这么一场错误的战争？现在回想起来，主要是当时整个国家陷入了一种狂傲的状态，觉得经过明治维新以来的发展，国力强盛，可以征服亚洲，可以抢夺亚洲各国的资源为自己所用。那时天皇发疯，军部发疯，国民也发疯，所以，中国有一句话"日本人民也是战争的受害者"，我是不赞同的，因为事实上，当时的日本人民也是加害者。没有国民的拥护和支持，这一场对外侵略战争是打不起来，或者说规模不可能扩大到那么大。

以我自己的经历，跑到中国去，去侵占这个国家，残杀这个国家的人民，是一生的耻辱，虽然当时是觉得一切都是为天皇效忠，现在想来是多么的愚蠢。我走不动了，去不了开封了，如有机会，请代我向中国人民，尤其是向开封人民转达我的谢罪。战争结束后，他们没有杀我们，还给了我们不少的关照，让我活到了现在，真的很感激！

告别金子先生时，我对他说："你还是写一个回忆录吧，把自己对于这一场战争的真实经历写出来。"他说，怕是写不动了。

10. 日本人为什么把中国地图倒过来看

我喜欢买地图,因为每一个国家发行的地图不一样。中国和日本出版的世界地图是以中国为中心,左边是亚欧大陆,右边是美洲大陆。到了美国,跑到书店一看,发现世界地图变了样,中间是美洲大陆,中国被挪到了左边,而欧洲大陆跑到了右边。这一种习惯了的视觉记忆被改变,你会有一种很强烈的新鲜感——原来世界可以变成这样。

家里厕所的墙上就贴着一张世界地图,闲着没事就往上面瞧。渐渐发现,中国的形状像一只大公鸡,而日本的国土像一只袜子。中国的地形是西高东低,所以河流大多是从西往东流,所谓"水从高处流"。隋炀帝发现南方的粮食因此不能北运,于是修了一条贯通南北的大运河,从北京一直修到杭州。日本是一个岛国,岛是因为山被海淹而形成,所以,日本的地形是中间是高山,河流大多是往山下流。因此在过去,日本河流的最大功能是漂运木头,把山里的木头顺流运到沿海地区。

我想很多中国网友会和我一样,站在中国地图或世界地图前,会把日本看作中国右手边的一只袜子。时间久了,你会犯一个视觉错误,会认为这只袜子可有可无。或者说,你会觉得这只袜子在地理位置上根本就不会对中国构成威胁。但是,如果你一旦把中国的地图倒过来看,那么,你的感觉马上就会变,因为你会发现,日本其实是横在中国家门前的一串铁链。

把中国地图倒过来看的人,全世界只有一种,那就是日本的防卫省。

在日本防卫省出版的年度报告书《日本的防卫》中,中国地图就是倒过来放的。

前天，日本电视台邀请了几位记者谈中国问题，防卫省的这一张中国地图被放到了电视屏幕上。我也是第一次看到这么一张中国地图，突然发现，你无法轻视日本，因为它是你出门必须跨越的一串铁链。

于是，从这一个角度看中日两国的关系，不再有"臭袜子想扔就扔"的感觉，而是你必须在乎它。

日本防卫省为什么要把中国地图倒过来看？显然不是为了提醒中国：我是你门前的铁链，你不要忘了我，而是想着如何来封锁中国的"出路"。这就是日本防卫的根本思路。

日本防卫省的年度报告书说，从2008年开始，中国海军的舰队多次演练如何突破"日本岛链"这一课题。但是，最让日本感到震惊的是，2008年4月，中国4艘大型军舰组成的一支舰队，居然从日本本岛与北海道之间的津轻海峡穿过，实现了"日本岛链"的中间突破，而且还围绕日本列岛兜了一圈。

但是，中国军舰走津轻海峡毕竟只是一种对于日本防卫的试探，走出去的通道，主要还是在冲绳附近海域，日本称为"西南诸岛"。于是，日本正在制定中的新的防卫纲要里，"如何强化西南诸岛防卫"，成了最大的课题。

而对于中国来说，如何有效突破"日本岛链"的阻拦，也是今后海上防卫的关键。

最近，日本媒体一直在强调中国的"第一岛链"和"第二岛链"说。我一直很纳闷儿，这一"岛链说"到底是谁提出来的。

和日本华人教授会议的几位教授一起，与到访东京的中国中日关系史学会的张云方副会长一行共餐，请教了这一问题。张会长说，这是冷战时期美国提出的一个说法，原意是日美封锁中国的"岛链"防线。

但是没有想到，现在这一"岛链说"却成了日本舆论认为是中国自己设定的海上防卫界线。日本舆论说，在这"第一岛链"内，石油天然气和鱼是"大大地"，所以中国要死守。话说得有道理，也没有道理。

建议中国国防部也把中国地图倒过来看。

11. 我与高仓健做邻居

日本影坛泰斗高仓健走了，走得太突然，如同晴天霹雳。

我与高仓健算是邻居，多年来一直在东京赤坂的同一栋楼里办公。

3 年前的一天，一楼大厅里突然摆满了昂贵的蝴蝶兰，我从中国出差回来走进大楼，被这一阵势惊了老半天。保安悄悄地告诉我，有人 80 大寿，这些都是送来贺喜的。这么大盆的蝴蝶兰，价格都在万元人民币以上，谁能享受这一番荣耀？后来我终于知道，这么多的蝴蝶兰，是送给高仓健的，他的办公室居然就在我的楼上，隔着一层水泥板，我顶着这位万众男神。

虽然同在一个屋檐下，但是真正相遇的只有两次。2012 年 10 月，我在等电梯时，突然过来一位戴鸭舌帽的高个儿男人，一只手插在口袋里，目光炯炯有神。在对视的一瞬间，我马上知道，这是高仓健。

"您是高仓健先生吧？"我唐突地问，因为不想失去这个机会。

高仓健向我笑了笑，说："是的，你也在这里办公？"

我说："是的，我小时候是看着您的电影长大的。"

"那真是太感激了。谢谢您！"他说。

他在四楼，我在三楼，走出电梯前，他伸出手来和我握了握："有机会，再见。"

再后来一次，是在 2013 年的 2 月，高仓健驾驶他的那辆黑色奔驰吉普从停车场开出来，我刚好遇到，喊了一声"高仓先生！"他露出微笑，向我摆了摆手。

小时候看外国电影，有一条分水线，那就是 20 世纪 70 年代中期。中期之前，中国准许上映的外国电影是苏联、南斯拉夫和阿尔巴尼亚的战争片。偶然放了朝鲜的《卖花姑娘》和《摘苹果的时候》，让我们对朝鲜姑娘迷恋得不得了。

但是，20世纪70年代中期之后，随着中日两国恢复邦交正常化，日本电影——严格来讲，是资本主义国家的电影第一次在中国公开上映。于是高仓健主演的《追捕》《远山的呼唤》以及《幸福的黄手绢》让中国社会爆发了从未有过的"日本热"。

高仓健的硬汉形象，更是让中国社会掀起了一场"高仓健在哪里"的大讨论，让无数中国男人在女人面前直不起腰来。人们从高仓健的电影中感受到的不仅是男子汉的魅力，还有日本社会的先进以及日本女性的美丽与温柔。中国社会"吃法国大餐，娶日本媳妇"的梦想，就是在那时萌芽的。

高仓健的"男子汉冲击波"对于中国社会的影响是巨大的。但是，当我来到日本留学，后来因为工作关系有机会接触到日本演艺界时，才发现高仓健的硬汉形象在现实生活中是硬过了头。高仓健出生在福冈县，高中毕业后到东京上大学，中途进入东映电影公司学演艺，一部《电光空手打》让他一举成名。到他去世为止，高仓健总共主演了205部电影，可以说，1960年后的半个世纪，日本电影时代是"高仓健的世纪"。

就是这么一位巨星，他的婚姻却很不顺。1959年，高仓健与当红歌星江利智惠美结婚，轰动日本列岛。两人随后去夏威夷新婚旅行，在飞机上，美丽的新婚妻子将头靠在他的肩膀上，高仓健居然惊跳起来："你怎么可以这样？"每每说起这件事，妻子总是对他不满。

婚后第3年，智惠美夫人怀了孕，高仓健很是兴奋。但是智惠美夫人的妊娠反应极其强烈，医生检查后确诊她患上了妊娠中毒症，不得不做了流产手术，盼子不得的悲痛让他们的夫妻感情越来越疏远。1970年1月，高仓健的家被大火烧毁，夫妇俩开始正式分居。在共度12年的风风雨雨后，这段被世人称道的婚姻在1971年终于走到了尽头。

江利智惠美因此患上了严重的忧郁症。1982年2月13日上午，人们在她的寓所里发现了她已经僵硬的遗体。司法解剖显示，是因为饮酒过多导致呕吐物堵塞喉咙窒息而死。她时年45岁。3天后，江利智惠美的葬礼在她的母亲家举行，这一天刚好是高仓健的生日，也是他们两人的结婚纪念日。

前妻葬礼举行的那一天，所有媒体记者架好相机，期待高仓健的出席。但是，直到灵车开动，也不见高仓健的影子。正当人们失望时，有人看到，在灵车经过的一个地方，高仓健双手合十，深深地鞠着躬，久久没有抬头。

高仓健在息影多年后，于 2005 年，第一次，估计也是唯一的一次参加中国电影的拍摄。他接受了他的高级影迷张艺谋的盛情邀请，主演了《千里走单骑》。看了这部电影，我知道了高仓健出演这一部电影的一大原因，因为它讲述了一段很美丽很凄切的父子情。对于高仓健来说，他或许想起了自己的妻子，还有未曾出世的孩子。

2011 年，高仓健主演人生最后一部电影《只为了你》。这部电影的另一位主角，是著名导演北野武。高仓健和北野武在 26 年前共演过电影《夜叉》，自那以后，两人虽然同在演艺圈，却一直没能见面。这部电影在岐阜县高山市开拍时，北野武因为参加弟子的婚礼，抵达高山车站时已经是夜里。他走出车站后，发现有一个戴着鸭舌帽的高个子男人靠近他，吓了一跳。他说："我很担心这个人是黑社会的，在这种地方被拍到自己和黑社会成员在一起的照片，那是很糟糕的事。没有想到那个人叫了我的名字，他抬抬帽子，我看清是高仓健，我真的是惊呆了，而且只有他一个人在车站外面等着迎接我。高仓健是一位国宝级人物，我真的不知道说什么才好。"

电影拍完后，年轻影星绫濑遥在自己房间的桌子上看到一封信，打开一看，居然是高仓健的亲笔信："这次很感谢您给我配戏，由衷地谢谢您！您很优秀，请多加努力。"绫濑遥兴奋地跑出房间，发现好几个演员都收到了高仓健这位大前辈的亲笔感谢信。

2014 年 11 月，高仓健获得了国家文化勋章。天皇在皇宫举行颁奖仪式时，高仓健的身影又没有出现。媒体报道说，那一天，高仓健有些感冒，他怕前去领奖，传染给天皇。

得知高仓健获得文化勋章的消息，我给他写了一封信，希望能够对他做一次专访。一个星期后，高仓健给我回了一封信，说最近正在准备新的拍摄计划，时间比较紧，能否到明年再约定？

事后才知道，那时，高仓健正在住院治疗。

高仓健是在2009年被发现患了前列腺癌，他瞒着大家在东京的一家医院里做了癌细胞切除手术。2014年春天，医生发现他的身体里恶性淋巴癌细胞已经转移。住院期间，高仓健的健康状况出现恶化，医生们尽了最大的努力，可惜已经到了晚期。即使如此，高仓健也没有将自己的病情告知亲友，一个人在医院里默默硬撑。

2014年11月18日上午，我走进办公室，看到一份传真，是高仓健事务所发来的："电影演员高仓健，在准备新电影中突然体调不良紧急住院，虽然一直进行着治疗，但是在11月10日凌晨3时49分，身体突然发生异变，在东京都内的医院里走了。直到最后，他都带着微笑。"

突然听到他去世的消息，内心的一种懊悔深深地谴责着自己：假如再联系一次，假如……

我上楼去了他的办公室，门紧闭着。我深深地鞠下躬，眼泪忍不住流下来。

高仓健去世半年后的2015年5月，承蒙大楼管理公司的好意，我租下了高仓健使用了20多年的办公室。第一次走进整修一新的办公室，我似乎还能感受到他的气息。其实，租下高仓健的办公室，我有两个心愿：一是当年自己因为看了高仓健的电影而来到日本，如今他的办公室能成为我的办公室，隐约是一种奇缘。其二，高仓健走后，他没留下什么，这间办公室希望能够成为一个纪念他的地方。

12. 日本女人嫁给中国男人时的感觉

突然接到木村先生的电话，问我今晚有没有时间一起吃个饭。木村先生是日本一家著名跨国公司的部长，以前和他约饭局，都得提前两个星期。我不知道，他今天为什么会心血来潮。

约好在银座的一家日本料理店见面，结果他比我先到。刚喝了一口酒，他就开了口："纯子要结婚了，无论如何请你出席婚宴。"说着，从兜里掏出一个封好的请帖，上面恭恭敬敬地写着我的名字"徐静波"。

纯子是木村先生的独生女，今年已经 28 岁，说不上很漂亮，但是属于那种很"日本女人"的女人。

"该为纯子祝贺"，我拿起酒杯。但是木村先生的手没有动，他显然不怎么高兴。

是啊，对于父亲来说，嫁女是最痛苦的事。从小带着她长大，一双爱怜的眼光伴随着她的成长。突然有一天女儿要离开自己，投入另外一个男人的怀抱，心里的酸楚往往化作婚礼上的热泪。虽然这个男人是自己的女婿，但毕竟不是自己。

木村先生的伤感似乎不仅是这些，他眯了眯眼，嘴里终于吐出 7 个字："男朋友是中国人。"

我无语，因为我是中国人。

喝了几口闷酒，我委婉地问："聪明和诚实，你女婿是哪一个在先？"木村先生回答说："诚实有余，聪明不足。"

细细盘问，才知道他的女儿纯子 5 年前到北京留学，爱上了这位中国同学。两年后，纯子学成回国，已经成了她男朋友的河北小伙也悄悄地来到日本，攻读硕士学位。去年，小伙在日本大学完成学业后，在日本一家公司就职。在这个时候，木村才知道女儿找了一个中国人做男朋友。

这位河北小伙几次要求拜见岳父大人，但是木村先生一直是拒绝相见。而这一次是被逼走上"绝路"，因为女儿偷偷地到区政府办理了结婚登记手续，两人成了法定夫妻。木村先生不见也得见。

我问他："为什么不同意女儿嫁给中国人？"酒喝多了，木村先生吐了真言："我家是三代单传，到了我这里，就生这么一个女儿，突然要混入外国人的血脉，心里总觉得对不起先祖。"我突然发现木村很传统，传统得有些保守。

当然，木村先生隐隐约约地有另外一句话没有说全，那就是中国小伙的家庭与木村家实在是有点儿"门第"不相配。小伙的父母是河北农村的农民，而木村家从他父亲开始，三代人均毕业于早稻田大学，纯子的爷爷曾经是一位大公司的社长。木村先生就这么一个女儿，木村家就举办这么一次婚礼，亲戚朋友一问"嫁了哪一户人家？"木村先生觉得脸红红的答不出。

真是可怜天下父母心。

木村先生恳求我一件事，就是在他女儿的结婚典礼上讲几句话。我突然明白，我要成为"中国女婿"一家的代表，因为木村的中国亲家此次不准备来东京参加婚礼，另外准备在河北老家轰轰烈烈地搞一场中国式的婚礼。

是啊，对于木村先生来讲，宝贝女儿嫁给了一个中国农民的儿子。对于河北的农村亲家来说，儿子娶回来一个日本大公司部长的独生女儿。这一种"悲喜"的差异，也许只有当事人才能感知。

我很敬佩纯子的真诚与勇气，为了爱情不顾世俗。我也很为中国小伙祝福，娶到这么一位聪明又可爱的日本女子。我也理解木村先生的伤感和无奈。但是，作为中国人，我也很感激他最终依然同意女儿的选择，并为女儿操办婚礼。也许在明年，木村家就会诞生"中日之花"。由此想到，中日两国人民真的很需要相互的理解和友好。

写完这一篇文章，我查了日本政府的最新人口变动统计报告。早在2007年，中国有11926位女性嫁给了日本男人。同时，有1016个中国男人娶了日本女人。日本女人嫁给中国男人的年增加率是15%，中国男人越来越吃香。

13. 自掏腰包为中国人打官司的日本律师

在东京都港区，日本律师一濑敬一郎的事务所里，一濑先生和我见面后，还没有喝茶，先讲了一个故事。

他的老家是在日本列岛西南端的熊本县，父亲在大学毕业后，先到长崎船厂当技工，后来被征入伍，扛枪去了中国。从上海一直打到桂林，最后在河北投降。"我小时候跟父亲一起洗澡，发现他身上有好几处伤疤，总是很好奇地问是怎么留下的？"父亲说，是被中国军队的子弹打的。"那你有没有打过中国军人？"父亲总是躲避着不肯回答，我想他一定干了不少的坏事。

我读高中时，常常为了那几处伤疤与父亲争吵，逼他承认自己杀过人。但是父亲总是木讷地离开房间。后来我考上了庆应义塾大学经济学部，单身来到东京，并因此参加了反战集会和反安保行动。

父亲退休后来到东京，和我一起居住。我不再追问他那些往事，我想他一生有过太多的折磨。作为他的儿子，我已经开始帮助中国的战争受害者在日本打官司，我想我也是在帮他偿还那些旧债。

一濑先生说完这一个故事，一直低着头。我是第一次听他说起这一个家事。

我和一濑先生并不是第一次见面。1998年，由"731部队"细菌战诉讼律师团团长土屋公献先生牵头，一濑先生和他的同伴律师，以及原告团团长王选女士组成了一个宣讲团，前往美国和加拿大宣讲日军暴行。我是作为唯一的随团记者与他们同行。

一濑先生是诉讼律师团的事务局长，这一次的美加之行的大小事情便由他操办。由于英语欠佳，每次关键时候，总是需要王选伸手相救。他总是很敦厚地傻笑一阵，说一句："回东京后一定支付翻译费。"

除了美国国会,在纽约、华盛顿,在旧金山、多伦多,交流最多的还是当地的华侨以及华人反战同盟,于是,一濑先生学会了一句中文,叫作"打倒倭寇"。

在日本人的历史知识范畴中,"倭"只是一个古代国名,并没有贬义的意思。因此在旧金山,当一濑遇到撰写《南京暴行:被遗忘的大屠杀》一书的女作家张纯如时,开玩笑地来了一句中文:"我是倭寇。"吓得张纯如大吃一惊,回头问我:"这位日本人有没有毛病?"等我给张纯如做了解释后,张纯如很郑重其事地对一濑先生说:"你是拯救倭寇灵魂的英雄。"

过去15年,张纯如已故,一濑还在帮中国人打官司。

徐:好多年没有见面,我还是想问一个问题:是什么契机,使得您承担起为中国的"731部队"细菌战受害者打官司的工作?

一濑先生:是啊,时间过得真快。与中国受害者结缘,是在1995年8月,我和几位同事去哈尔滨参加"731部队"细菌战问题的一个中日研讨会,会上遇到了来自浙江省义乌市崇山村的几位村民,他们是日军细菌战的受害者。他们告诉我,自己受害了这么多年,要求日本政府谢罪和赔偿,但是,要求信寄给日本驻中国大使馆后,一直没有得到日本大使馆的任何联系,问我怎么办?我突然感觉到,自己有一种责任,帮助这些不懂日语、求告无门的中国受害者在日本申诉正义。于是我接受了他们递交的申诉资料。

回到日本后,仔细研究了这一起战后索赔诉讼的可能性,觉得应该作为一种清算战争遗留问题的契机来帮助中国受害者,于是在这一年的12月,我联络了几位律师朋友,还有研究战后问题的市民团体代表,一起来到浙江省义乌市,走进崇山村,实地调查日军在这一个村实施细菌战的犯罪证据。

值得一提的是,1995年,刚好是日本战败50周年,整个日本和国际社会都有一种清算历史问题的气氛。当年6月,在第二次世界大战时被强制绑架到日本的中国劳工代表，在东京地方法院向日本政府和所属企业提起了诉讼，这就是著名的"花岗事件诉讼案"。这是中国战争受害者第一次来到日本起诉日本政府，意义十分重大。而在这之前，只有东南亚国家和韩国的受害者在日本提起诉讼。8月，"南京大屠杀"事件的受害者也向东京地方法院提起了诉讼。中国受害者的战后赔偿问题成了日本社会关心的一个话题，日本法律界也出现了"中国诉讼热"。因此，我们开始参与"731部队"细菌战的诉讼调查，也成为一种当然。

徐：当你第一次走近中国受害者时，你心灵感受到了什么？

一濑先生：第一次的义乌之行，印象很深，因为遭受了极大的心灵冲击。在崇山村，先是感觉到村民们对于我们有一种敌视甚至一种仇恨的眼光，也许因为我们是日本人，我们的出现触及了他们心灵深处的伤痛。后来，经过说明和沟通，村民们对我们友好起来。但是没有想到，他们的控诉，那不是一个人，而是好多人争先恐后，抢着说话，那种情景和情绪，甚至让我们感受到一种恐惧。日军当年在这个村子撒了细菌，后来又到这个村子掠夺烧杀，整个村子有三分之一 404人遇难、23家绝户。许多人说着说着哭了起来。我是第一次亲耳听到中国人控诉日军残暴的罪状，心中有一种颤抖。

在离开崇山村时，我和同事们就想到，过去的这一场侵略战争，中国人受害最大，遭受的苦难最多，要清算战后遗留问题，必须从中国着手。于是，我们就决定要帮细菌战受害者打一场官司。

徐：在中国的调查中，有没有遇到困难？

一濑先生：困难还真不少，首先是当时中国还不怎么开放，对于民间向日本政府的起诉索赔，没有一个明确的政府方针，所以，有时候会遇到一些调查的困难。但是，义乌市还是很支持，一些大学的学者们也很支持，所以，我们得以在浙江、湖南、吉林等政府的档案馆里调阅了大量原始的资料。同时，将这些资料与受害者的口述资料进行对比，相互印证。因为我们从事的是诉讼的取证工作，要以事实证据为准，不能出差错。

在调查中，其实遇到的另一个棘手的问题，就是语言的障碍。无论是倾听受害者的倾诉，还是查阅历史档案，我们都听不懂看不懂，必须要有专业的翻译人员。同时，许多的历史事件的背景，作为律师，我们也没有接触过，所以还要向历史学家们求教，后来干脆就直接聘请日中两国的历史学者，参与我们律师团的工作。

徐：听说这么多年来的整个诉讼，所有的费用都是你们自己承担，没有向中国原告团要过一分钱？

一濑先生：情况确实如此。在20世纪90年代开始诉讼时，中国受害者原告的一年收入还不够买一张来东京的单程机票，我们怎么可以向他们要钱呢？所以，"731部队"细菌战诉讼和后来的重庆大爆炸诉讼，无论是到中国现地调查，还是在东京上诉，举行各种会议，所有的费用，都是我们自己掏的腰包。我去中国调查和会见原告等，大概已经超过100次，每次费用如果以20万日元计算的话，那也超过了2000万日元（约120万元人民币）。钱其实是小事，讨回正义和尊严，才是大事。

徐：花费这么多的钱，您的太太和家人对此没有意见吗？

一濑先生：我很欣慰的是，我的太太很支持我。她的名叫"三和"，命中注定要和平。她是广岛人，了解广岛遭受美国原子弹轰炸后的悲惨，所以对于战争的苦难很有同情心。她不仅支持我，而且还成了我的助手。无论是去中国调查访问，还是接待中国原告来日，她理所当然就成了事务员和接待员。

其实，打这两场官司，已经持续了十几年，我们花费最多的不是去中国调查访问的差旅费，而是大量的中国原始档案资料和调查资料的中日文翻译费以及雇用翻译人员的费用。所以，许多时候，我也是一方面要顾及自己律师事务所的生意，不能让职员们没有饭吃，另一方面要筹集资金帮中国人打官司。

后来，"731部队"细菌战的原告团团长王选女士在看到我们这么掏钱，觉得很过意不去，在中国发动企业家捐款，解决原告们来日本诉讼出庭的基本费用。我们在日本也成立了"NPO法人731部队细菌战资料中心"和"重庆大轰炸被害者联谊会"，向社会各界募集资金，资金情况有所好转。

徐："731部队"细菌战的索赔诉讼，不知后来结果如何？

一濑先生："731部队"细菌战的调查是从1995年12月开始的，到1997年正式提出起诉时，先后在中国吉林、浙江和湖南等地进行了十多次调查，收集了大量的原始档案资料和证人资料。1997年8月，我们组织中国原告团向东京地方法院提起了诉讼，要求日本政府公开谢罪，并赔偿受害者原告经济损失。

对于中国原告的索赔要求，日本政府认为，在1972年，中日签署恢复邦交正常化的联合声明中，中国政府已经宣布放弃赔偿，也就是说，有关战争赔偿的问题，在那个时候已经解决。因此，在一审和二审的判决中，东京地方法院和东京高级法院均承认日本实施细菌战伤害中国人民的事实，但是不认定日本政府赔偿的法律责任。

而我们认为，日中联合声明中言及的"放弃战争赔款"的内容，只是中国政府放弃了赔款要求，而中国人作为个人并没有放弃索赔的权利。

在一审二审败诉后，我们继续向最高法院上诉。但是最高法院称，在1951年签署的《旧金山条约》中，战胜国也都已经放弃了个人的索赔权。日中两国在1972年签署的联合声明也继承了《旧金山条约》的精神，因此在2007年5月，做出了"中国原告败诉"的不当判决。其实，中国政府当时并没有参加《旧金山条约》的签署，周恩来总理还为美英等国排挤中国参加签约的行为发表了声明予以谴责。因此，日本最高法院的这一终审判决，是错误的。

虽然"731部队"细菌战原告团经过长达10年的诉讼后，最终被判"败诉"，但是，日本法院并没有否定日本军队的犯罪事实，反而让这些犯罪事实更为明了，犯罪证据收集整理得更全。日本最高法院一下子不会改变自己的判决，但是，我们今后一定会要求最高法院作出纠正，我们正在为此努力。

徐：您和您的同事在承担"731部队"细菌战的诉讼时，为什么又承担了重庆大轰炸受害者原告们的索赔诉讼？

一濑先生：说起来也是很偶然，在2001年，我们在进行细菌战问题调查时，得到多位当年参加过"731部队"投放细菌弹的前日本航空兵的证词，他们承认在重庆也曾投放过细菌弹。依据这一些证词，我们专程赶往重庆展开调查，在那里遇到了日军重庆大轰炸的受害者，也第一次知道了日军当年在重庆用炸弹杀害众多百姓的事实。2004年，一些被轰炸的受害者要求来日本诉讼，希望我们能够帮忙，我们感觉到自己有责任帮助重庆的受害者，于是接受了他们的委托。从2004年12月，开始了证据收集和调查，并于2006年3月，向东京地方法院提出了起诉。刚开始时，原告是40人，后来有3次增加，最终达到了188人。其实，重庆大轰炸受害者的诉讼，因为起诉时间的不同，最终是分成了4个诉讼，因此辩护的工作量很大。

这一个诉讼目前进展还比较顺利。2013年11月,东京地方法院决定了证人出庭。2014年4至6月,法院将举行5次庭审,将会有6名原告代表出庭,另外有6名中国研究者和3名日本研究者作为证人出庭作证。

徐:日本国民目前对于历史问题,究竟是一种怎样的认识?

一濑先生:日本经历过战争的这一代人,都已经90岁了,活着的越来越少。这些人在中国、在东南亚做了不少的坏事,他们心中没有美化侵略战争的想法。另外在冲绳的日本人,他们经受过战争的苦难,现在事实上还被美军占领着,因此他们不想再有战争。虽然日本的年轻人,大多数也不期望日本再走上战争的道路,但是他们厌战和反战的强度显然比不过他们的父母辈爷爷辈。加上缺乏很好的历史教育,因此年轻人对于历史的认识比较浅薄,而且容易被政府诱导。

安倍首相不久前参拜了靖国神社,这件事不管他以什么样的理由进行辩解,很明显地说明了一点:安倍已经回到了战前的意识。也就是说,日本战前的价值观、天皇中心思想、日本传统的对他国的统治意识,都浮现了出来。而安倍要修改和平宪法,要让自卫队行使集体自卫权,就是这一"战前意识"复苏的具体表现。如果日本的年轻人遭受这种意识的熏陶,并因此支持安倍的强军路线,那么,我们不得不要替这个国家的未来担心。

徐:您觉得,日本应该如何处理战后的历史遗留问题?

一濑先生:日本人常常说一句话:"自己做的事自己处理",对于历史问题也一样,对中国的侵略,对朝鲜半岛的殖民统治,对东南亚的奴役,都是日本干的,因此日本政府必须进行真诚的反省和谢罪。这是进行战后历史问题处理的根本,可惜日本政府一直没有去做。

日本战败已经过去了70年,但是我们注意到,除了以美国为主的远东军事法庭对日本的战后进行了一定程度的处理之外,日本政府本身并没有对战后问题,包括对战犯们进行过处理,也没有哪一届政府来认定战争的责任,因此留下了许多的后患。

日本政府在过去这些年里,也做过一些口头的道歉,包括《村山谈话》,但都是轻描淡写,没有真正做到彻底的、真诚的反省。同时在教科书问题上,实施了掩盖历史的策略,因此日本在过去犯下的罪行无法在教科书里很好地反映出来,因此年轻一代也学不到真正的历史知识,相反地在教唆他们遗忘历史。

帮助中国受害者在日本开展索赔诉讼，是我们作为律师参与战后处理的一项重要内容。通过诉讼，通过媒体的宣传报道，让日本人了解这一些罪恶事实，对他们进行历史教育，帮助国家和国民反省。其实，我们帮助中国人，也是在帮助日本人。

历史问题处理不好，中日两国关系就改善不了。我们会继续努力下去，最后让最高法院收回他们的错误判决，让日本政府承认历史事实，赔偿中国受害者，构建中日两国和两国国民的和解与互信的基础。

一濑先生接受完采访后，从书架上拿出一本书送给我，书名叫《律师之魂》。他说，这是我们的律师辩护团团长土屋公献先生写的书。无论是"731部队"细菌战受害者的诉讼，还是重庆大轰炸受害者的诉讼，都是他担任律师团团长的。他帮中国人打了十几年的官司，直到癌症晚期，还坚持挪步走进法庭为中国人辩护。

"这本书本来不应该由我签名，但是，土屋先生已经在2009年走了。"一濑先生签完名，特地在边上补了一行小字："为了中日友好和友情"。

14. 日本驻华大使的任前课

日本政府派驻中国的大使,一般是3年为一期,有的也做满两期6年。从1972年两国恢复邦交正常化开始,历任驻中国大使,都是由日本外务省的重量级官员担任。他们大多是外务省"中国班"出身的人士。"中国班"外交官都是学中文出身,而且多次在驻中国使馆工作,属于"中国通",大多能讲一口流利的中文。但是,有一位除外,那就是丹羽宇一郎先生。

丹羽先生是行商出身,长期担任日本著名的国际商社——伊藤忠商事的社长和会长(董事长),没想到很意外地被鸠山由纪夫首相提名出任驻中国大使。丹羽先生当大使4年多,因为在钓鱼岛及其附属岛屿问题上曾警告日本政府不要妄动,结果在2012年12月,被野田首相召回,卸任大使职务。同时,日本政府任命木寺昌人出任新的驻中国大使。

即使有如此不悦的气氛,一些日中友好团体还是为他们两个人举行了"迎送会"。

在参加"迎送会"之前,我先参加了丹羽先生的午餐会。我把自己写的一篇博客《送别丹羽大使》和所有网友留言打印成册,亲手交到了丹羽大使的手中。我对他说:"这里面包含着许多中国人对你的感激和惜别之情。"丹羽先生说:"这可是一份珍贵的礼物,很沉厚,谢谢中国友人们鼓励。"

丹羽先生在午餐会上做了一个发言。其中表示,福岛第一核电站的核泄漏问题,让大家记住了一个词,叫"临界点"。如何控制这个"临界点",不让它引发灾难,是至关重要的事。所以,日中两国政府在尖阁列岛(钓鱼岛及其附属岛屿)问题上,最需要做的事,是如何控制这个问题不超越两国关系的"临界点",而这个"临界点",就是双方出动军队。如果两国出动军队的话,那就变得没有退路了。为此，丹羽先生认为，要解决好尖阁列岛（钓鱼岛及其附属岛屿）问题，改善两国关系，必须做到三点：第一，停止"尖阁列岛（钓鱼岛及其附属岛屿）属于我"的这种是黑或是白的争论；第二，承认尖阁列岛（钓鱼岛及其附属岛屿）主权存在争议；第三，两国政府就如何解决尖阁列岛（钓鱼岛及其附属岛屿）和改善日中关系问题展开谈判。

在日本人眼里，丹羽大使已是"过去之人"，说什么都可以。

午餐会之后，我又参加了晚上的新旧大使的"迎送会"。

新大使木寺昌人是从内阁官房副长官助理的位置上调任驻中国新大使的。但是，当我在会场见到木寺大使时，他好一副苦伤的神情，我不由自主地为他捏一把汗。

整个欢送他的酒会，没有见他有过一个笑容。"亚历山大"，还是赴汤蹈火？心中的滋味也只有他本人知晓。

当时的日本外务大臣玄叶光一郎赶来为木寺大使送行，说了一句意味深长的话："在困难的时刻去北京赴任，我只能期待你拥有的人间之力。"日中协会会长野田毅代表7个日中友好团体，也说了一句话：本来我应该说"祝贺你荣任大使"，但是我还是想说"有劳你辛苦了"。

送别会开得有点儿泪汪汪。

木寺大使当时59岁，东京出生。他说他的外公曾经在中国大连工作，母亲就出生在大连。因为外公一直对孙中山先生怀有敬意，因此在他出生时，给他取名为"昌人"，因为出生的那一天，刚好是10月10日辛亥革命武昌起义的纪念日。

1976年，木寺大使从东京大学法学部毕业后直接考入了外务省。他精通法语，在法国担任公使期间，曾经担任过日本天皇的翻译。木寺是一位协调型官员，先后担任过外务省经济协力局局长、中东非洲局审议官，也担任过外务省官房长（相当于外交部办公厅主任）。2012年9月，被任命为内阁官房副长官助理，负责首相官邸的外交事务。

日本政府迄今为止任命的驻华大使，大多是外务省"中国班"的人士。但是，木寺先生学法语出身，属于"法语班"外交官，除了"你好""谢谢"之外，记不得第三句中文。

那么，木寺先生为什么会被选中出任驻华大使呢？基本原因有两个：一是日本政府9月任命的驻华新大使西宫伸一先生，居然在离家上班的路上因急病去世。西宫还是木寺的大学同学，两人一起进的外务省。二是外务省在重新筛选大使人选时，发现木寺曾经担任过两年半的中国课首席事务官。

木寺大使在迎送会上说，当玄叶外务大臣把我叫到办公室，告诉我"你去中国"时，我惊呆了。尽管惊呆，这一项任命还是得接受。

好些日本人担心，丹羽先生对中国太了解，所以观点会"亲中"。木寺先生对中国一点儿也不了解，会不会闹出什么洋相？

木寺大使坦承自己这些天悄悄地做了两门功课。

第一门功课，是一一拜会了所有健在的前驻华大使，向他们讨教经验。木寺大使说，我从他们身上听到的一句重要的话，就是外交不是魔术，不可能产生奇迹，持续性十分重要。尤其是丹羽大使给予我的榜样力量很大，要多走一些中国的地方，多与中国民众交流。中日两国是相互搬不了家的邻居，"友好"是唯一的选择。

第二门功课，是与中国驻日大使程永华先生交流。木寺大使说，1992年，我刚好担任外务省中国课首席事务官，那一年是日中恢复邦交正常化20周年。为了准备各种纪念活动，筹备天皇皇后陛下的首次访华，我忙得不可开交。就在那时，结识了在中国驻日本大使馆担任秘书官的程永华先生。没有想到，20年后的今天，在日中邦交正常化40周年之际，程永华先生是中国驻日大使，而我也被任命为日本驻华大使，这一切真的没有想到，只能说是一份缘。

在迎送会上，我问木寺大使："你到北京后立即想做的一件事，是什么事？"他回答说："马上改善两国关系。"

这句话说了两年，到2014年11月，才迎来了中国国家主席习近平与安倍首相在北京的第一次会谈。这年月，当驻中国大使、当驻日本大使都不容易。

15. 大分县知事的"中国梦"

日本大分县位于九州东北部，这里出了一位名首相，叫村山富市。他的"村山谈话"像一把利剑，搁在日本历届政府的脖子上，不敢翻"侵略历史"之案。

村山前首相家的对面，是大分县政府。这里有一位传奇式的县知事，名叫广濑胜贞。

说起广濑知事，大分县人总是会说起他的祖先——江户时代的大儒学家和汉诗人广濑淡窗。广濑家族自古善兴教育，崇尚中国文化。在家族的熏陶下，广濑知事从小便读中国古诗，对于中国文化是情有独钟。

广濑先生毕业于东京大学法学部。毕业后就考入日本通商产业省工作。1991年，担任日本首相宫泽喜一的秘书官。1999年，他成为日本官僚体制中最高级别的官员——通商产业省事务次官（相当于常务副部长）。一当3年，直到60岁退休。

退休后干什么？广濑先生决定离开自己生活了40年的东京，返回大分县老家。

回到老家后，广濑先生并没有去种祖先传下来的兰花，而是决定参加大分县知事的竞选，把自己的智慧和长期在中央机关积累的人脉资源和经验奉献给家乡的发展事业。

2003年，广濑先生在大分县知事的竞选中，获得大多数县民的支持，以高票当选。这一当，就当了整整12年，其间经历了3次重选，县民最终都给予广濑先生很高的信任票。在广濑知事的精心指导下，大分县如今是"日本第一"的温泉县，也是日本外国留学生人数占人口比例最高的县，正在成为日本九州地区最大的综合旅游大县。

我走进大分县知事办公室，采访了广濑先生，看看这位74岁的县知事是如何做"地方长官"的。

大分县过去是一个以农业和渔业为主的县。随着"少子老龄化"社会的到来，渔农业经济的发展也无法提升大分县整体的竞争力。

长期负责日本国际贸易与产业发展事业的广濑知事，上任后做的第一件事，就是要彻底改变大分县经济的发展模式。他选择"对外开放"，要把大分建成一个"国际县"。

"大分县的优势在哪里？首先它拥有日本最多的温泉资源，温泉的源泉数达到4471个，全世界总共11种温泉，大分县就有10种。尤其是由布院温泉和别府温泉，在日本全国温泉地排名中，始终占据第一和前列的位置。"广濑知事表示，"丰富的温泉资源，使得大分县有条件成为日本第一的温泉天国。"

于是，广濑知事把全县的经济发展重点转移到发展旅游业上来。但是，发展旅游业，不仅要建酒店、修温泉旅馆，而且要建设优美的旅游环境。大分县实施了严格的森林绿化保护措施，有树的长树，没树的种草，不让山体露泥土。"让每一位来大分县的人，随时看到翠绿，能始终保持一种置身于大自然怀抱的愉悦心情。这是我们发展旅游业的一个基本要素。"广濑知事强调说。其次，充分发挥10种温泉资源的优势，根据不同游客的健康需求，提供不同泉质的温泉设施，以特色温泉之旅来吸引更多的海内外游客。

大分县依山傍海，既有海拔1700多米的高地大草原，又有风光明媚的海岸，山川溪谷，樱花枫叶，兼具山海之美。因此，大分县的农副产品十分丰富，尤其以日田梨和绿橙闻名。而被日本饮食界称为"日本秘藏牛肉"的"大分丰后牛"，因为在高地大草原长大，获得全日本牛肉竞标赛的最高评分，不少"食肉族"搭乘飞机赶到大分县来一品"丰后牛肉"的美味。

"大分县面临太平洋，在蔚蓝的大海之中有着丰富的水产资源，日常捕捞养殖的鱼贝达到上百种。"广濑知事说起大分县的山珍海味，有点儿打不住口。"发展旅游业的关键，是要具备有看有泡有玩有吃有喝诸多元素，缺一不可。"最近，大分县还与邻近的宫崎县合作，利用当地集聚的世界最先进的血液血管医疗产业，打造日本最大的旅游医疗产业。

广濑知事向我描绘了这么一幅美丽的画卷：在一片翠竹之中，泡着日本最好的温泉，呼吸着山峦纯净的空气，接受着日本最先进的健康诊治，吃着山珍海味,喝着清冽的大分烧酒,漫步在古寺老街,享受人生最恬静的日子。

其实,大分县不只是一个农林水产县和旅游县,更是九州地区最重要的工业基地。拥有钢铁、石油、化学、半导体、汽车、医疗设备制造等产业,许多佳能照相机就是在大分县制造的,还有世界上最大的地热发电厂。

"我们很期待与中国进一步发展友好交流关系",广濑知事十分诚恳地说。在通商产业省和首相官邸工作近40年,他深知中国对于日本发展的重要性。担任知事后,广濑先生已经访问过中国多次,尤其是与湖北省开展了多方面的交流与合作。同时制定了《大分县海外战略》,确定上海市、湖北省和中国香港地区作为重点的合作地区。

说起上海,广濑知事讲了一个故事。2010年,他访问上海,参观鲁迅纪念馆时,副馆长王锡荣介绍说,鲁迅先生在自己的寝室里,一直放着一个用大分县别府竹子编的人形,背后有鲁迅先生亲笔题写的一行字"日本别府温泉场所出,1930年10月11日,在上海,鲁迅"。查看了鲁迅先生的日记,发现是在当时的上海内山书店里买的。

熟知中国文化的广濑知事说:"鲁迅先生的故事只是中日交流的一个缩影。中国和日本是搬不了家的邻居,和则两胜,斗则两伤。中国的发展有利于日本的成长,日本的技术与经验可以为中国的发展助力。作为地方政府,我们需要

为中日友好与合作做好每一件事，让两国的国民多一点交流，多一点理解。"

说到自己的"中国梦"，广濑知事说："中国正在朝成为世界第一的大国迈进，我们期待着中国的成功。大分县已经开通了大分机场与上海浦东机场的航线，虽然因为众所周知的原因，去年秋天开始航班减少，目前处于暂时停飞的状态，但是我相信，在日中两国关系改善之后，这条航线还是会很快恢复。从上海飞来大分，只要一个半小时，空间的距离很近。大分县山好水好空气好，我们很希望有更多的中国游客能来大分县观光旅游，让大分县成为大家的一个乐园。这是我们的一个希望，也是一个梦。"

他说："大分县政府已经在上海开设了代表部。目前有17家大分企业在中国投资设厂，并向中国出口梨和乳制品、亦竹牌烧酒和水产品。虽然2012年到大分县旅游的中国人只有两万多人，但是我们对于扩大与中国的交流合作充满了信心，因为在我们大分县留学的中国学生有1500多人，占了外国留学生总数的43%。这些学生都会成为大分县与中国加深交流的鲜花种子。也许还需要一些时间，但是，只要我们不懈地努力，日本与中国、大分县与中国的合作前景，一定会越来越灿烂。"

16. 日本人如何看待"中国 GDP 赶超日本"

上海有一家报纸，叫《第一财经日报》。这家报纸在日本挺有名，大概是因为日资企业在上海集中得最多的缘故。

2010 年元旦前，报社编辑部早早和我打了招呼，准备在新年第一号的头版头条做一个新闻，讨论"中国的 GDP 到底有没有超过日本"的问题。给我的任务，就是采访日本的学者，看看日本人是如何看待"中国赶超"的问题。

其实，新年期间，日本媒体就在炒这个新闻。从朝日电视台 2009 年 12 月 30 日的深夜讨论节目到 NHK 电视台的元月 2 日的焦点访谈，各路英雄费尽口舌，就是没能讨论出一个令人信服的结论来。

"日本人过年，嘴巴里含着生鱼片也在议论中国经济"。乍一听这话有点儿夸张，但是仔细一想，也确实如此。引用日本著名电视主持人田原总一郎的话说："中国的每一个举动都牵动着日本人的神经。"

那么，到 2009 年年底，中国的 GDP 到底有没有超过日本？我采访了两个人，一个说"已经超过"，另一个说"还差一点点"。

日本早稻田大学教授增田亮给我算了一笔账。2009 年，中国的 GDP 增长率估计将达到 9% 左右，而日本的 GDP 将出现 3%-4% 的负增长率，两者相差 12 个百分点。2008 年，中国的 GDP 总量已经占到日本的 93%。如果按照这一个百分比作为计算基准的话，在 2009 年 12 月，中国的 GDP 已经超过了日本。

但是，日本著名华人经济学家、拓殖大学教授朱炎却认为，2009 年度的中国 GDP 最多只能算是接近日本，还没有达到超过的水准。朱教授说，中日两国之间的 GDP 在 2008 年时确实只相差 10 个不到的百分点，如果将这 10 个百分点换算成日元的话，也只有 40 万亿日元左右（约 3 万亿元人民币）。但是，2009 年与 2008 年不同的是，日元对美元的汇率高升了 10 日元左右，也就是说，日元的资产价值高升了十分之一。而人民币与美元的汇率几乎没有多大的变动。这就意味着日元的升值部分已经抵消了它的 GDP 的负增长因素。因此，中国的 GDP 总量和日本的 GDP 总量，按照美元计算的话，中国还是没有超过日本，最多占到日本的 96% 左右。

"超过了，怎么了？没超过，又怎么了？想当年，日清战争（中国称'甲午战争'）期间，中国的 GDP 是日本的 4 倍，不是照样败在日本的手下？"一位政治姿态十分激进的日本官员对我说了以上这段话。我有些气，因为当今的中国，已经不是清朝末年，他显然患了高度近视眼。

不过，当时的日本首相鸠山由纪夫对于"中国 GDP 超过日本"的争论，倒是十分坦然。他在出席新加坡 APEC 首脑会议接受新加坡媒体访问时表示："中国的 GDP 超过日本是当然的事，用不着大惊小怪。从人口的规模来考虑，超过也是应该的。"鸠山又表示："一个国家只要采取符合本国国情的经济发展模式，就是合理的。我对日本的未来没有悲观，充满了乐观主义精神。"

这是日本首相首次对"中国 GDP 超过日本"论做出的回应，而且是一种十分积极的回应。鸠山首相认为，中国 GDP 超越日本，将给日本带来一种新的发展的机会。也就是说，日本经济要积极融入以中国为核心的亚洲中华经济圈内，日本经济就会有更强劲的发展。

对于鸠山首相的这一观点，日本野村证券研究员中村拓夫对我说，"中国 GDP 超过日本"，其象征的意义远远多于现实的意义。对于日本人来说，终于感觉到了自己的落后；对于中国人来说，终于拥有了"世界第二经济大国"的荣誉。因此，鸠山首相说得很有道理，超过是必然的，问题是超过了并不会损害日本的利益。事实上，"中国 GDP 超过日本"，超过的只是总量，而不是平均。中国的人口是日本的 10 倍。"中国要在人均 GDP 的占有额上赶超日本，还有相当一段路要走。"中村研究员的话，说得客气又实际。

那么，2014 年中日两国的 GDP 总量和平均数发生了什么变化？根据国际货币基金组织（IMF）的统计，2014 年，中国 GDP 总量达到了 10.4 万亿美元，位居世界第二，仅次于美国。日本 GDP 总量为 4.8 万亿美元，位居世界第三。

但是，仅仅过去5年，中国的GDP总量已经超过了日本1.2倍，增速惊人！

不过，2014年的中国人均GDP为6747美元，位居世界第84位。而日本人均GDP为38491美元，位居世界第24位。中日之间的人均差距，依然有5.7倍。

所以，我们必须清醒地看到，当我们喜气洋洋地感觉到自己的GDP已经超过日本1倍多的时候，依然会发现，两国的"软差距"其实还是很大。

大在哪里？一位日本大学教授说了四个字："安全安心"。在日本生活，你不用担心水有污染，蔬菜有毒；你不用担心掏钱买到假货；你不用担心女孩子一个人深夜回家会被当成小姐，或遭人侵犯；你也不用为过年应该给领导送什么礼操心；也不用担心哪一天房子被房地产开发商敲了一个洞；当然更不用担心自己的儿子有一天遭人拐卖。日本社会的一切都是按照一个良性有序、法制民主的秩序在运转。所以，即使中国的GDP超过了日本许多，还是有许多东西需要向日本学习。要缩短这一种"软差距"，估计还需要几十年。

这话听起来刺耳，但相信中国有一天一定能够全面赶超日本。中国培育的文化与传统，总不能老在日本开花。

17. 日本为何担忧中国人来投资

日本富士电视台的时政报道节目"新报道/2001"播满了100期。为了纪念这100期,该台从上午7时半开始,用了一个半小时的时间,制作了一档特别的节目,集中讨论日中关系问题。而这一节目的最大嘉宾则是当时担任日本外务大臣的前原诚司。由于事先做了宣传,因此,这档节目颇受人关注。

在这档节目的后半部分,富士电视台播放了数日前对我的一个采访。由于我的回答刚好是放在前原大臣提出要对中国人购置日本土地问题进行限制的发言后,因此这一回答事实上也成了对前原大臣这一发言的反论。

节目在播完有关中日关系现状问题的讨论后,后半部分转到了中国人购买日本土地和房产的问题上来。前原大臣表示,由于种种原因,日本吸纳外资的数额极少,以2006年的数据来看,投资日本的外资金额只占到当年日本GDP总额的2.6%,而当年韩国的外资比例达到18%,英国更是高达40%。因此,前原大臣认为,日本有必要继续扩大吸引外资的工作。但是,针对中国人在北海道等地购买日本土地山林、购置房产的行为,前原大臣表示警惕。他在节目中说:"有必要对于外国人购置日本土地等问题的危害性进行研究。"显示了日本政府需要制定相应政策,提防中国人在日本"侵吞"土地的意向。

前原大臣话音刚落,富士电视台随后播出了中国人购买日本土地和采访我的内容。我在节目中说,中国人对日投资是中日两国经贸交流的一项重要内容,显示了中日两国的投资不再是日本对中国的单向投资,而是出现了中日双方双向投资的好势头,对于这一种势头应该予以欢迎。

我说,中日紧张关系导致日本国内出现了"中国风险论"的抬头,一部分日本企业计划把在中国的投资转移到东南亚地区。但是,中国人对于日本还是保持友好的态度，没有出现"日本风险论"一说。中国对日投资还刚刚开始，今后一段时间，中国人的对日投资势头不会减弱。日本阻止不了中国人对日本的投资，因为这是中日两国经济合作的必然潮流。

我说，中国人在北海道等地购买日本的山林，事实上也是帮助林农摆脱经济困境、盘活日本林业资源的一种好办法，日本政府不应该搭上"中国威胁论"的车来抵制中国人的投资。

这一节目播出后，我接到了几位日本友人的电话。在野村证券公司工作的中村说，日本人狭隘的岛国心理促使"中国威胁论"的产生。前几年，许多澳大利亚人在北海道买土地造房子，日本政府和舆论都表示热烈欢迎。如今中国人到日本买土地造房子，日本就要反对，这是没有道理的事。日本如果拒绝中国资本的进入，那么日本经济今后就难以有所发展，甚至一部分领域连生存都成问题。连美国都在渴望"中国资金"，日本从一开始就对"中国资金"进行抵制，那么结果会让日本失去一个利用"中国资金"盘活土地资源和不动产市场的良机。

中村的话，代表了一部分日本具有卓识的经济学者的观点。但是，日本更多的舆论在借最近的"中国渔船驶入钓鱼岛及其附属岛屿附近海域事件"，鼓吹新的"中国威胁论"。《富士晚报》发表的一篇文章，代表了这一种新"中国威胁论"的狂想腔调：如果不阻止中国人大批进入日本，一旦中国人在冲绳县买土地，取得日本国籍，获得选举权，那么他们就会选出一名坚定的反美知事，而这名获得中国人支持的县知事就会宣布冲绳独立，让冲绳重新回到中华圈的版图中。

富士电视台对我的采访录制了一个多小时，很遗憾，在节目中，有关中日关系的很多论述，该台没有播出。我想，富士电视台应该有勇气让更多的日本观众了解来自中国人的声音，不应该单方面强调日本自己的立场，因为这无助于增进中日两国人民的相互理解与信任。

18. 捕捞红珊瑚，事情其实是这样

最近一段时间，日本社会关注的焦点问题有两个：一是安倍内阁的大臣们的政治资金丑闻，二是大量中国渔船在日本的小笠原群岛附近海域滥捕和偷捕红珊瑚。

日本海上保安厅称，2014年12月，在小笠原群岛附近滥捕和偷捕红珊瑚的中国渔船，多达500艘。"白天是黑压压的一群，晚上变成灯火辉煌的不夜城"，与几位日本媒体同行相聚时，一位到过现场的记者如此说。他认为，这是"中国人的新侵略"。

之所以中国渔船滥捕和偷捕红珊瑚问题会成为日本舆论关注的焦点，我想原因有三。

第一是政府层面。原先日本防范中国人的重点是在钓鱼岛及其附属岛屿，因此，日本海上保安厅从全国各地调集了大量的巡视船昼夜蹲守在钓鱼岛及其附属岛屿附近。但是，如今钓鱼岛及其附属岛屿已经趋于太平，突然发现百艘以上的中国渔船一齐出现在小笠原群岛附近，万一都是"民兵"，那占领小笠原群岛是轻而易举。背后是否中国政府在故意"练兵"？这是日本政府最为焦虑的事。

第二是民间层面。小笠原群岛远离日本本土1000公里，但是行政区域上属于东京都政府管辖。那里的岛民以渔业为生，捕捞红珊瑚也是他们的传统生计之一。如今大量中国渔船连续数月的滥捕和偷捕，造成了红珊瑚资源的短缺和破坏，给他们的生计带来了威胁。

第三是行为道德层面。小笠原渔业协会称，他们捕捞红珊瑚，都是采用传统的兜网形式，不会对珊瑚造成破坏性损害，而且渔船都是5吨大的小船。但

是中国的渔船采用石块沉海拖网捕捞，而且每艘渔船都在 100 吨以上，对海底资源进行了毁灭性破坏。因此他们认为，中国渔船不道德。

2011 年，小笠原群岛被列入世界自然遗产，附近海域是世界著名的红珊瑚的产地。最近几年，中国市场的红珊瑚的价格出现了 10 倍以上的飙升，一公斤的原料价格从 5 年前的 3 万元，已经升到了现在的 35 万元。"捕一船鱼还不如捞几根红珊瑚"，成为江浙沿海不少渔民的发财新思路。

一位海上保安厅的干部说了这么一段话："小笠原群岛附近的红珊瑚资源，严格来说，是公共资源，日本人可以捕捞，中国人也有权益捕捞。对于我们来说，你不要闯入日本的专属经济海域捕捞，不闯入日本领海就没有理由来阻拦你。问题是，中国渔船的捕捞方式太野蛮，而且出现百艘以上渔船群捞，这对于资源的破坏太厉害，你要知道，红珊瑚 50 年才长 1 厘米。"

目前，在钓鱼岛及其附属岛屿附近部署的日本海上巡视船有几十艘，但是，日本海上保安厅目前好不容易调集的小笠原群岛海域巡视船只有 4 艘。4 艘船要对付 100 多艘中国渔船，对于日本政府来说，显然是力不从心。"我们现在是两面受敌"，这位海上保安厅的干部说。

一个月来，日本海上保安厅以违反日本渔业法之名，在小笠原群岛附近的日本领海和专属经济海域查处了 4 艘中国渔船，并逮捕了 4 名中国船长。红珊瑚问题正在成为中日两国之间的一大新问题。此事也引起了中国政府的高度关注，由中国外交部和海洋局、边防武警牵头，会同沿海各省地方政府组成的执法机构，强化了对渔船前往小笠原群岛附近偷捕红珊瑚的打击力度。

日本同行最后问我一个问题：好奇怪，中国人为什么对那些石头（玉石）、那些珊瑚这么感兴趣？

19. 中日关系该如何避免"两败俱伤"

一

我觉得，在一个网络发达的时代，媒体是不应该"自我意淫"的，应该实事求是地把真实的情况告诉读者，只有这样，才会有公信力。中国海警船在钓鱼岛及其附属岛屿海域向日本巡视船发出离开警告，我觉得是必须，因为我们主张拥有主权，这是最起码的举措。但是，也要看到，发了警告，有没有效果，效果有多大，应该冷静分析。如果媒体不做冷静分析，一味称颂，恐怕反倒成忽悠。甚至适得其反。

我说这话的口气，在批判我的网友的眼里，可能是一个"卖国贼"，因为是站在敌人的立场上说话。但是，我又被众多网友们要求，作为一名媒体人必须说真话。但是，说了真话，往往也变成了"卖国话"。那我只能怪我们的一些网友，你们对我的要求太苛刻。

中国媒体最近一直在欢天喜地地报道中国海警船的维权行动，如何让日本海上保安厅的巡视船筋疲力尽。我想中国的海警人员也不是神仙，中国也就这么几艘海警船，每天得一起在钓鱼岛及其附属岛屿附近海上编队巡航，又没有其他可替换的船只，海上一漂就是半个多月，我们自己难道不累吗？说白了，双方都在打疲劳战。

我在上海请几位相识的日本人一起吃饭。饭吃到一半，其中一位趴在饭桌上哭了。他是大阪一家旅行社驻上海的部长，这个月中旬，将被召回国，一起回去的还有5位日本同事。也就是说，他们的上海分公司关闭了。关闭的理由很简单，从"钓鱼岛事件"发生到2013年1月为止，还没有一个中国团的订单。

他们的雇佣合同都到2013年3月,"回去就意味着解雇,孩子刚出生,接下来的日子该怎么过?"这位38岁的大男人感到一种绝望。

我本该鼓掌,庆贺我们"抵制日本游"的胜利成果。但是,转眼一想,轮到我如果也面临失业的话,那么,我是不是也会仰天长啸?

与我们通讯社有合作的几家专门接待中国旅游团体的旅行社,最近都搬了家,搬到了小地方,因为已经扛不住。他们的老板都是中国人,或是加入了日本籍的华人。他们大骂石原慎太郎和野田佳彦。

我问了上海一家旅行社的老总,到底中国国家旅游局有没有发通知不要组织"日本游"?他没有正面回答,但是他告诉我一件事,假如中国人还是要申请去日本旅游的话,一定要签一份保证书:"在日期间遇到意外,与旅行社无关,一切责任自我承担。"

拿着这一份保证书,还有谁敢去日本?

2011年,日本人到中国旅游的人数是350万,中国人去日本的是130万。经营中日航线的日本航空公司是两家,中国的航空公司是5家。2013年10月至12月,7成日本游客自主决定取消"中国游",而中国不想去日本或被阻去日本的游客比例,估计也达8成。这说明什么?说明打旅游战,两败俱伤。问题是,中国的媒体报道的,只报日本受伤,没报自己是否也受伤,航空公司的股票跌了多少?一个人觉悟到了这样一个程度,事实上也就变成了"亡命之徒",因为我什么都不怕,哪怕只剩下一根裤腰带,于是什么事情都敢干。只是没有想过,这样做,会不会伤害周围人。

中国不少人希望给日本企业上一点儿药,通过他们向日本政府施压喊冤,来达到迫使日本政府投降的目的。这是典型的中国式思维。事实上,日本企业再哇哇叫,野田政府依然不理不睬,至今还是拒绝听取经济界要求改善中日关系的意见。日本企业在谩骂日本政府的同时,也开始埋怨中国政府,因为他们认为,企业经营行为与国家的政治行为毫不搭界,因为日本企业内没有党组织,也不需要听任何政府机关的指示,他们只向股东和职工负责,他们除了纳税,不承担任何的国家责任。但是,我国将他们与野田捆绑在了一起,两边敲脑袋。

日本经济界最近开始加快寻找替代中国市场的新天地,越南、印度尼西亚、缅甸、印度再度成为日本企业关注的投资地,因为他们认为,那里没有政治风险。毫无疑问，减少对我国投资，甚至一部分日本企业撤离中国的风潮将会加剧。中国商务部的专家们最近频频撰文，称"日本企业离不开中国"，甚至称"没有中国市场，就没有日本企业的未来"。我觉得这是在忽悠中国的百姓。没有中国市场，日本企业也能活下去。东南亚联盟10国和印度，总人口接近20亿，人家已经准备了一整套优惠措施盼着日本企业去投资，日本企业不会在中国一棵树上吊死。

日本是中国的最大投资国，日本也是中国国际贸易的顺差国，这意味着中国赚了日本两笔钱，一笔是日本人的投资款，一笔是贸易利润。钱让你用了，生意让你赚了，你还要打压他们，按照中国人的政治伦理，还嫌不够。摆到国际行为准则上讲，太不合情理。所以，我国的一些做法为什么得不到国际社会的理解？是因为他们认为中国没有按规矩出牌。不管有关系没关系，不管是过去的还是现在的，凡是日本的，统统关在一个笼子里一起打，令人难以理解。

有一位网友问我：2012年的广交会上中国对日出口的订单比上一届减少了7成，这意味着什么？我对他说：这意味着一部分中国企业利润大减，有一部分中国人将面临失业。

我反复强调，在钓鱼岛及其附属岛屿主权问题上，中国应该对日本保持政治和外交上的高度打压，海警船可以天天去钓鱼岛及其附属岛屿宣示主权，但是不能打压日本的经济，因为这对于解决钓鱼岛及其附属岛屿问题不仅没有明显效果，反而会产生巨大的反作用。在中国社会反日情绪日益浓郁的时候，日本社会的厌中情绪也在迅速蔓延。我们不要期望每一位日本人都是清醒的哲学家，会一分为二地去分析钓鱼岛及其附属岛屿问题产生的前因后果，会百分之一百地认为石原慎太郎和日本政府是这一问题的始作俑者。就像那位在上海的饭桌上痛苦的日本人一样，他说他喜欢中国，但是，最终是中国迫使他离开，他说再也爱不起来。因为这一切直接伤害到他的切身利益和家庭的安宁。

相反，为什么在日本的中国人依然还会留在日本，因为日本社会没有因为钓鱼岛及其附属岛屿问题而歧视中国人，也没有给中国人和中国企业制造麻烦，也没有抵制中国货，中国饭店的生意照样红火。

许多问题，我们必须学会思索。领土问题伤筋动骨，但不是一朝一夕可以解决的。我们只要坚持"领土属我"的大原则，冷静筹划，总会找到一个最善的解决途径和方法。

二

接到凤凰卫视的邀请，一早从东京坐飞机赶往北京录制"一虎一席谈"节目，谈的还是钓鱼岛及其附属岛屿问题。

最近一段时间，我在湖南卫视和深圳卫视做嘉宾时，一直在强调一个观点："中国反弹日本，不能捆绑经济。"也就是说，我是反对因为钓鱼岛及其附属岛屿问题对日本实行经济制裁的。

领土问题是国家大义，涉及国家主权、领土完整和民族尊严，一点儿不可马虎。但是，有没有必要对日本实行经济制裁，并通过经济制裁来逼迫日本政府"投降"，这一点，应该予以冷静考虑，因为我们必须权衡得失。

我反复强调一点，中国是日本的最大贸易伙伴，同时，日本也是中国的最大单体国贸易伙伴，日本也是中国的最大海外投资国。两个最大的生意伙伴打架，结果必定是两败俱伤。

中国国内有一种观点，认为日本对于中国市场的依赖度达到了40%，而中国对于日本市场的依赖度还不到20%。因此中国完全可以打压日本经济，直至它求饶为止。我不知道这个数据是从哪里得出的。我看了中国和日本官方的统计数据，2011年，中国对日贸易额在中国国际贸易中的比例，已经从2002年的16%，减少到2011年的9%。相反，日本对中贸易额在日本国际贸易中所占的比例，已经上升到20.6%。从上述数据中，确实可以看出，中日对双方市场的依赖比例有"一倍之差"。但是，这不应该成为我们可以打压日本经济的根据。

我们不得不看到中日经济的另一个方面，那就是中国对于日本市场的"隐性依赖度"。日本对中国出口的产品主要是半导体和各类电子产品以及制造高尖端产品的精密机械。换言之，支撑中国这一"世界工厂"的基础材料，相当一部分来自于日本。阻止日本产品的进口，也就意味着，我们自己在减少出口贸易额，让本来已经滑坡的中国出口贸易雪上加霜。

事实上，在中国市场的所谓"日本产品"，大多是中日合资产品。譬如汽车，我请中国社会科学院的经济学家算了一笔账，砸一辆丰田汽车，中国损失多少？

日本损失多少？他说："中国损失60%，日本损失40%。"广州有一家很牛的国企，叫"广汽集团"，它的主要盈利点来自于两家合资企业，一家是"广汽丰田"，一家是"广汽本田"。把丰田车和本田车砸完了，"广汽集团"也就不存在了。

所以，我们必须明白一点，对日本实行经济制裁，也意味着同时在打压中国自己的经济。

举个最简单的例子，风靡世界的美国苹果公司的iPhone5手机，其核心零部件来自于日本，占到整台手机零部件总数的37%。手机是在中国组装的，作为"中国制造产品"，再从中国出口到世界各国。卡死了日本核心零部件的进口，结果会是怎样呢？富士康工人失业甚至闹事，中国地方政府伸手买"维稳单子"，而中国出口额因此减少，苹果公司将生产基地从中国撤离，富士康迁往东南亚。

在吸引外资方面，中国一直不愿意过多谈及日本其实是中国的最大投资国。这些年来，日本企业在中国投资了600多亿美金，建设了4万余个投资项目，而且都是实打实的投资，不像一些中资企业到太平洋岛国或中国香港地区转一圈，换一身洋装回来的"假洋鬼子"。

就看2012年上半年中国商务部公布的数据，1—8月，海外对华投资减少了3.4%，而日本对中国投资却增加了19%，处于"一枝独秀"的境地。在地价高起、劳动力成本年年攀升的背景下，日本企业还能对中国保持高的投资热情。

如果我们在心底里，还是不希望日本大幅减少对华投资，不希望日本企业从中国大幅撤资的话，那我们还应该了解一个教训。

2005年，为了抗议日本首相小泉纯一郎参拜靖国神社，中国各地发生了反日大游行，这一场反日大游行的结果，是日系汽车一辆都没有被砸，日本企业一家也没有遭受袭击，只是日本驻上海总领事馆被扔了不少的鸡蛋，被砸坏了几扇玻璃。

就这么一个结果，日本企业一夜之间醒悟到一点："原来对中国的投资，除了经济风险之外，还有政治风险。"从此以后，日本企业开始向东南亚和印度转移，他们觉得"鸡蛋不能放在一个篮子里"。

好不容易，经过这几年的努力，中日关系有了些改善，日本企业在遭遇2011年的大地震之后，又开始加大对中国的投资，结果2012年遇到了比

2005年更为激烈的反日示威。示威游行表达中国人民的愤怒心声，我认为很有必要，坚决支持。但是公然打砸日资百货公司和超市，放火焚烧日资专卖店，打砸日系汽车，令日本企业和日本社会大感失望。

　　我采访了深圳几家日资企业，也听取了这些日资企业负责人的情况介绍。他们最感到不满的是，"钓鱼岛事件"发生后，中国的海关开始对来自日本的进口货物施行了比平时更为严格的抽查措施，同时延缓了这些货物的过关时间。虽然中国海关有关部门否认有故意刁难日本企业的做法，但是事实上，平时一天可以过关的货物，现在至少需要3天。

　　日资企业的几位负责人对我说，日本企业的产业链，基本上实施的是"零库存"模式，需要多少进口多少，一般最多的只有一个星期的库存。如果海关受阻，势必影响在中国的日资企业的生产。

　　我们还必须清楚地认识到一点，日本经济已经保持了20多年的低速甚至是负增长，日本社会制度与民众心态，已经能够适应这一种低速增长。但是，中国GDP的增长率如果下滑到5%，或者4%，那么中国需要付出的社会成本将是巨大的，这不是"勒紧裤带"可以解决的问题。在当今的中国，是经受不起低速增长的。

　　所以，我还是相信邓小平先生留下的一句遗训："韬光养晦"，中国还没有到可以与日本那样世界主要经济大国打经济仗的时候。如果今天因为政治原因，我们制裁了日本经济，制裁了日本企业，那么，在中国的所有外资企业都会想到，有一天，我们也可能会遭受同样的命运。

　　我是很担忧，如果一定要对日本经济实行制裁的话，那么中日之间会进入一个"政冷经逃"的时代。在钓鱼岛及其附属岛屿主权问题上，中国应该保持对日本政府的外交与政治层面的高压，但不应该捆绑经济，因为捆绑经济，会伤及一大批对中国经济充满期待的日本企业和日本普通民众的利益，激化日本民众对中国的反感，让日本的右翼保守势力寻找到更大的民意支持，造成两国更多的对抗，由"战略互惠关系"变为"战略互损关系"。

　　我想，近10年来，中国大陆对中国台湾地区的"经济先行，政治后续"的有效做法，也适用于当前的中日关系。

　　录制"一虎一席谈"时，有嘉宾主张立即对日本实施动武，武力夺回钓鱼岛及其附属岛屿。这一主张赢得了不少的掌声。但是，我认为："中国需要做的事情实在太多，不应该被一个钓鱼岛及其附属岛屿牵扯太多的精力。领土问题和历史问题，不是一朝一夕可以解决的问题，需要等待时间，需要等待双方力量的变化。只要我们表明坚定立场，保持适当的外交与政治的高压，在一定时期一定的环境下，这个问题一定会得到满意解决。"听了我的这一观点，节目参与者席上举起了不少的"反对"牌。看来，我是少数派。

20."中国第一股"为何在日本遭遇退市

"男人的西装至少有两个口袋,一个在左边,一个在右边。对于一个企业的经营者来说,左边的口袋装着公司的钱,右边的口袋装着个人的钱,一旦把这两个口袋的钱混在了一起,这位经营者必然遭殃,公司也必然跟着倒霉"——曾是日本最大的百货超市集团之一的"八佰伴"前老板和田一夫,在"八佰伴"破产4年后接受我的专访时,说了这么一段意味深长的话。

我把这段话写在了为他翻译出版的《不死鸟》一书中,期望引起成长中的中国企业家们的警示。这句话过去了许多年,如今,一位中国企业家终于应了和田一夫的这句咒语,把两个口袋彻底搞错了。

2008年6月18日,东京证券交易所透露出风声:在东京证券交易所上市的第一家中国企业亚洲互动传媒总裁崔建平挪用公司资金16亿日元为自己的另一家公司还债,已遭调查。日本舆论为此哗然:东京证券交易所开张以来,还没有一家上市公司这么"牛"过,居然可以擅自把股民的钱装进私人的腰包。

这一丑闻被披露时,距离亚洲互动传媒公司在东京上市还不到一年。

2007年3月22日,东京证券交易所发布消息,宣布第一家中国企业将在东京上市,它的名字叫亚洲互动传媒。对于这一划时代意义的上市,引起了媒体的广泛关注。但是,查遍中日文互联网,就是找不到有这么一家公司。我直接找到东京证券交易所负责这一项目的干部,得到的回答是:"亚洲互动传媒是中国企业,但是注册在南美的英属百慕大群岛。"

既然是百慕大群岛的企业,为什么一定要说是"中国企业"?带着这个问题,我直接找到当时作为亚洲互动传媒东京发言人的一位女士。该女士的回答令我一头雾水:"注册在百慕大就不是中国企业了?中国在美国上市的网络公司哪一家不是在群岛上注册的？"我哑口无言。

费了好一阵子，我终于找到了亚洲互动传媒的真正母体——北京宽视网络技术有限公司。

北京宽视网络技术有限公司成立于 2002 年 4 月，由崔建平设立。崔建平何许人也？据该公司提供给东京证券交易所的经营者资料显示，崔建平 1988 年毕业于清华大学，后留校担任教师。其间创办了数家 IT 企业。2002 年，成立北京宽视网络技术有限公司，担任总经理。2004 年 7 月，由他本人全额出资，在百慕大群岛注册了亚洲互动传媒公司，并担任 CEO。

有趣的是，在中国压根儿找不到的亚洲互动传媒公司，却一定要作为"中国企业"在日本上市，怎么想也是难以自圆其说。日本的《中国经济新闻》为此发表了一篇长文，题目叫《出乎意外，第一家在东京上市的中国企业的迷乱正体》。

《中国经济新闻》指出，一家注册在海外，没有实体的公司，却拿着母公司的业绩充数，打着"中国"的招牌，以经济强劲的中国作为自己的后台，这至少是对股民的一种愚弄。一旦这一家空壳公司倒闭，由于法人不同，日本投资家甚至无法找到自己真正可以索赔的公司主体，这样可怕的噩梦为什么允许在东京上演？

4 月 26 日，亚洲互动传媒作为"第一家在东京上市的中国企业"在东京证券交易所创业板隆重上市。证券交易所给我发来了采访邀请，我并没有出席。

东京证券交易所号称是亚洲最大的交易所，也是亚洲经济的风向标。但是，自从泡沫经济崩溃以来，外资纷纷逃离，原来在东京上市的 300 多家外资企业，到 2007 年时，只剩下 30 家。东京证券交易所几乎变成了日本国内企业的交易所。与此同时，在经济快速成长的中国，大量的企业奔赴纽约、新加坡、中国香港地区上市，甚至是伦敦证券交易所。眼巴巴地看着一块块肥肉落入他人之口，东京证券交易所的危机感日益加重。2006 年 11 月，日中证券业论坛在东京帝国饭店举行，中国国务院经济研究中心、中国证监会、上海和深圳证券交易所的负责人出席了会议。在这个会议上，东京证券交易所的西室社长做了一个中心发言。他强调指出，东京证券交易所要积极创造有利环境，改善外国企业上市的条件，积极吸引中国企业上市。他还透露说，到 2007 年 4 月，至少要安

排12家中国企业在东京上市。

西室社长在说这话的时候，东京证券交易所在中国还没有代表处，也没有其他的办事机构。但是，已经通过第三渠道与中国40多家企业进行了接触，并确定了以下的方针：让一些与日本企业有业务关系，或者有日本企业资本参与的中国企业率先在东京上市。

西室社长说完这些话后，日本迎来了深秋寒冬。

2007年2月，中国企业到东京上市的消息悄然无声，12家计划上市的中国企业都跑到哪里去了？我致电东京证券交易所的一位干部询问，他坦言：中国企业的情况要比想象得复杂。复杂到何种程度？他没有多言。

进入3月，日本媒体开始大量报道中国总理温家宝即将访日的消息，这是中国总理相隔7年对日本的"融冰之旅"。能否在温家宝总理访日期间，东京证券交易所放一颗中国企业"上市卫星"？不仅我关注，中日媒体也关注。3月26日，东京证券交易所终于发布消息，宣布第一家中国企业即将在东京上市。舆论热烈鼓掌，但是怎么也没有听说过有这么一家中国企业，其正体为何？为什么会选择这么一家名不见经传的企业上市？一系列"为什么"引起了媒体极大的疑问。

东京证券交易所的一位干部私下里向我透露说：其实在温家宝总理访日期间，无论如何要安排一家中国企业在东京上市。安排哪一家好？最后确定了亚洲互动传媒。我问他为什么会选择这一家公司，他说："中国证监会也推荐了这一家公司。"

于是，亚洲互动传媒虽然未能赶上温家宝总理在日期间上市，却也终于在温总理离开日本之后，敲响了上市的钟声。

亚洲互动传媒既非IT企业，也非制造业，而是一家电视节目网络提供商和电视节目广告销售商。公司上市后，亚洲互动传媒CEO崔建平在接受日本经济新闻等媒体访谈时表示，亚洲互动传媒最强的业务是向中央电视台等全国各大电视台提供节目和广告。尤其是中国即将举办奥运会，全世界都在关注中国的电视，因此，电视节目的制作与提供，将是一个潜力巨大的市场。不过，崔建平在访谈中，没有忘记暗示一点，那就是在中国，能够为中央电视台提供节目，不仅需要一定的实力和政治背景，同时也需要有中国政府的特别认可。

没有人能够知道，亚洲互动传媒为中央电视台提供了多少电视节目和广告，甚至没有人知道提供了什么内容。当然更没有人知道，其实注册在百慕大的亚洲互动传媒，在那个群岛上，没有一间办公室，也没有一个工作人员，所有的"佳话"都是拿北京宽视网络技术公司在说事。崔建平有本事，把两个公司分装在左右两个口袋，需要时可以拿任何一个口袋说事。

不仅东京证券交易所知道这个真相，为亚洲互动传媒做上市财务资料的那家世界著名财务公司和日本的律师事务所，都十分明白。但是，几乎所有的人，都被"中央电视台"的大名蒙倒。日本人太吃中国政治这一套。几年前，一家由美国人控制的香港公司"新华财政"，就因为和新华社的一个部门有一点信息提供业务，轻而易举地在中国香港地区这个可以随便取名的地方，公然打出了"新华"的旗号，让许多日本股民冲着"新华社"大掏腰包。

"崔建平事件"被揭露之前，刚好有一件与中国和股票有关系的案件发生。在日本最大的证券公司——野村证券上班的一位中国籍职员，利用自己可以提前获知日本公司上市或上市公司有重大业绩发表的机会，把这些信息告知自己的亲戚和朋友，让他们在东京证券交易所买卖相应的股票。这几位中国人虽获利4000多万日元，但均遭日本警方逮捕。这一事件给野村证券造成了极大的损失，不仅遭到日本金融厅的警告和警方的搜查，而且也造成公司股票的暴跌。当然，日本媒体就这一事件，把"中国人"和"金融犯罪"好好地炒了将近一个月。这一案件还没完，跟上来一个"崔建平事件"，居然还是总裁"监守自盗"，让日本人大跌眼镜。

从事中国公司在海外上市的一位日本投资经理在接受我的采访时说，"崔建平事件"让日本投资者对中国概念股产生了极大的不信任。目前，在日本上市的中国企业只有两家，另一家北京博奇是实实在在业绩很好的环保企业，也因此受到拖累。他说，日本投资者是冲着"中国"而买亚洲互动传媒的股票，这一事件，也令日本投资者对中国企业家的个人素质与道德品行产生了怀疑。

据悉，日本金融厅已就"崔建平事件"敦促东京证券交易所对中国企业在日本上市严加把关。这一信息显示，中国企业在日本上市的门槛将会提高，对于东京证券交易所和中国企业来说，都是一个噩梦。东京证券交易所已经把亚洲互动传媒列入"监管"对象，在监管期间，这一股票如果还未能获得股民认可，或无法处理好这16亿日元的款项，有可能被取消继续上市的资格。

在亚洲互动传媒上市仪式上，崔建平说过这样一段慷慨激昂的话："在东交所上市是亚洲互动传媒发展过程中的一个重要里程碑，我深感自己肩负重任。我保证以信义为重，为把亚洲互动传媒培养成为一个优秀的上市企业与同事们携手共进。作为首次在东交所上市的中国本土企业，我们的另一使命是将我们在日本上市的经验和体会传授给其他中国企业，为更多的中国公司到东交所上市贡献自己的力量。"

一年以后，日本媒体报道说，崔建平敢擅自挪用上市公司16亿日元的资金，正说明在个别中国企业家中，把公司上市当作个人发财的机会。同时根本不知道公司上市意味着什么。"崔建平事件"让日本投资者对中国概念股失去了信心。

21. 为什么中国人一听"日本制造"就上当

这几天有点儿不堪其扰。中国国内有多位朋友打来电话，委托购买日本的"发技伸多"生发剂，说是擦一个月，头发就会茁壮成长，像呼伦贝尔大草原。

上次在东京采访藏传佛教的某位"高人"，被摸过头后，我的头发也日渐稀少。因此对于生发剂也常有关心，可从未听说过 3 个月就能黑黝黝的。

浙江的一位朋友尤为执着，刚娶了小媳妇也许透支过度，半年不见，头皮越来越光亮。因此他是强烈要求不惜血本，一定要买到正宗的"发技伸多"。

连接了他 3 个电话，说日本的这一种"发技伸多"在中国已经卖疯了。我说在日本从来没有听说过有这种神奇之物。过一会儿，他真发来以下的网络资料，称这种"发技伸多"是由日本著名生发专家铃木仙一研发的，铃木仙一从日本大学松户毛发部毕业，获毛发博士学位。资料附了铃木教授的照片，居然还有一张日本天皇会见这个生发剂研发团队成员赖井富雄的照片。

因为孤陋寡闻，没有听说过这种"发技伸多"，于是用日语"髪技伸多"上日本雅虎网（日本最大的搜索引擎）去查，居然一条相关消息也没有（只有中文有）。上谷歌去查，也没有。怪了！

于是我再上日本雅虎网查两位大师的名字，接受过天皇接见的赖井富雄，居然连一个名字都跳不出来。而那位"毛发博士"铃木仙一，倒确有其人，不过是一位牙科医生，与头发毫无关系。

再查了牙科医生铃木仙一的简历，居然与"毛发博士"的简历一模一样，所不同的是，在中国宣传的"毛发博士铃木仙一"是"1984 年，日本大学松户毛发学部毕业，获毛发博士学位。日本大学松户毛发学部临床教授"，而真正的牙科医生铃木仙一，则是"1984 年从日本大学松户齿学部毕业，获齿科博士学位。日本大学松户齿学部临床教授"。而且两人的长相和年龄也大相径庭,"毛发博士铃木仙一"是满头白发的老者,而"齿科博士铃木仙一"则刚满50岁。

我打电话给日本大学总务部,询问大学里有没有"毛发学部"(毛发系)?总务部的工作人员回答说:"本校没有这样的学部,估计全日本各大学也不可能会有这样的学部。"

我又打电话给"齿科博士"铃木仙一所在的医院,医院办公室称:"本院的铃木一直以来只是一位牙科医生,与生发剂毫无关系。"

当然,宣传中号称由"日本青田精工株式会社"生产的这一家公司,在日本的网络上自然也是查无行踪。

至此,我终于明白了,国内大张旗鼓在网络甚至电视上到处做广告销售的"日本生发剂发技伸多",其实只是中国不良企业伪造虚假资料,利用中国人信赖日本商品质量的心理,冒用日本专家名字所做的一种极其恶劣的欺诈销售。

这种欺诈销售居然会出现在中国许多门户网站上,这是我感到最为惊讶的一点。难道这些门户网站在替这种不良企业做广告宣传时,收了钱就不确定其真伪了吗?

其实,我最为担心的是,这家企业以每瓶近1000元的高价,打着"日本原装进口"的幌子出售这种生发剂,里面到底装的是什么东西?对于身体有多少害处?再看广告商几句语法不通的日语,我都怀疑这个"日本原装"是不是在中国的哪个垃圾场里做出来的。中国工商部门应该对这家欺诈销售的恶劣企业实施重拳打击!

其实在中国市场销售的许多打着"日本制造"的健康食品或药妆产品,在日本根本就找不到生产厂家。不要一听"日本制造"就上当!

22. 一台日本电脑的维修故事

最近，上海一位朋友写信给我，控告日本一家著名的家电公司在中国服务差的问题。那位朋友半年前在中国买了一台该公司生产的笔记本电脑。没有想到，半年以后，电脑系统出现了问题。朋友把这台电脑送到了该公司在上海的维修中心。半个月后，她取回了电脑，打开一看，存在电脑里的所有资料都消失了。对于这位从事文字工作的人来说，照片以及资料是十分重要的"吃饭工具"，丢失了是一件无法想象的事。于是她找到那家维修中心，要求恢复电脑里的资料。然而，那家维修中心以本人没有当场确认资料是否存在，责任应该自己承担为理由，拒绝接受电脑。双方便争执了起来。

我收到这位朋友的投诉信后，没有把它立即刊登在我们的报纸上。我把信转给了这家公司日本总部的公关宣传部部长。这位部长十分重视，当即打电话给中国公司。中国公司又立即打电话给上海维修中心，于是维修中心打电话给那位朋友，邀请她带电脑到维修中心一谈。从部长打电话到维修中心给那位朋友发出邀请电，横跨两国，仅用了3个小时。我因此十分感激那一位公关宣传部部长，他到底是对于自己公司的形象十分在意，做事十分认真。

这样的事情如果搬到日本，那家企业就要倒霉。日本企业不能实行双重服务标准，歧视中国消费者！

维修中心这次是主任亲自出马满脸笑容地接待了那位朋友，并保证免费给她恢复电脑中的数据资料。仅仅过了三天，维修中心就通知那位朋友可以领取电脑。朋友在领取电脑时，听到了这么一句话"数据资料都已经恢复了，本来是要收钱的，这次就免了"。

那位朋友把电脑拿回家，发现数据资料只恢复了40%。于是再次跑到维修中心交涉，维修中心接待人员这次变了脸，拒绝接受电脑，并表示"上次如果没有公司总部的特别指示，我们是不可能为你这么做的"。最后，朋友见数据资料全部恢复无望，于是提出来两个要求：一是把维修保证期延长一年；二是免费增加内存。维修中心答应了第一个要求，拒绝了增加内存的要求。

朋友十分伤心地给我写信说："我从小的时候，就喜欢这家公司的品牌，因为它的产品不仅新颖时尚，而且技术也是世界领先。可以讲，我是这一品牌的崇拜者。所以，当我自己有能力买笔记本电脑的时候，我首选的就是这个品牌的电脑。没有想到，这样一家著名的公司，对于中国消费者居然是如此恶劣的服务，多年来培养起来的对这一品牌的爱的情结，一夜之间全部毁灭了。"

这件事后，我在东京做了一场《中国IT产业》的讲演。出席讲演会的，都是来自日本各大电器公司和国际商社的OB，许多人还担任过公司的社长或董事。面对这些日本经济界的重量级人士，我讲了这个故事。会后提问时，一位与会者当场表示："作为这家公司的前任常务董事，我为此感到难为情，我向那位中国朋友道歉。" 他说，为什么会出现这一种情况，关键是公司一直以来的经营方针有问题。据他解释，该公司在海外的所有企业，都实行现地管理，东京的总部不参与海外公司的管理。于是，日本人的那种精心服务的精神没有贯彻到海外企业中，尤其是在缺乏服务精神的国家，这些问题就显得十分突出。

从这一件事中，我感觉到日本企业在中国市场正面临着一种服务失控的状态。中国人对于日本产品有一种本能的信任感，一直觉得日本产品是质量又好又耐用。所以，遇到产品质量问题时，首先是吃惊，然后是觉得这么著名的日本公司，一定有日本人的那一种真诚周到的服务。没有想到，在这么一个著名的国际品牌之下，实际在提供服务的都是自以为拿了洋饭碗高人一等的中国员工。中国人对付中国人，自然有一套办法。于是，品牌是国际的，服务是中国的，这一种高期待与低服务的矛盾，就构成了这一个故事的全部内涵。

我在讲演会上特别提醒进入中国市场的日本企业：在中国加强现地化进程固然重要，但是一定要把日本的那一套真诚周到谦虚的服务精神也带到中国去。如果一个著名的品牌，由于公司没有能够向中国消费者提供一流的服务，甚至无视中国消费者的基本要求，歧视中国消费群体，从而引起中国消费者对这一品牌的愤怒，那么受损失的是日本公司自己。如果日本企业不重视这一个服务问题的话，失去中国市场也是指日可待。

23. 在冲绳美国村里闯荡的苏州美女

在冲绳的美国村采访时，看到一幅大型的宣传照，是一对来自中国的美女帅哥的婚纱照，照片的制作单位，落款是冲绳欢乐梦工房，一个很令人憧憬的公司名字。

刚想推门进去，出来一位穿中国旗袍的美女，一看就非冲绳人。一问，竟然来自中国苏州。

她的名字叫张梦雅。

交换了名片，她直喊我"徐老师"，原来是我微博的粉丝。我差一点激动得晕倒！

走进"梦工房"，发现这里是一个摄影棚。张梦雅是苏州未来好结婚产业培训学校的副校长，她作为中方代表，与日本最早上市的婚礼集团公司——日本华德培婚礼集团合作，在冲绳成立了华德培创造摄影株式会社，并给公司旗下的婚纱摄影门店取了这么一个欢乐的名字：冲绳欢乐梦工房，张梦雅出任了社长。

这家公司接待了大批来自中国的新婚夫妇，还有许多来自日本本土的恋人到冲绳来举行婚礼，或新婚旅行。而公司的一个婚纱摄影团队，以蓝天白云和蔚蓝大海及冲绳特殊的奇丽街景，为这些新婚夫妇拍摄大量的外景婚纱照。

在公司里，遇到营业部长渡边太悟。一问渡边还是东京人，是华德培婚礼集团总部派到这家合资公司来负责营业工作的。这位还不太会讲中文的敦厚的日本男人笑着说："我们都是在张社长的领导下工作。"据说，华德培婚礼集团第一次与外国企业合资成立公司，第一次请外方担任社长。

张梦雅自己开车带我去参观他们在冲绳的两家专门承办婚礼的教堂。

教堂都建在一处蔚蓝的海湾边，外形很美，令人见之会有一种想走进去的冲动。

工作人员把我带到教堂的大门前，并叫我闭上眼睛。5秒钟后，教堂的大门自动打开，睁眼一看，神圣的教堂变成了一个美丽的"天堂"，圣洁雪白的Virgin road引领的远处，不是一个精致的十字架，而是蔚蓝的天空和海湾。

那一瞬间，内心涌起的激情与感动，足以让新郎新娘们泪流三遍。这婚礼太神圣！

张梦雅有一个梦想，她要把冲绳的这一家"梦工房"做到巴厘岛，做到夏威夷，做到帕劳，做到巴黎和西班牙教堂，让中国新娘和日本新娘在世界任何最美丽的地方演绎自己最美丽的婚礼。

之所以有这个底气，因为他们还有一支很好的摄制团队，把中国的微电影摄影技术带进了日本，带到了冲绳。这是华德培婚礼集团所没有想到的，也是让他们感到惊奇的一点——中国的婚纱婚礼摄影技术在某些方面已经超越了日本。当然，让冲绳欢乐梦工房感到骄傲的还有，冲绳县邀请他们拍摄了一部介绍冲绳度假婚礼的电视宣传片，而这一部电视片如今已在中国香港和台湾地区的电视台播映。

在美军嘉手纳基地边上的美国村里开这么一家公司，有没有遇到不便？

张梦雅说，虽然每天有这么多的美国兵在这里游玩购物，但是公司没有受到过任何的骚扰，反而吸引了这些美国兵的好奇，前来咨询举办婚礼和拍摄婚纱照的人还不少。公司开办一年多，已经为几位美国新郎新娘拍摄了婚纱照和结婚录像。

但是，在冲绳做事也难，难在中国员工的思维与日本员工思维的差异与协调，也难在中国顾客的随意与日本员工的严谨之间的冲突与调和。我没有向张梦雅打听这个"难"的故事，但是，想象自己在日本经营媒体所走过来的路，一个从新加坡留学归来不久的中国苏州女子，要在异国他乡的冲绳，带领一个由中日两国员工组成的混合团队，甚至在员工之间语言都还存在深交困难的背景下，她所需要付出的努力，应该是在我之上。

但是，张梦雅显然充满了自信。因为，她庆幸自己是在创造一份幸福与美丽的事业。

24. 中国人到日本炒房的麻烦和陷阱

日本不动产研究所举行讲演会，邀请我去讲解中国人来日买房问题。一个星期前，主办方告诉我，出席听讲的日本房地产公司有70多家。22日下午，我走进会场一看，发现是黑压压的一批人，已经坐满整个会场。事后一问，实际到了150多家。我直后悔，这讲演费应该按人头算才是。

其实，最近一段时间，我一直在忙中国人来日购房的问题。先是帮东京电视台做一档专题节目，其后又接受了《日本经济新闻》的采访。大言不惭地说一句，研究中国人来日买房问题的，我还是一个专家，因为我跟踪这一问题已经好多年。

日本房地产公司之所以这么热心地来听我的讲演，是因为闻到了"中国肉香"。前几年，日本房地产市场已经跌入1990年泡沫经济崩溃以来的最低谷。在东京市中心，使用面积80平方米（日本买房均按使用面积计算，而且公用部分不计其中）、三室一厅精装修完毕，而且已经装好了整套的最先进厨房设备和卫生设备的新房，售价才4000万日元左右（约285万元人民币）。如果是十年前的二手房，那么售价只有2500万日元左右（约180万元人民币）。怎么算，都比北京和上海便宜。

但是，这样价格的房子，在日本还是卖不动，因为愿意买房的人越来越少。

更大的问题是，1995年之前建造的房子，因为抗震的标准一般都在7级之内。而1995年阪神大地震后，日本提高了建筑物的抗震标准，所以1995年之前建造的二手房如今大量充斥房地产市场。但是，即使东京的三室一厅的二手房子，价格在1800万日元（约90万元人民币）以下，也还是少有人问津。

加上金融危机之后，欧美外资纷纷抽逃资金撤离，因此搞得日本房地产市场一片萧条。

当日本房地产公司正变成一只热锅上的蚂蚁的时候，忽然看到了救星，听到中国人高喊："我来了。"

中国人开始在日本投资买房，大约是从3年前开始的。最先出手的，是在日本的中国人，尤其是在中国国内也炒房的上海女人，她们最先发现东京的房价实际已经很便宜，并坚信日本经济一定还会有回头之日。她们购买的房子大多在东京的新宿区，买的房子也大多是二手房，而且还是一室一厅，或者二室一厅，价格在1500万日元（约75万元人民币左右）。新宿区最出名的是歌舞伎町，那是亚洲最大的红灯区。中国人就把这些买下来的房子租给在歌舞伎町打工、深夜难以回家的小姐们。

在日本买房的第二种人，是在日本留学后已经在日本工作定居的中国人。其实，这些人的买房钱大多不是他们自己出的，而是在中国的父母出的。中国目前流行一种风气，儿女要结婚，做父母的总应该准备一套房子，与其在国内买高价房等待儿女归来，还不如在日本买精装房让他们在海外安心生活，于是人民币便漂洋过海来到了日本。

电影《非诚勿扰》引发了一大批中国人对于北海道的向往。以北京人为主，中国人开始在北海道著名的观光城市——小樽市买房。这些房子有的是作为自己在海外的别墅，有的则委托当地的房地产中介公司出租，等待升值。小樽市的地价和房价均比东京便宜，十多年前建造的三室一厅的房子，售价一般只有1000万日元（约73万元人民币）。我的一位朋友在小樽市买了一套20年前的别墅，连土地在内只花了950万日元（约71万元人民币）。要知道，日本的20年前建造的房子的质量与中国人20年前建造的房子的质量完全是两码事。这位朋友就像捡了宝贝似的，实在感到太便宜太划算。

现今的日本房子确实比北京和上海便宜，但是买了房子之后，也遇到了大问题。那些北京哥儿们在北海道买了房子后，虽然户主是自己，却根本就没法住，因为日本政府不给你住的签证。换言之，日本政府没有像加拿大、澳大利亚和美国那样，把购房与签证挂起钩来——日本没有"投资移民签证"。

这其实还不算是中国人来日购房的一个陷阱，签证问题最多只能算是一堵"墙"，一个麻烦。真正的陷阱是付款问题。因为中国人能够往海外汇款的金额，一年是5万美金（约450万日元）。是不是可以一次性汇出5万美金？我没有向中国的银行核实过。但是，据我所知，大多数在日本购房的中国人，其购房的钱大多是走中国香港地区的地下银行汇过来的。而中国香港地区的地下银行为了躲避香港和日本相关机构的监管风险，许多时候把汇款人的姓名换成其他人或公司名义，结果，真正的购房人到日本办理购房手续时，因为汇款人的名字和自己的名字不相符而被拒绝交易。

拒绝交易还是一件好事，至少钱还可以退。最近在东京发生的一起诈骗案却让中国购房者血本无归。这家中国人开的中介公司一夜之间失踪了，200多万元人民币被骗（估计还不止这一个数），至今找不到这些同胞骗子的下落。

上个星期，我参加了日本执政的自民党的一个产业委员会会议，介绍中国经济的最新动向。在会上，我提出一个建议，既然日本房地产市场期待中国投资家来日本买房，那么，日本政府应该学习美国、加拿大和澳大利亚的一些做法，增设"投资移民签证"，让中国人掏钱买了房，还可以有资格在日本居住。同时我还建议日本政府在北海道或九州地区（从上海飞过来只要1小时15分钟时间）设立面向中国人投资的特区。这样，既可以让日本吸纳一部分海外投资，增加财政收入，同时也可以提高日本社会的国际化进程。

大家觉得这是一个好主意，但是，要增设"投资移民签证"需要修改日本的"出入国管理法"。而修改"出入国管理法"需要递交国会讨论审议通过，朝野各党有得架好吵，这个程序不是一天两天可以做到，难度不小。

民主国家有时候要办成一件事还真难。不过，在日本政治家们面露难色的同时，我也感觉到，虽然日本的房地产市场期待"中国热钱"，但是日本的一些老百姓并不完全欢迎中国人的到来。

中国人到日本炒房要做到安全顺畅并得到合法化，还需要一个漫长的过程。

25. 中国人能否换个角度看日本

这几天回国，在苏州大学做了一次讲演，同时也在北京录制了凤凰卫视"一虎一席谈"节目。这两个活动，给我两个感叹：一是中国的年轻学子们开始用自己的脑袋思考中日关系问题；二是专家们谈日本问题，依然是充满批判，重复着 N 年前开始的观点。

在节目中，我给自己封了一个头衔，叫"中日关系理性促进者"。当然，也有网友称我为"汉奸论者"，恨不得塞给我一个炸药包让我冲进日本首相官邸。

中国学界在研究日本问题时，似乎已经形成了这么一个固定的模式：首先是高举批判的旗子，满怀批斗的激情。日本政府做的事情，不管黑白，都会成为批判的材料，而且很自然地扯到中国身上去。然后，从甲午战争开始说到抗日战争，再从"狼子野心"说到"幕后黑手"，结论永远是"日本鬼子亡我之心不死"，对策永远是"坚决打击，抗争到底"。

遇到一些中国学者，大家对日的立场与观点，甚至语气和词汇都是克隆一般。我很纳闷：为什么很少有人换一个角度，或者能站在对方的立场上去想问题：日本政府为什么会这么做？它的国民为什么会对中国越来越厌恶？我们的对策是否出现了问题？我们该做些什么？

古人教导我们："知己知彼，百战不殆。"我们现在到了都懒得去"知彼"的程度，上来就敲棍子。我很担心，如果你是政府的智囊，以如此的方式研讨日本问题，能够给高层以一个极为准确的战略分析吗？

我在苏州大学对传媒学院的研究生们说了这么一段话：作为一名传媒人，最基本的素质，是不戴任何有色眼镜看问题。因为这会使你迷失方向，找不到真实。传媒人最基本的能力，是不被任何思想与观点左右，独立观察问题和思考问题。因为只有这样,你才能发现问题的根源在哪。

其实,这一段话,我也很想对我们的一些学者讲,研究日本问题,千万不要先把自己打扮成"愤青",似乎不愤,觉悟不高。你的职责是要找出日本这样做的理由与原因,分清其目的和手段,得出一个公正理性的分析,引导人们客观地认识日本问题,而不是张贴大字报,处处开批斗会。批判能够解恨,但是解决不了问题。

这几天,我接到日本新闻协会和日本经济研究中心的两个讲演邀请,主题分别是:习近平时代的中国经济的走向、中国下一代领导集体的核心由谁构成?

我在中国国内讲演日本和中日关系问题时,还没有一个邀请单位提出过"安倍之后的日本首相会是谁""未来5年日本经济的趋势如何"之类的选题,最多的是希望对日批判,有一个"请介绍真实的日本",已经十分开明与难得。

想想日本人在研究中国什么问题,而我们在研究日本问题上,还停留在什么样的阶段。说实在的,我有点儿着急。因此,我真诚呼吁,中国应该放弃"日本批判学",尽快开启"日本研究学"。只有这样,我们才能知道我们的对手到底几斤几两。

对于一个侵略过中国的岛国来说,它的沉没是许多人最乐意看到的结果。但是,它偏偏是你的邻居,而且还无法搬迁。它以前还听你的话,现在是越来越不听话。但是它在单体国家中,是中国最为重要的贸易伙伴,也是最大的对中投资国,许多地方比你先进许多年。你仇恨满怀,却又憧憬它的和谐与美丽。怎么办?我想道理很简单,那就是:未来发展的趋势是一个更加兼容的时代,意味着你要不断扩大你的格局,扩充你的心灵,你要放弃偏见地包容一切的存在,哪怕是刻意挑衅你的对手。你要把一份厌恶化作化敌为友的动力,把一份战略变成一个互惠双赢的机遇。

26. 杨贵妃是否真的逃到了日本？

在日本，有一个非常美丽、非常浪漫的话题，就是中国古代大美人杨贵妃的生死之谜。为什么日本人如此热衷于谈论杨贵妃呢？因为在公元755年，"安史之乱"爆发，杨贵妃被勒死在陕西兴平市的马嵬坡上。两年后，当人们挖开杨贵妃墓，却找不到她的遗体，那么这位绝世美人到底去哪里了呢？据说她是来到了日本。日本如今有杨贵妃的墓，还有供奉她的寺院。

杨贵妃在日本是很有名的。一般的日本人都知道，古代中国有两大名人，一位是孔子，另一位是杨贵妃。中国将杨贵妃列为"中国四大美女"之一，日本还要厉害，将杨贵妃列为"世界三大美女"之一，另外两位世界级美女，是埃及皇后克丽奥佩特拉和日本平安时代的贵妃小野小町。

小野小町不只是美貌让世人倾倒，还是平安时期著名的诗人，与杨贵妃算是同一时代的美女。

杨贵妃在日文中，念作"ようきひ"，她作为备受唐玄宗宠爱的妃子，她的死是一段凄凉的传奇。公元756年，安禄山带头叛乱，叛军攻入长安城，唐玄宗携带家眷弃城而逃。连日奔波劳顿，所有的将士又累又饿，怨声载道。就在这人心极度不稳的时候，太子李亨突然发动政变，杀死了宰相杨国忠，继而要求杀死杨贵妃。

一边是江山，一边是美人，面对这一要挟，唐玄宗心里明白，杨贵妃是无辜的，但是此刻如果不杀杨贵妃，军心必定大乱，不光会失去江山，恐怕连自己的性命也难保。唐玄宗感到无力回天，无奈之下，只得下令赐死杨贵妃。

这一年，杨贵妃三十八岁。她被勒死在佛堂，死后陈尸于天井，让将士们看到杨贵妃真的死了。将士们这才安心，护送唐玄宗继续往西逃亡。

五十年后，唐代大诗人白居易写了一首著名的长诗，叫《长恨歌》。《长恨歌》记录了马嵬坡兵变的历史，因为这首诗，唐玄宗与杨贵妃悲情的爱情故事也就一直流传了下来，也很少有人怀疑杨贵妃是否真的死在马嵬坡。但是唐玄宗作为皇帝，真的会在兵变的时候眼睁睁地看着自己的爱妃被勒死而无所作为吗？

有一种说法，杨贵妃其实没有被勒死，死者是替身，这位替身是个侍女。军中主帅陈玄礼爱怜杨贵妃貌美，不忍心杀死她，于是和唐玄宗的重臣高力士密谋，以侍女代替。高力士用车运来杨贵妃的尸体，查验尸体的便是陈玄礼，因而使得这一替身计划成功实施。而杨贵妃则由陈玄礼的亲信护送南逃，最后从江苏的扬州市扬帆出海，漂流到了日本。

翻开史料，有关杨贵妃东渡日本的说法由来已久。早在20世纪20年代，著名红学家俞平伯先生在《长恨歌》和《长恨歌传》的质疑文章中指出，杨贵妃可能并没有死在马嵬坡，而是去了日本定居。

白居易写《长恨歌》，毕竟离马嵬坡事变的发生只有五十年，因为时间上的接近，作者一来可以得到真实的素材，二来又不可能将实情一一写出，所以在《长恨歌》里写下了"忽闻海上有仙山，山在虚无缥缈间"的诗句，暗示杨贵妃逃往了海上仙山。

《长恨歌》里写到的蓬莱仙山在哪里呢？

我们知道，蓬莱山是中国道教所构思的神仙生活的在大海中的一座神山，但是在日本的文学中呢，常常把蓬莱山作为日本本身加以演化。所以，白居易在《长恨歌》中，他多少暗示了杨贵妃在"安史之乱"之后其实没有死，可能最终到了日本。

而日本的传说又是怎样的呢？供奉杨贵妃墓的日本古寺二尊院的长老慧学和尚曾经这样记述说："天宝十五年七月，唐玄宗爱妃杨玉环，乘空舻舟与久津唐渡口登岸。登岸后不久死去，里人相寄，葬于庙后。"天宝十五年，就是公元756年。

公元756年，杨贵妃和她的侍女漂流到了日本山口县油谷町久津的一个叫唐渡口的地方，登陆不久，杨贵妃就去世了，当地人把她安葬在一个往西看得到大海、能够遥望故国的高坡上。后来杨贵妃托梦告诉唐玄宗，她到了日本，已经不在人世，从此天上人间，生离死别，只有来世再见了。悲痛万分的唐玄宗派了白马将军陈安前来祭奠，但是陈安没有找到墓地，把带来的两尊佛像和十三层的大宝塔寄存在京都的清凉寺就回去了。

几百年后，油谷町村的小庙听说此事，要求保存佛像，于是得到了两尊仿制佛像，供奉杨贵妃的寺院二尊院由此得名。

日本著名的文学作品中，南宫博的《杨贵妃外传》和渡边龙策的《杨贵妃复活秘史》中，都有这样的描述，他们推断杨贵妃确实没死，而是逃到了日本。

和杨贵妃有关的文物，也受到日本人的珍爱。在京都泉涌寺，有一座杨贵妃观音像，这尊像是1255年留学中国的日本僧人从南宋请回来的。由于弥足珍贵，一百年才公开展览一次，1955年以后变为一般公开，1997年被指定为国家重要文化财产。

2016年12月，我去山口县采访俄罗斯总统普京与日本首相安倍会谈时，专门去寻访了杨贵妃的遗迹。

杨贵妃墓所在的长门市油谷町，距离普京总统与安倍首相举行会谈的温泉旅馆不远，开车30分钟就可到达。当地老人告诉我，油谷町就是安倍首相的老家，他的祖先就在这里生活。

油谷町有一个美丽的海湾，就叫"油谷湾"，油谷湾的高坡上，有一个寺院，叫"二尊院"，杨贵妃的墓就在这一个寺院里。

寺院里有一尊杨贵妃的汉白玉雕像，是1993年油谷町政府出资请中国西安美术学院用汉白玉专门雕塑的，与马嵬坡的杨贵妃像大小相同，在西安雕刻完成后，千里迢迢运到日本。但是日本的这尊杨贵妃雕像，要比马嵬坡的雕像瘦一点，可能是日本人不太喜欢胖美人的缘故。他们觉得瘦才是美，所以二尊院的杨贵妃像是很瘦的，也确实是非常的美！

在雕像的后边有一个五层的石头塔，很高，有一两米高，这就是杨贵妃的墓。

塔的下边有很多小的石头塔，一个一个围绕着这个大石头塔。据说这些塔是与杨贵妃一起来的侍女的坟墓，侍女就都埋在这个地方。塔面向大海，据说是为了当杨贵妃思念家乡时，她能够遥望长安。

在离杨贵妃墓不远的地方，还有一个渡口，叫唐渡口，就是唐朝的唐，据说是杨贵妃上岸的地方。

就在这个渡口的附近，还有一个博物馆，叫土井浜博物馆，这个博物馆是一个非常现代化的博物馆，建立在沙滩上。从1953年到1988年大概三十年的时间，在海滩这块地方，先后挖掘出来三百具人的尸骨。专家们考证说，这三百具尸骨都是古代中国人。为什么说是中国人呢？因为这些人在埋葬的时候都有一个特别的姿势，他们的脖子都扭着，所有的头颅全部面向着大海，面向着中国的方向。当地人就说，这是来自中国的移民。听当地人这么一说，我心里咯噔了一下：莫非安倍首相的祖先也是中国人？

杨贵妃墓在日本已经被彻底本土化了。它不仅成为日本山口县的指定文物，同时还产生了"守护女性"，帮助女性"安全生育"、从不孕到有孕、帮助找对象结下良缘等种种功能。日本著名歌手山口百惠就曾经说自己是杨贵妃的后代。

日本关于杨贵妃的各种传说，看似有些荒诞，其实有着很深的中日文化交流背景，特别是白居易功不可没。

从2011年开始，长门市将每年的10月7日设定为"纪念杨贵妃火炎祭典日"，邀请山口和九州地区的中国留学生与当地民众一起在这里举行活动，通过千古美人杨贵妃的魅力，给中日两国的民众再架一座心灵之桥。油谷町还有很多杨贵妃特产，贵妃馒头里面有豆馅儿，据说吃了能够借贵妃的小宇宙变得更加美丽；当地种植的大米有一个很好听的名字，叫杨贵妃之梦，据说种子就是当年杨贵妃带来的。

在杨贵妃墓的边上，还有一座旅馆，名字叫锦波旅馆。遗憾的是，这个锦波旅馆的"锦"，不是我这个徐静波的"静"，而是锦绣河山的"锦"。

坐在杨贵妃墓前，正是夕阳西下的时候，落日将整个海湾，将杨贵妃的墓映照得通红。我在想，历史给我们留下了一个传奇的故事。杨贵妃那看不见的美丽和马嵬坡生死不明的虚幻，给了人们无限遐想的余地，也为中日文化交流创造了一个脍炙人口的佳话。《长恨歌》中那"在天愿作比翼鸟，在地愿为连理枝"的美好爱情，历经千百年，依然令人憧憬不已。

27. 一年有多少日本新娘嫁到中国

对于国际婚姻，不少日本人还是很排斥的。因为日本是一个单一民族的国家，自古以来，很少有与"异族通婚"的习俗与历史。

第二次世界大战结束后，日本宣布战败，在美军占领日本期间，日本女性开始有了与美国大兵接触的机会，尤其是在美军基地里工作的一些女性，开始坠入爱河，产生了不少的"国际婚姻家庭"。但是，日本社会对于嫁给美国人的日本女性，并不是以一种羡慕的眼光看待，而是以一种鄙视的目光。

到了20世纪90年代，日本社会又兴起了一个国际结婚热潮，这次不是日本女性嫁给美国大兵，而是日本光棍们去菲律宾、泰国和中国寻找美女。上海曾经出现过一百多名渴望出国的年轻女性被一位日本农民挑三拣四的故事。

根据日本法务省的统计，2015年，国际结婚的日本人为20976人，其中日本男人娶了外国人做妻子的为14809人，而日本女性嫁给外国男人的为6167人。这其中，共有5730位中国女性嫁给了日本男人，占了日本男人娶外国人妻子总数的40%。而嫁给日本男人做妻子的美国女性为199人，英国女性为44人。这一统计数据同样显示，有748位日本女性嫁给了中国男人，占总数的11.8%。而嫁给美国男人的日本女性也只有1127人。这一统计也说明，过去20年，中国女孩被日本农村大叔挑三拣四的事情已经很少发生。相反地，中国大叔对日本女性挑三拣四的时代已经到来。

一年有748名日本女性成为"中国媳妇"，这一数字不是很大，但是这一数字比2013年的718人增加了40人。其数量增加的背景，是中国人经济能力的增强和修养的提高，以及日本社会对中国人印象的改变。

在日本人以前的印象中，日本女性嫁给中国男人，有一种嫁给第三世界的落寞感。但是，就像日本电视台前不久所介绍的那样，日本女孩佳织小姐成了上海媳妇后，过上了在日本也很难过上的公主般的生活，而且感到很幸福。这一美好故事，必定会吸引更多的日本女性勇敢地欢天喜地地走进中国的家庭。

但是，国际婚姻并不是有钱就会幸福。日本厚生省的统计报告显示，中日两国的国际婚姻的离婚率，高达30%。也就是说，三对夫妻中，会有一对离婚。而离婚的最大原因，往往是两人的性格不合。而且日本男人娶中国太太的离婚率，要远远高于中国男人娶日本太太的离婚率。

目前，中日两国的国际婚姻中，关系最为稳定的，是大学同学或公司同事之间的婚姻。因为两人的学历、经济能力、年龄都十分相近，也就是生活的起跑线是一样的。从经济角度来说，能出国留学的中国人，家庭条件也不比日本人一般家庭差。而且因为是留学生出身，两人的语言相通，在沟通上不成问题，在感情上也会相互尊重。在我周围的中日国际婚姻中，日本男人与中国女性结婚后，日本老公被中国太太管得服服帖帖的还真不少。而日子过得磕磕碰碰的，大多数是通过国际婚姻介绍所而结婚的中日夫妻，因为两人在经济能力、语言沟通上存在差异，往往导致夫妻之间经常发生矛盾。

随着中国国力的强盛，国民收入的继续增加，中国与日本的生活差距会越来越小，相信会有越来越多的日本女性，愿意嫁到中国，成为"中国媳妇"。

第二章

悲情的樱花
　　——静观日本文化

1. "守家业"在日本人心中分量有多重

在秋田县汤泽市讲演完中国经济之后，斋藤市长特地举行了一场欢迎晚宴。宴会结束时已经是夜里9点多，市政府安排我去一处温泉旅馆入住，说那是汤泽市最有味道的一处温泉，叫"多郎兵卫旅馆"。

汽车在山坳里转悠，转悠了半个多小时，结果到温泉旅馆时，已经是深夜10点多。我想这一家旅馆应该是在深山冷岙中，因为我听到了溪水"哗哗"流淌的声音。

旅馆里还亮着灯，店主在等着我。那是一个小老头，头发花白，戴着高度近视眼镜。见了我很是热情，说一直期盼着我的到来。

送我的人走了后，他一手帮我提包，引领我到了二楼的客房。整个旅馆静悄悄的，不知是因为客人都睡了，还是因为客人不多，反正当我走在走廊上，没有听到任何的动静，似乎这一个小楼里，就我一位住客。

店主与我告别时，特意关照我：温泉在一楼，24小时都可以入浴。

退去内衣，换上木屐，拿一块浴巾到了一楼的转角处，听到了潺潺的流水声，这里就是温泉了吧。

温泉分成男浴和女浴，走进男浴，果然只有我一人。除了流水声，在整个温泉的时空中只留下我的呼吸声。

温泉用黑色的石块铺就，很有高级感。加上柔软的灯光，演绎出一份绝妙的时尚柔情。

也许因为太惬意，早上居然睡过了头。打开窗户，发现庭院里盖上了一层薄薄的雪花，原来凌晨下雪了。本来就在山间，一场冬雪让空气更为清新，甚至有一种甜丝丝的感觉。

女主人已经在一楼的餐厅里给我准备了丰盛的早餐。说是餐厅，其实就是榻榻米的房间。早餐几乎都是野菜做成的各种料理，还有一块红鲑鱼，很有特色。女主人说，野菜都是附近山上采的，很新鲜。一吃，果然鲜味十足。

女主人一直跪在边上，时刻准备着为我添饭。我感到别扭，因为女主人够得上我母亲的年龄，怎么说也用不着如此恭敬。但是，女主人说，因为我是客人。

于是没话找话地与女主人唠嗑。女主人告诉我，自己是这座温泉旅馆的第十二代女将（女老板），温泉是江户时代建造起来的。规模不大，只能接待30多位客人，但是泉水很好，所以全国各地的温泉爱好者都会摸到这里来住上一个晚上。"如果你早半个月来的话，这附近漫山遍野都是美丽的枫叶"。

吃完早饭，市政府来接我的人已经等在旅馆的茶坊中。茶坊中还坐着一位老太太，估计已经有80多岁。女主人说，这是这座旅馆的第十一代女将，也是自己的婆婆。老太太很和善地起身问候，我忙劝她坐下。老太太知道我是中国人，说自己的家人过去曾经到"满洲"（中国东北地区）去垦过荒，还在那里酿酒，苏联红军打进来时，是中国的老乡收留了她的家人。

我和这家旅馆的主人突然有了一见如故的感觉，也许因为她们内心感激着中国。

昨夜等我的店主，是这家旅馆的当家，名字叫"伊藤多郎兵卫"，名片上写着"第十二代当主"。

与伊藤先生的话题，就从这座旅馆的历史开始聊起。

伊藤先生说，这座温泉旅馆是自己的祖先创建的，代代相传，迄今已延续了近300年。"经济不景气，挣不了多少钱，有时还亏"，伊藤先生说。既然经营这么艰难，为什么还要坚持呢？伊藤先生回答我："继承家业，是日本人的传统，也是一种荣耀，因为证明自己的家族是一个了不起的家族。对于日本人来说，荣誉比金钱重要，守住家业比生命重要。"

听了伊藤先生的话，我肃然起敬。不仅仅因为他替祖先守住了这一份家业，更因为他对于继承家业的美学予以了淋漓尽致的诠释。

伊藤先生把他的儿子介绍给我。一位近40岁的男子，态度极其谦恭。他现在是一位政府公务员，但是命运注定他一定要成为这家旅馆的第十三代当主。他说他已经在修业，下班后回家就开始帮忙。一旦父亲决定要把家业传给他的时候，他将会辞去公务员的职务。

妻子是极为漂亮的秋田美女，瓜子脸白里透红。我问她："当你决定嫁入这一家门的时候，是否知道自己的将来要做什么？"她轻声一笑说："知道，我将成为第十三代女将。"

一座温泉，就这样，维系着十三代女人和男人的爱情与生命的故事，记录着一个家族300年的兴衰历史。

回东京后，我接待了一批来自中国的企业家。吃多了生鱼片，大家突然想起要吃荞麦面，于是带着大家来到东京一家著名的荞麦面店。店老板吉村先生是我的相识，接待自然是十分热情，给足了我面子。末了，店老板给大家每人一张印着老照片的明信片，很自豪地说："我已经是这家店的第八代主人了。"原本以为大家会献上一阵掌声，或者送上几句赞美之词，但是，沉默了30秒，除了一位老兄开口说了一句："可以走了吧？"便再没有听到其他的声音。我脸红，冲着店老板笑了笑。店老板还以为大家没有听懂，指着墙上挂着的一些名人题词，乐呵呵地说："田中角荣当首相前也来过我们的店。"

走出荞麦面店，听到这位老兄嘟囔了一句："这家子可真是没出息，八代人就只会干这么一个搓面的活。"

我突然想到，日本人与中国人，对于"守望家业"的态度与价值观是那么的不同。日本人以守护和传承家业为荣，哪怕是一家小小的荞麦面店。而中国人"守望家业"是以超越先辈为荣，爸爸是农民的话，儿子最好能出国留学。所以，我们中国人可能最怕别人说他"一代不如一代"。而日本人最怕别人讲他"没孝心丢了家业"，结果是，中国人总是在努力超越，而日本人总是在寻求守护。不同的价值观，依然造成两个邻国不同的社会文化和人生观。

2. 对话日本首富——优衣库老板柳井正：钱多了该怎么花

从 2009 年开始，日本优衣库公司创始人柳井正社长，连续 4 年获得美国《财富》杂志评选出的日本首富的称号。

柳井正凭什么成为日本首富？其实，他既不是房地产开发商，也不是 IT 业老板，更不是金融大亨，而是一位普通的"卖衣人"。

在日本制造业和高新技术如此发达的国家，一位靠卖衣服为生的人居然可以成为"首富"？这其中的故事引起我极大的兴趣。在樱花盛开的时节，我走进柳井社长的办公室——位于东京最高、最现代化的综合商业大楼东京中城的 33 楼，与这位日本首富进行了一次有趣的对话。

在公开与柳井社长对话之前，让我介绍一下日本的这位传奇式经营奇才的经历。

柳井正，1949 年 2 月 7 日出生在山口县宇部市的一家小商店店主之家，今年已经 66 岁。从早稻田大学政治经济学部毕业后，柳井进入日本著名超市永旺集团工作。9 个月后辞职，回到老家继承父亲柳井等先生创办的小郡商事。

小郡商事是一家销售男士服装的商店。1984 年，年已 80 岁的父亲退居二线后，柳井正就任社长。但是由于受到洋服青山等男士西服大型专门店的扩张冲击，小郡商事在男士服装的经营上遭遇困难。柳井正社长决定放弃男士服装的生产销售，选择经营价廉物美的休闲服系列。他取"Unique Clothing Warehouse"之意，创建了"UNIQLO"（中文名"优衣库"）品牌。

1984 年 6 月，柳井社长在广岛市推出第一家优衣库店，这是这家乡镇企业第一次走出乡下到城市里开店。开店后一度业绩欠佳。柳井社长经过细心观察，发现自己的这些休闲服的主要销售对象——大学生们在商店营业的营业时间，都在学校上课或在打工。于是，优衣库的营业时间改为清晨6时半至深夜10时，结果来客之多踏破门槛。此后，优衣库店向全国发展。1991年，公司改名为迅销株式会社。1999年，公司在东京证券交易所一部（蓝筹股）上市。

优衣库受到全国关注是在进军东京，于日本年轻人的天国——原宿店开张之后。开店之初，优衣库的服饰被东京的年轻人评为"老大爷样式，老太婆色彩"。柳井社长虚心接受大家的批评，毅然邀请巴黎时装设计大师为优衣库设计服装。

优衣库从1990年开始，把服装的主要生产基地放到中国，利用日本精湛的制衣技术和中国低成本、高质量的加工，生产出世界第一流的价廉物美的休闲服，一举获得成功。目前，优衣库在中国的70家加工企业共雇用了15万名员工，一年生产的服装超过5亿件。

位于浙江省宁波市的申洲集团，是优衣库在中国的主要合作伙伴之一。集团内设有优衣库的两个专用工厂，优衣库的每一件服装都必须经过严格的检查后才能出厂。

2001年，优衣库在英国伦敦一口气开了4家店，吹响进军海外的号角。此后在中国、新加坡、韩国、法国、美国、俄罗斯相继开店，变成了一家世界著名的休闲服生产销售商。到2015年2月为止，优衣库在日本国内共有874家店，海外店铺总数也达到695家。

2013年度，优衣库的销售额超过一万亿日元，这也是日本服装企业首次突破万亿日元大关。2014年度，优衣库集团的销售额达到1.65万亿日元，净利润也达到1200亿日元。柳井社长也因此被称为日本战后继松下幸之助、稻盛和夫之后的新一代"经营之神"。

优衣库于2002年进入中国，当初发展并不顺利。2006年，柳井社长大胆启用在该公司工作了近20年的中国留学生潘宁出任中国公司总裁。潘宁利用自己在中国香港地区经营优衣库积累的经验，开始在中国市场进行大刀阔斧式的扩张。到2015年2月，优衣库在中国共有店铺390家、香港地区24家、台湾地区55家。

潘宁出生于北京，从日本大学硕士研究生毕业后，加盟了当时还名不见经传的优衣库。如今，潘宁已成为整个中华区的掌舵人。潘宁从柳井正那里学到了什么？

"最重要的是严谨与勤勉,"他说:"我的老板非常敬业,那么多年的日本首富,有用不完的钱,可是每天他还是最早到公司。"

2006年,柳井正社长被美国《财富》杂志推定资产为42亿美元,排名世界富豪榜第78位。2009年,以61亿美元的身价,成为日本首富。2010年,再度获得《财富》杂志评选的"日本首富"称号。美国销售协会向柳井社长颁发"国际奖",成为日本战后第二位获得此荣誉的企业家。他的著作《九败一胜》《一天放下成功》等著作,已成为日本企业家们的教科书,并由我翻译成中文,已在中国出版。

我和柳井社长的对话,就从日本首富这一称号开始。

问:您连续多年进入《财富》杂志全球富豪榜,而且高居日本富豪之首,日本首富这个头衔对于您来说是一种荣耀还是一个负担?您真的感觉幸福么?

柳井社长:我感到非常幸福,也很自豪。不感到幸福的人,我想不会有吧。连续两年被评为日本首富,这个头衔对我来说不是负担,而是认为很值得骄傲的事情。做生意有钱当然是好事啊。

问:LV的老板是法国首富,ZARA的老板是西班牙首富,H&M的老板以及宜家的老板也都做过瑞典的首富……如今这个时代,一提到淘金,人们往往联想到的是能源、IT、金融这样的行业。为什么事实上有如此多的富豪来自传统的服装、零售业?这说明了什么?

柳井社长：你提到很多老板是世界级富豪，为什么呢，因为我们的行业与大多数人的生活密不可分。

ZARA是西班牙品牌，H&M和宜家是瑞典的，这些国家在欧洲都算不上经济实力非常强大的国家。从我们的发展历程来看，虽然今天在东京的"一等地"有雄伟的办公场所，但优衣库最初是从日本山口县宇部市这样的偏远小城走出来的品牌。这说明我们这样来自小地方的品牌，经过自己的努力，也能有很大的成功，也能成为首富。

还有一个促成我们成功的原因是经济全球化，因为经济全球化的大潮，使我们有机会接触到包括中国工厂这些优秀的合作伙伴。同时全球化让我们有机会在全球各个区域和地方进行零售和销售。几个因素综合导致我们这样的行业有很大机会成功。

问：优衣库成功的秘诀是什么？您的成功经验可以复制么？您会给当今立志要做富豪的年轻人一些什么建议？

柳井社长：我们选择了休闲服这种与人们生活息息相关的行业，服装造就了时尚业广阔的发展空间，同时服装也是生活的必需品。在这个基本领域，我们一步一个脚印，靠着一件一件衣服卖出去，这样一步步走到今天，通过每一个销售的过程让消费者得到满足。

对于想做富豪的人，我想说的就是，盲目追求利益，只想赚钱，将来是不会真正成功的。而我本人是很讲原则的，与其说我像商人一样追求利润，不如说我是在追求真诚，而且我从一开始就立志要做全球都认可的经营者。

我认为，要想在全球成功，就要让全世界人民都能通过我们的努力，能给他们的生活增加色彩和快乐，这一点能做到的话，我想才是真正的世界第一。

问：您是出于一个怎样的考虑来进行全球性的扩张，尤其是在中国市场的发展？您觉得现在是一个扩张的好时机吗？

柳井社长：我觉得全球化是一种必然，特别是在中国市场的发展。我们与中国有很久的合作关系，最早是在中国生产加工服装。现在，中国虽然还处于发展当中，但是人民的生活水平已经到了可以享受快乐的阶段，这是一件很令人感到欢欣的事。优衣库的服装以休闲服为主，当人们的生活水准还没有达到可以享乐的时候，我们的产品是卖不出去的。所以，我们很看好中国市场，不仅要把中国作为我们最主要的生产基地，同时，我们也将把中国作为我们主要的海外市场。

我认为，中国社会已经真正进入了国际化时代。对于我们来说，现在在中国发展，机会难得。

问：您个人拥有这么多的财富，而且优衣库公司每年又产生很大的利润，这么多钱，您准备怎么花？

柳井社长：对于我来说，钱确实只是一个数字而已。当你口袋里有1000万日元的时候，你觉得自己特有钱。但是，当你有了1个亿、10个亿，那么你的神经就会麻木。我只是一个"卖衣人"，所以在今后，我们的资金都会用于优衣库的全球化发展战略。我们不追求成为"日本最大"企业，但是我们会孜孜不倦地努力成为"世界最大"的休闲服生产销售商。一个人一辈子能够做成一件事，做好一件事，成为行业的第一，就是最大的成功。所以，我们不会去开发房地产，更不会去投资我们不熟悉、与我们的主业不搭界的行业。

至于我本人，钱再多，也只有一张嘴，两只手。再说了，日本财产继承税很高，我的大部分财富最后会送给国家。作为一名企业家，最终能够为社会做出贡献，也是一份快乐。

3. 日本公主上学享受什么待遇

奔跑的"未来女王"

5月中旬的一天早晨,在东京学习院女子中学附近的路上,一位少女背着大书包在拼命地奔跑,口中似乎在喊"要迟到了!要迟到了!"

这位少女,名叫爱子,是当今日本天皇的孙女,也是皇太子和雅子妃唯一的孩子,称号为"内亲王"。从理论上来说,她有可能在未来成为日本的女天皇。

日本一家写真杂志的记者拍下了爱子跑步上学的镜头。我们注意到,伴随爱子一起跑步的,还有4名男女保镖,他们都是宫内厅的武林高手。

既然爱子有可能成为日本未来女王，如此重要的人物为什么不直接用车接送上学？

其实，爱子和爸妈居住的东宫御所距离学校有约15分钟的车程，宫内厅为了保证爱子的安全，坚持要开车送爱子到校门口，但是遭到了皇太子的反对。

皇太子认为，如果直接送爱子上学，容易显示爱子的特殊化，更不利于爱子与同学的平等相处。因此只同意送爱子到学校附近一个常人不太注意的转弯处，然后让爱子自己步行上学。为此，皇太子还特意亲自去现场勘查，估算在哪一个转弯处下车，不太会被同学和老师注意。

从那个转弯处到学校门口，有200多米的距离，而且要穿过两个交通信号灯。宫内厅拗不过皇太子的主意，最终同意让爱子中途下车步行上学。

结果就出现了爱子怕迟到，赶紧200米冲刺的情景。

后来听宫内厅记者俱乐部的一位老记者介绍，皇宫警察本部派出的4名保镖，是不得进入学校校内的，他们伴随爱子到校门口后，就让爱子和同学一起走进学校。而且为了避免引起别的同学的注意，4名保镖平时是分散四周警戒，而不会紧随爱子。放学时，保镖也是在校门口远处等候，尽量避免显出爱子的特殊化。

爱子在2014年春天开始成为初中学生。根据日本政府的规定，小学生的中午餐是由学校提供，中学生的中午餐必须自己带盒饭。学习院女子中学也不例外。

那么，爱子的中午盒饭是不是有专人做好后专程掐好时间送到学校？这是不可能的。爱子的盒饭，是自己一早从家里带上，中午和同学们一起在课堂里相聚共餐，吃的自然是冷饭冷菜。据悉，爱子的盒饭中，几乎每天都有一块鸡蛋饼，她最爱吃这一块松软的鸡蛋饼。每天一块鱼也是必不可少的。

这里还有一个疑问，是谁给爱子做的盒饭？宫内厅说，是爱子的妈妈雅子妃。

皇太子一家居住的东宫御所自然有御用厨师，但是，每天中午女儿的盒饭，雅子妃必定是亲自动手。她早上6时起床，开始给女儿张罗盒饭。每天花色都不一样，但是鸡蛋饼和鱼块是一定有的。7时10分，爱子带上妈妈做的盒饭离家上学。

雅子妃自己在中学生时代，也是带着妈妈做的盒饭去上学的。雅子妃自己做了母亲，她也不忘这一传承。也许她觉得，一个盒饭虽小，但是它是维系家庭温暖，让孩子感知母亲爱意的最好纽带。

贵为天皇孙女，更是贵为皇位的继承人之一，这一位少女在父母的期待下，正在努力地过着平民的生活，而不是让自己变得特殊。最近，爱子跟爸爸学大提琴演奏，并参加学校的演奏团，和同学们一起登台演出。

"家有女儿初长成"，这是日本皇太子和雅子妃的一种喜悦。毕竟生下爱子，雅子妃花费了10年的艰辛与委屈。但是如何让女儿在长大成人后成为一名普通人，出嫁后削为平民还能自己洗衣做饭，照顾夫君与孩子，这是皇太子和雅子妃在认真思虑的问题，也是他们培养女儿的一个重要目标。

天皇的孙女被人打了，该怎么办？

日本闹出过一起不大不小，却也是惊天动地的事情——日本天皇的宝贝孙女被人打了。打得据说还不轻，捂着肚子疼了老半天。

天皇的孙女爱子，在日本是一位特殊的人物。被打当时才8岁，小学二年级学生。但是身份是"内亲王殿下"，在皇室现有典范中，她是第三位皇位继承人。也就是说，如果日本国会修改相关的规定，几十年后，爱子有可能成为日本女天皇。

日本皇太子和夫人雅子妃为了生这一个女儿，折腾了整整8年。作为留学欧美回国的女外交官，雅子本来是一心想成为日本第一位驻美国女大使。结果在一个私人的酒会上，被皇太子一眼看上。皇太子对她一往情深，甚至动用了大学恩师来游说雅子嫁给他。雅子后来说，就是因为皇太子说了一句话"你喜爱外交，那么就来做皇室外交吧。我会一生保护你"。雅子一阵激动，就跟着走进了皇宫。

日本皇室是由宫内厅管理的，而宫内厅的一个最主要任务，就是要保证皇室香火兴盛。所以，当雅子妃嫁入皇宫后，她几乎被禁止出国。宫内厅要求她做的，就是每天与皇太子睡觉，尽快生儿育女。

不知道是雅子妃的原因，还是皇太子的问题，自从1993年结婚后，反正折腾了许多年，雅子妃的肚子不仅没有大，精神上反而出现了问题。当全国人民睁大眼睛关注她的肚子如何变化时，雅子妃却尝到了"被裸露"的痛苦。因为后来她发现，宫内厅的记者们居然清楚地知道她每月是几日来例假，也知道她这个月来得是否准时。有两次，雅子妃的生理在该来的时候没来，于是日本的媒体立竿见影地做出了"雅子妃怀孕？"的醒目报道。虽然这些消息后来被证明是"假冒产品"，但是依然吸引了众多人的眼球。

日本天皇已经82岁，身体是疾病多多，后继者的问题已经摆上了议事日程。现在的皇位第一继承人是长子，即现今的皇太子。假如有一天，皇太子当了天皇，他就必须立即做一件事情，那就是确立新的皇太子。天皇生有两个儿子一个女儿，女儿已经出嫁，成为平民。大儿子（皇太子）只生了一个女儿爱子。而小儿子秋筱宫则生有一男二女。按照常理，皇太子在就任天皇后，他应该立自己的孩子作为第一皇位继续人，也就是新的皇太子。但是爱子偏偏是女儿身。根据目前的日本皇室典范，天皇必须是男儿。如果一定允许女儿继承的话，就必须要修改相关的皇室典范。在天皇的小皇孙（小儿子的儿子）还没有出生之前，日本政府研究过英国王室的做法，计划修改皇室典范，以便让爱子有可能在今后继承皇位，成为日本女天皇。但是，小皇孙出生后，这一议题也便销声匿迹。有人认为，小皇孙的出生，是宫内厅的一个阴谋。

而现今的皇太子在不远的某一天，就面临着抛弃自己的女儿，立自己的侄子为皇太子的巨大压力。而这个压力的最终结果，是在爱子长大成人出嫁为平民后，皇太子自己拥有的这一皇族系列——"东宫"也就因此"绝种"消失。皇太子愿不愿意这样做？一些日本学者认为，这个问题是当今皇室的最大火药库。天皇因此也劳心劳神。

雅子妃结婚7年间生不出孩子，在舆论的压力下，终日郁郁寡欢，最后得了精神分裂症。宫内厅无可奈何，请了日本从事人工授精的第一权威、东京大学的一位教授常住东宫。结果有了爱子的诞生。天皇一家对于爱子寄予了厚望，特地根据中国伟大的思想家孟子的语录"仁者爱人，有礼者敬人。爱人者，人恒爱之；敬人者，人恒敬之"，给她取名"爱子"。

所以，作为皇太子一家得来不易的宝贝，爱子的一举一动自然牵住了日本国民的心。这个可爱的小女孩在爸爸妈妈的呵护下健康成长，已经成为漂亮的小女孩。

东京有一个贵族学院，叫学习院。学习院从幼儿园到大学，各个层次的教育机构十分齐全，因此长期以来，皇室成员都是进这一个学校念书，从幼儿园一直念到大学毕业。这似乎已经成为日本皇族的传统。

爱子也是如此，从幼儿园开始就在这个学习院里学习。然而，就在参加小学二年级的期末考试前，爱子在学校里被同学打了，而且打她的不是一个人。几个同学用脚踢她的小肚子，使得爱子疼痛难忍，倒在地上，号啕大哭。

这件事情闹大了，大的原因不仅是因为爱子的特殊身份，而是迄今为止日本皇室成员还没有人遭到过外人的殴打。

日本舆论为之哗然，不少妈妈们一齐发邮件打电话到学校，义愤填膺。而以"保卫皇家"为荣的日本右翼，更扬言要铲平学习院，抓出小凶手。

爱子逃了学，不再愿意去心爱的学校上课。宫内厅担心爱子得了恐惧症，还派了心理辅助医生前往探视。

撑了6天，在妈妈的劝说下，爱子终于答应再到学校上课，但是必须由妈妈陪同上课。结果，雅子妃成了"陪读"。皇家警卫队更是派出大量的便衣在校内外警戒，防止日本未来的皇后与女皇再遭袭击。

爱子被打这件事最后如何处理？是许多人关心的问题。

日本天皇与皇后在听说孙女被打后心里很难受。为了安抚这个宝贝，特地把爱子请到皇宫内吃了一顿中饭。皇后奶奶还陪她到庭院里摘了小红花。因为爱子的家单独设在赤坂御邸内，没有和爷爷奶奶一起住在皇宫，因此平时要见一次爷爷奶奶，手续还很麻烦，都得通过宫内厅传话安排。所以，请宝贝孙女吃一顿饭，就是爷爷奶奶对于孙女的最大关爱了。

那么作为父母的皇太子和皇太子妃，如何对待自己的女儿被打事件呢？宫内厅的东宫大夫（专门负责皇太子一家事务的最高官员）发表了一份皇太子夫妇的谈话稿。皇太子夫妇在谈话中表示，"这件事让国民们担心了，作为父母，我们也感到十分的痛心"。对于是否继续让孩子在这个学校念书的问题，皇太子夫妇表示，学校已经采取了各种各样的措施，今后我们将会和学校进行协商，希望能够找到很好的解决办法。

皇太子夫妇采取的行动，也就到此为止。

最惨的可能是学习院，股票因此而大跌。虽然举行了记者会，学校理事长也亲自道歉。但是，宫内厅已经向学习院方面发话，不排除在新学期要求将爱子调换班级的可能。而皇家的关系人士则希望皇太子考虑将爱子送往别的学校。如果爱子真的不愿意再见到那些捣蛋鬼们的话，转学也许不可避免。这样的话，学习院不仅将失去"皇家学院"的辉煌桂冠，而且百年美好形象也将因此毁坏殆尽。

宫内厅警察队对于爱子被打事件，则表示出无能为力，总不能把打人的孩子们逮起来。因此闷声不说话。此事也就到此不了了之。

如今，爱子已经是初中生，还在学习院的中学里快乐地上学。

日本皇室的最美丽公主

"家有小女初长成"，这一份喜悦如今也洋溢在日本天皇家。

2014年12月29日，日本天皇的孙女、秋筱宫文仁亲王的二女儿佳子公主，迎来了20周岁的生日。

日本法律规定，20周岁为"成人"。所以，佳子的"成人"不仅为皇室带来了亮丽的色彩，同时也为皇室带来了新的公务接班人——成人之后的佳子，可以代替父母，或接受皇室的委托行使公务。

日本明仁天皇与皇后生有二男一女。大儿子德仁亲王为皇太子，与外交官雅子妃结婚后，生下女儿爱子。爱子如今是初一女生，圆圆的脸，像母亲，挺可爱。

小儿子秋筱宫文仁亲王也许知道自己没有当天皇的可能，因此从小没有约束，以活泼调皮闻名，上大学就开始谈恋爱，大二时就狂追比自己低一年的美丽女生川岛纪子，并公开向她求婚。结果，秋筱宫在爷爷昭和天皇逝去不久，就确定了与纪子的婚约。最后在爷爷丧期满后不久举行了婚礼。婚后生下了二女一男：大女儿真子、小女儿佳子、儿子悠仁。儿子是纪子妃40岁时生下的，比二姐小了整整12岁。

天皇的女儿清子于2005年嫁给二哥大学时候的同学好友、东京都政府职员黑田庆树。可惜，已经结婚10年，45岁的清子至今尚未生育。

天皇一家的孙辈是三女一男，虽然雅子妃和纪子妃都属于美女级，但是子女中长得属美女级的，目前也只有佳子。

佳子的姐姐真子在成人时，日本网络上炒得最热的并不是她的脸，而是她的胸。而此次佳子成人,网络上炒得最热的不是佳子的胸,而是她俊美的脸和秀美的身材。

"皇室美女",是在佳子过20周岁生日会见记者的大照片被登上报纸后,日本男人们的惊呼。

确实,佳子像她的母亲一样娟秀。日本皇室近年来少有"色素新闻"可以成为日本社会的茶间话题,佳子是第一个。因此,在1月2日的日本天皇与皇室成员接受国民朝贺的活动中,皇宫内一下子涌进8万人,创下平成时代27年间少有的纪录,相信有许多人是为了看一眼佳子公主,因为她是第一次公开亮相。

佳子之所以会引起日本社会如此大的关注,不仅是因为她的美丽,还在于她的个性。

学习院大学是日本皇室的子弟大学,从皇太子和佳子的父亲开始,都在这个大学读书。佳子也遵循这一规矩,从小学开始就在学习院初等科上学。2013年4月,进入学习院大学文学部教育学科就读。但是,佳子对于学习院大学的生活缺乏兴趣,居然中途退学,成为皇室中第一位中途从学习院大学退学的成员。退学后,佳子与一般考生一起参加了中途插学考试,2015年4月转入国际基督教大学就读。这一件事,让日本国民看到了佳子与众不同的个性。

佳子从小练习舞蹈,在高中时,经常参加学校的舞

蹈表演，并担任舞蹈队队长。平时她还喜欢做手工，给弟弟做过玩具。最体现她个性的是，在 2014 年 12 月下旬的 20 岁生日记者会见中，佳子虽然是平生第一次公开举行记者会，但是谈吐沉着委婉，又不失少女情怀，醉倒不少日本男性。尤其是在记者提出"你希望自己未来的丈夫是一位怎样的人"的问题时，佳子没有不悦，而是笑而答之："我喜欢性格沉稳的男人。"这种落落大方的现代女性的智慧，让人们看到了皇室的一种希望。

我 2015 年元月 2 日去皇宫采访，也特意将镜头对准了佳子公主。佳子的那一份可爱，给孤寂的皇室带来一股温馨的春风。或许从她和姐姐这一代开始，日本将恢复女性贵族制度，以避免皇室无后。而现在日本网络上炒得最火的话题是："谁能成为佳子的第一个男朋友？"

4. 日本人为何拾金不昧

日本朝日电视台播了一档节目，谈到一个话题：一年中，日本人到底捡了多少钱交公？

这是一个有趣的话题，"拾金不昧"不仅体现了一个国家国民的道德素质，也反映了一个国家国民行为规范的建设水准。

电视台邀请了刚刚退休的刑警飞松五男先生来作答。这位老刑警报出的数据，确实吓人一跳。根据日本警察厅的统计数据：2013年一年，日本全国捡到现金上交给警察的总额达到189亿日元（约10亿元人民币），其中东京都达30亿日元（约1.6亿元人民币）。而日本全国总人口为1亿2000万人。日本称得上是"拾金不昧大国"。

确实，我有一次坐出租车到银座，掏出钱包付完钱，就把钱包落在出租车内。过了3个多小时，与朋友吃完饭想到付钱时，才想起钱包没了。与出租车公司联系后，公司的失物中心立即与各出租车联系，马上得到反馈的信息："司机拿着，别担心。"第二天一早，司机开着出租车把钱包送到我家，当时真的是感动了好一阵子——因为要接待一批客人，钱包里装了有50万日元的现金。当然，这位司机老头没有把钱包交给警察，所以，这一笔"拾金不昧"，还没有计算在警察厅的统计数据中。

看完节目，与日本友人聊天，问了一个问题："为什么日本人会做到拾金不昧？"

友人的第一个反应是："丢钱的人一定很着急，如果钱包丢了的话，那么多的卡要重新办，更着急。"

第二个反应是："拾到钱必须上交，不然会坐牢。"

于是，我理解到，日本人的拾金不昧，除了基本的道德心之外，还有明确的法律规定。

上网去查询日本法律对于"拾金不昧"到底有何规定？发现规定很有趣，既照顾到了丢失者的利益，也照顾到了拾钱者的利益，以及法律义务。

首先，日本刑法第254条规定，如果拾到东西不上交的话，就触犯"遗失物等横领罪"。获得此罪的人，将被判处一年以下有期徒刑，或者罚款10万日元（约5100元人民币）。

罚款是小事，但是留下"横领罪"的刑事案底，则会影响一个人的就业，甚至银行贷款等，一生失去在社会中的信誉。

日本法律还规定，拾到遗失物之后，必须在7天之内上交给警察。如果超过7天不上交的话，那就容易被控"遗失物等横领罪"。同时超过7天后，即使上交警察的话，一旦找到失主，失主可以不需要向他支付"报劳金"。即使找不到失主，这笔钱也可能无法按规定让拾金者拥有。

《遗失物法》还规定，如果失主找到失物后，必须向拾到者支付相当于遗失物实际价值的5%~20%的"报劳金"。日本社会通常的不成文规定，是10%。也就是说，我丢失的50万日元，在出租车司机送到我手里后，我应该支付给他5万日元的"报劳金"。我记得好像只给了司机4万日元。他说了"谢谢"，就走了。但是，拾到者获取的"报劳金"必须交"个人所得税"。

警察在接到拾金者上交的钱包和其他遗失物后，要做详细的登记，并必须在两个星期内在网上发布公告。东京警视厅有"遗失物认领中心"，同时各铁道公司和地铁公司也都有"遗失物认领中心"。不过，交到警察手中的，大多数是钱。而交到铁路公司手里的，大多数是乘客的遗失物品，最多的是雨伞。而铁道和地铁公司在一定的期限后，遗失物还没有人来认领的话，将统一移交给警察处理。一些非贵重物品，譬如雨伞等，则在车站内临时设摊，低价处理。

在警察发布认领告示后3个月（3个月是老刑警飞松五男先生的说法，也有资料说是6个月）之内无人认领的话，那么这笔钱或物品就全部归拾到者所有。但是垃圾清扫公司除外，因为许多失主是无意间将夹杂在衣服或旧箱子里的钱当垃圾扔掉，而垃圾清扫公司是接受政府的业务委托从事垃圾处理业务，因此即使拾到了巨款而无人认领，这笔钱也必须交给当地政府，作为预算外财政收入处理。

日本对待拾金不昧的做法，值得中国借鉴。

5. 日本白领为何在墓地里吃饭看书

鬼怪灵异故事常常出现在日本电视节目上，而且还拍成了不少的电影。每隔一段时间，一些电视台还会邀请社会名流或艺人亲身讲述与鬼相遇神交的经历，讲得神乎其神的样子，煞是好玩。

我曾问过日本人：日本人是否都认为这世界上真有鬼怪灵异存在？结果至少有8成的人点头称是，落得我好生奇怪。

其实，在东京也好，在日本的地方城市也好，一栋公寓楼的边上常常就是一处很大的墓地，活人与阴魂同居一处，又相安无事，也许是只有在日本才可以看到的风景。

前不久，横滨的朋友松本约我去吃晚饭。与松本夫妇有半年没有见，喝上酒就没完没了。醉了，就睡在他们家。一早起来，拉开窗帘，想享受一下阳光的美丽，结果吓了一身冷汗。万万没有想到，窗外就是一个墓地，几百座的墓整整齐齐地排列在那里。原来相隔一墙，我与阴魂们做伴了一夜。

松本太太见我脸色不好，忙问我是否昨晚睡得不舒服？我说不是睡得不好，连梦都没有做，只是觉得你们太有本事，敢做"守坟人"。

松本听了我的话，是哈哈大笑。他说在日本，人死了就变成了佛，灵魂就变成了神灵，所以与死人为邻，等于在接受佛和神灵的保佑，运气往往会很好。

松本的这一观念，与我相距实在太大。没有心思吃早饭，我就来个大逃亡。一口气跑到东京的浅草寺，先去烧了一把香，然后在观音大士前许了一大串愿，祈求不要鬼魂附体。事后，居然也安然无恙。

后来，伊藤忠商事的审议役石冈先生约我吃午饭，聊中国经济的现状。吃完中饭，他对我说，不远处有一个青山灵园，很有名，那里是看樱花的好去处。

早知道东京市中心有一处青山灵园，名人的葬礼大多在那里举办，这么多年来就是一直没有勇气去。阳光灿烂，想想大白天去看看也无妨。

青山灵园位于赤坂附近的一处高台上，建于明治十年（1877年），至今已经有130多年的历史。当初是作为外国人的墓地开发的，后来，明治维新以来的达官显贵都在那里安身，所以成为一处"高级墓地"。譬如，日本前首相吉田茂、池田勇人，在日俄战争中于中国旅顺指挥日军血战俄军的司令官乃木希典等人的墓就在那里。

小心翼翼地穿过一条小街，便看到广袤的樱花林。樱花开得正旺，粉红的一片，构成了一个"樱花隧道"。"隧道"的两侧，便是密密麻麻的墓碑，一眼望去，看不到边。

墓碑大多已经很陈旧，可见这个墓园的历史。我正思忖着要不要走进这一条"樱花隧道"，发现这一条"隧道"的两侧有许多赏花人。于是大着胆子往前走，居然发现有不少附近公司的白领坐在墓地里嘻嘻哈哈吃午饭聊天，更发现一位男子拿着一本书坐在一处墓地的围栏上专心致志地读着。在他们的眼里，这里不是可怕的墓地，而是一处皇家花园。

我问他们，你们在墓地里吃饭真的不怕吗？他们笑着说，都是一百多年前的老坟，估计骨灰也都没有了。你看这樱花林多漂亮，在这里吃午饭，那是一种享受。

在这一群白领的鼓励下，我走过了这一条长达1000多米的"樱花隧道"，还拿起相机拍下了一组镜头。

此后的一天夜里，我打车回办公室，发现司机开车居然走了这一条"樱花隧道"。昏暗的路灯下，阴森森的，多少有些惧怕。司机却说，这条路是一条捷径，出租车都从这里走。他又补充一句："人死了就成菩萨，这条路可是福地之路。"

想起松本的话，我想，对于生死，日本人真的与中国人想的不一样。

6. 环保大国日本为什么不取消塑料袋

到上海出差，跑到24小时便利店买东西。买完东西，竟然不给塑料袋。向售货员要，告诉我："三毛钱一个。"买东西装一个袋给顾客，是一种服务，为什么要收费？售货员说得很理直气壮："现在讲究环保，国家有规定，塑料袋有害环境，所以要收钱。"既然塑料袋会破坏环境，那么给一个纸袋不行吗？纸袋总不会破坏环境吧？"没有。"售货员很不耐烦。

一大堆东西总不能抱在怀里回宾馆，于是硬着头皮给了3毛钱。嘿，没有想到，售货员给我的塑料袋不仅装不下一份报纸，而且薄如羽翼。"有没有大一点的？""没有。""再给我一个行不行？""再付3毛钱。"结果我付了6毛钱，还是不得不把东西抱在怀里回宾馆，因为拎着一定会破。

第二天，遇到一位搞塑料制品加工的朋友，问及塑料袋的价格，他说："一分钱一个。"

回东京的时候，在上海浦东机场的候机厅商店里买了一瓶酒，售货员要收我五毛钱的塑料袋费。

我也问她为什么要收塑料袋费，回答的理由很一致："国家有规定，现在讲究环保。"于是我不要这个袋，抱着这瓶酒上了飞机。

回到日本，我开始调查日本超市、便利店的塑料袋问题。

日本政府从2008年开始，也要求商业服务企业从环保的角度出发，减少使用塑料袋。但是，政府发出的只是呼吁，而不是行政命令，因为企业的行为必须由企业自己来决定。于是，一部分超市开始响应政府的号召，实行塑料袋的收费制。

永旺集团是日本第一家实行塑料袋收费制度的大型超市。我来到永旺超市，发现收款处挂着一个牌，上面写着："需要塑料袋的，请打招呼，每个6日元。"我掏了6日元，买了一个塑料袋，发现这个塑料袋不仅大，而且特厚实。问收款员："可以装几斤东西？"收款员说："一般情况的话，装5公斤东西没有问题。"6日元值多少人民币？大约值3毛钱。日本的一听易拉罐饮料的价钱是120日元，这6日元简直是属于礼节性收费。收款员说："我们只收塑料袋的成本费。"

但是，我惊奇地发现，其实顾客在永旺超市买了东西，并不需要掏钱买塑料袋，因为在收款处的边上，超市为顾客们免费准备了大量的各色纸板箱和包装盒，顾客可以用这些纸板箱装东西带回家。

陪同我考察永旺超市的中村店长告诉我，其实我们向顾客收取塑料袋钱是很惭愧的，因为向顾客提供商品的包装，本来是我们应尽的义务。但是，政府有号召，我们企业也觉得做好环保工作有利于子孙后代，应该积极响应。所以，通过收取塑料袋的成本费，鼓励顾客自己带袋子来买东西，以减少塑料袋对环境的污染。但是，我们不能因此而给顾客增加负担，所以我们把店里的各种纸板箱拿出来，免费提供给顾客使用，这样的话，许多顾客不需要购买塑料袋就可以把商品带回家。

我考察的第二家超市，是伊藤洋华堂。这一家超市的做法与永旺集团不同，它给顾客提供塑料袋不收取费用，完全是100%的免费。但是，假如你不需要塑料袋，那么，超市奖励你2日元，也就是说，少收你2日元。

我考察的第三家店，是24小时便利店罗森。罗森公司专门派了宣传部的人来陪同我考察，结果发现罗森公司根本就没有实行塑料袋收费制度。宣传部的森本课长解释说："其实不仅是我们这样做，日本所有的便利店几乎没有实行塑料袋收费制。"原因在哪里？森本介绍说，便利店与超市不同，便利店的顾客大多是单身生活的人，家庭主妇一般不会来。单身生活的人在下班回家的路上，到便利店买一些东西。或者半夜饿的时候跑出来到便利店买些吃的，要求他们随身准备一个拎袋来，那简直是不可能的，也不符合现实生活的逻辑。因此，我们必须给他们提供塑料袋。至于我们为什么不收钱？到便利店来的人买的东西一般很少，所需要的塑料袋也是不大，因此为了一日元两日元的塑料袋的成本费要顾客来负担，会伤害顾客的自尊心，同时也会显示我们服务得不周到。

一圈考察下来，我得出了三点结论：①日本超市即使收取塑料袋钱，也只是收取成本费，不会在塑料袋上谋利益。即使塑料袋实行收费制，但是，超市也尽可能地给顾客提供其他可替代的免费东西，譬如纸板箱。其实纸板箱一直是超市收益的一部分，但是，超市把这一部分收益放弃来为顾客提供服务。②日本超市实行塑料袋收费制，目的是为了减少塑料袋的消耗量，以此来减少塑料袋对环境的污染（因为它不会腐烂，而且还带有有毒元素）。不是借"环保"的名义来变相地发"塑料袋财"。因此可以给不要塑料袋的顾客实行象征性的奖励。③日本所有的24小时便利店都没有实行塑料袋收费制，只是为了满足顾客购物的便利。

从这三点中，我们可以看出环保大国的日本消灭不了塑料袋的原因，他们觉得，为顾客提供好的购物服务与购物环境才是第一需要，保护环境是需要国民自觉来做的。

7. 日本女孩为何要跪着服务

从福岛县坐车抵达山形县藏王温泉时，已是傍晚时分。温泉在藏王山脉的拥抱中，显得异常恬静。

入住的温泉酒店，叫"古窑"，因附近有一处古窑址而得名。

身穿美丽和服的女侍们早早地在酒店门口迎候，当车停稳的一瞬间，笑容满面的女侍忙着帮我拉开车门，并向我深深地一鞠躬："欢迎您的光临。"接着就把我的包接了过去，拎在手里，引领我前往休息区落座。

酒店大堂的正中，是一个用蝴蝶兰摆成的巨大花篮造型，边上展示的磁盘显示这家酒店有着不一样的历史和评价，已故著名影星石原裕次郎和日本前首相桥本龙太郎均曾下榻于此。

一会儿，女侍拿着入住登记纸来到我面前，往地上轻轻一跪，将纸放在茶几上，请我签名。虽然经常出差，大多入住温泉酒店，但是当一位和服美人跪在你面前，让坐在沙发上的我签字，这还是头一次。

签完字，女侍起身致谢，然后一溜烟儿地跑回总台，换了钥匙又接我去房间。包还是她拎着，里面装了电脑和摄像机，还有换洗衣服，其实也够沉的，我有点儿不好意思，大老爷们总不能叫一位20岁出头的女孩子替你拎包。但是她说："这是应该的，因为你是客人。再重的行李箱，也应该是我们拎的。"

没有记住这位女侍的名字，只记得她的嘴边有一颗很好看的痣，还有一身水红的和服。

房间是和式的榻榻米居室，中间放了一张案几，晚饭时，这案几便是室内饭桌。吃完饭，案几被推到一边，就铺上软软的棉垫和被子，整个房间就成了卧室，所谓"房有多大，床就有多大"，打几个滚，那是绝对没有问题。

刚在浴室间洗了手，就听见轻轻的敲门声，一位女孩的声音。打开门，见到另一位女侍端着一盒糕点向我深深地一鞠躬："您一路辛苦了。"进入房间后，她先朝我跪下，很优雅地将整个身子贴在榻榻米上向我行了一个大礼："再次欢迎您入住我们的酒店。"我立马端起相机拍了她一张。

她起来给我泡茶，并说这一盒点心请我品尝，是山形县的名产，里面裹着今年秋季刚刚采摘的栗子。

山形县位于日本东北地区，是一个多丘陵的地带，因为山水清丽，农产品又异常丰富，加上到处是温泉，山形的女孩子，皮肤大多是白里透红，称为"桃花红"。

女侍估计也是刚从学校出来的女生，长得很有古代大和女子的典雅，眼睛虽然不是很大，但是给人以很纯真温柔的感觉。她说她的名字叫悠。我说："那不是跟天皇的孙子同名吗？"她很开心地笑，说："是啊，可是我取得早，不过看来是一个好幸运的名字。"

悠是刚从大学毕业到这家温泉酒店工作的。她一边给我倒茶，一边对我说，每天的工作就是迎送客人，晚饭时，还要负责给客人送菜。往往是一个人要负责几个客房的客人，所以会很忙。

我是她最近一个月接待的第二位中国人。她说，几个星期前，有一对香港地区的夫妻到这家酒店来住过。悠不会说中文，但是"谢谢"的发音很准。她说是她的一位中国同事教她的。

后来，悠把她的中国同事叫来，那是一位和我同样姓徐的本家姑娘，老家在辽宁省抚顺市，今年3月刚从福岛大学毕业，然后加入这家酒店，今后将负责中国市场的开拓工作。徐家小妹也穿了一袭和服，看上去已经很日本化了。

我问悠："酒店的接待礼仪为何这么重？"悠说，客人能够来我们酒店，便是我们的上帝，没有客人，我们就要倒闭，因为我们的工资是客人们给的，所以我们必须要以最高的礼节来迎接每一位来店的客人，不允许让客人带着一点的遗憾回去。

这些话，从一位刚离开校门加入温泉酒店工作的女孩子口中说出，我脑子里打出了一个大问号：谁教育了这些年轻的女孩子，让她们可以做到如此真诚地待客，又可以把每一个细节做到如此极致，无可挑剔？

悠说："这是很简单的事，只要用心做事，谁都可以做到的。"

记得一位中国留学生在我的微博上写过这样一段话：虽然我在日本边打工边上学，很辛苦。但是，当我从小酒馆的洗碗房里出来，走进东京任何一家商店，都可以看到真诚相迎的笑脸，没有人会因为我是一个来自中国的穷学生而看不起我，所以我从他们的笑容和真诚的接待中，可以轻松地找到做人的尊严。

我和悠拍了一张合照，我说我下次一定还会再来，而且还会带中国朋友来。在这里，不管你出身贵贱，身价几何，都可以获得最高的人格尊重。

悠又是深深一鞠躬，说："请一定来，我们这里的温泉真的很好。"那口气，好像这温泉酒店是她家开的。

8. 拯救万人生命的播音天使为何得不到表彰

晚上下班回家，收到一个纸板箱。打开一看，是一箱的菠菜和萝卜。前几天刚好收到过朋友给我寄来的菠菜，我想怎么过年老是像要饭似的，时不时地收到一点儿救济粮。

仔细看了寄菜人的地址，才发现，这一箱蔬菜来自日本的地震灾区，是宫城县南三陆町的山田贤次先生给我的礼物。

我想起了他。2011年4月，日本大地震发生后一个多星期，东北新干线还不通，我取道岩手县，搭乘汽车来到宫城县地震灾区，到受灾最严重的南三陆町采访。在一处避难所里，见到了山田先生。

当时山田先生之所以引起我的注意，是因为他当时正围着一个大锅烧饭。柴火噼里啪啦地响着，映红了山田先生的脸，感觉他特像一名专业伙夫。后来知道，避难所里100多号人，就靠这个"大锅饭"充饥。

我和山田先生聊了好久。他不到50岁，地震发生时，山田先生刚好在公司里上班。公司就在南三陆町的城区里，那里靠近海边，是一处平地。自己家里的房子因为建在山坡上，在这次地震中只是裂了缝。但是，住在海边的父母却被海啸卷走，当时连遗体都还没有找到。每天烧完午饭，山田先生都要去遗体收容所，看看有没有新的遇难者被搬运进来，查查是不是自己的亲人。

山田先生边烧饭边给我讲了一个故事。

地震发生后20多分钟，町里的防灾高音喇叭开始响起了急促的呼叫声："海啸马上就要来袭，请住民们立即撤离到高台上，立即撤离到高台上。"

山田先生说，这位播音员名叫远藤未希，那年24岁，登记结婚刚半年，还没来得及办酒席。

听到广播呼叫声后，居民们开始离家逃生。山田先生离开公司正准备驾车去接父母时，港湾处已经传来了海啸的轰鸣声和房子被撕裂的恐怖声，山田先生只好朝山坡地跑。等他跑上山坡，发现十几米高的海啸已经淹没了半个城区。但是，这位远藤还在广播里一遍又一遍地催促大家赶快离家避难，自己没有逃。"也就5分钟时间，我在山坡上看着海啸疯狂地卷没了远藤小姐广播的防灾中心，广播'滋'的一声，突然中断了。当时还看到防灾中心屋顶上有几个人抱着发射天线杆在海啸中挣扎。这女孩，责任感太强了。"

这一场大地震和大海啸，南三陆町70%的房屋被海啸卷走，17000人的小镇，死亡455人，至今下落不明640人。但是，许许多多的人，就像山田先生说的那样，如果没有远藤小姐直到生命最后一分钟的至死呼叫，这一万多人可能也就被海啸卷走了。

山田先生陪我去看了远藤小姐奋斗到最后一刻的那个防灾中心，三层楼只剩下一个铁框架。周边一片废墟，比战争遗址还要惨烈。

回到东京后，我给山田先生寄送了一个包裹，里面放了一些防灾取暖用品和食品。一直担心他会收不到，因为送货公司不敢给我保证。后来总算来消息说，东西寄到了。

后来，我看到了有关远藤小姐的报道。报道说，海啸退却后，她的父母和丈夫到处寻找她，一直未能发现她的身影。直到地震后一个多月的4月23日，搜索队在附近的海上发现了她的遗体。虽然已经辨认不出原先的模样，但是由于她的手腕上还戴着丈夫送给她的五彩手绳，终于安静地回到了亲人的身边。

可幸的是，逃到山坡上的居民当时用摄像机拍录下了远藤小姐呼叫大家赶快逃命的声音，还有海啸摧毁城区摧毁远藤小姐坚持到最后一刻的防灾中心的镜头，这一段录像被电视台播放后，引起了日本社会极大的反响。日本网民们为远藤小姐建立了一个追悼视频网站，并送给她一个"救灾天使"和"南三陆町女神"的美誉。

我原本以为，日本政府应该会表彰这么一位勇敢的女性，不能给一个"国民荣誉赏"，给一个"五等荣誉赏"也行。但是过去4年，日本政府对这一场大地震中涌现出来的各种英雄人物，没有一点儿的表彰和奖励，好像不需要这一个程序，不需要这一份鼓励似的。

当然，日本各大电视台也没有搞个"感动日本十大人物"评选，远藤小姐就像她的遗体被悄悄地火化了一般，无声无息消失在这一个世界中，就连一座好的坟墓都没有。

我很失望，也很纳闷。带着这一疑惑问了办公室的日本同事，他们告诉我：日本人做了好事，是不喜欢张扬的，觉得张扬自己，是很难为情的事。而作为政府和媒体，当数百万灾民还在水深火热之中的时候，不忙于去救助他们，而搞什么表彰，会遭到灾民们的反感。再说了，在一般人的眼里，远藤也只是近两万名遇难和失踪者中的一员，这么多人遇难，远藤家如果得到政府特别厚待的话，家人会担心遭到周围灾民的白眼。"公平"，是日本社会不二的法则。

"英雄，是活在人们心里的。"他们说。

山田先生给我附了一封短信，说这些蔬菜是他在家附近的一个小小的塑料棚温室里种的，收上来后，分给周围的灾民们吃。看了电视，知道这几天是中国的新年，就给我采摘了一些寄过来。

望着这一箱蔬菜，心里感觉到特沉甸。晚上啥都不吃，就洗了几棵菠菜在热水里烫了烫，蒸了两个馒头。我想，该"忆苦思甜"一回——其实依然豪华。

我给山田先生打了致谢的电话，他告诉我一个好消息，说埼玉县政府决定将远藤小姐的事迹单独编写一个教材，取名《天使之声》，供全县的中小学校道德课使用。

山田先生还说，他遇到了远藤的妈妈美惠子，美惠子女士说："女儿在最后时刻一定很恐惧，做妈妈的没能守护住她，真是对不起她。"

9. 日本为何允许女孩 16 岁结婚

日本有一条法律很怪：允许女孩子 16 岁结婚，但是规定成人年龄必须是 20 周岁。

日本《民法》是在距今 137 年前的明治维新时代制定的，1876 年公布的《民法》第 731 条规定：女 16 岁，男 18 岁，准予结婚。《民法》第 4 条则规定："满 20 周岁，为成人。"

16 岁女孩既然未成年，为什么又允许其结婚，允许其过性生活生儿育女呢？《民法》没有解释。日本社会学家的解读是，可能是受了中国古代"二八剖瓜"一说的影响。也有一种说法，是因为日本人在明治维新时期平均寿命只有 50 几岁，因此期望女孩早点结婚生育孩子。不过，现在的日本女孩 16 岁想结婚，需要父母等监护人的签字同意，不然得不到法律承认。

有趣的还在于，女孩 16 岁，男孩 18 岁结婚后，虽然还没有到 20 周岁的年龄，但是在法律上，承认其属于"成人"，理由是因为其可能已经是为人之父母，必须承担起养育后代、教育后代的责任。

那么，日本为什么要将成人的年龄规定在 20 周岁，而不是 18 岁？《民法》上也没有解释具体理由。日本政府迄今为止的解释是："20 周岁时，身体和精神趋于成熟。"目前规定"20 周岁成年"的国家，除了日本，世界上还有泰国、新西兰、突尼斯、摩洛哥、巴拉圭和中国台湾地区。虽然前几年曾经有过将成人年龄降为世界一般的 18 岁的议论，但结果是不了了之。反对者说：我的爷爷奶奶是 20 岁成人，我的父母也是 20 岁参加成人节，我变成 18 岁，怎么都感觉怪怪的。看来，"日本文化"还真顽固，

虽然早在明治维新时期就已经规定了成人的年龄，但是举办"成人节"却

是战后的事情。查了资料，日本的"成人节"是在战败后不久的1948年，由日本政府发文做出规定，这一天，全国放假。

2000年之前，"成人节"定在1月15日的小正月这一天。但是，由于1月15日有时难以与周末相连，因此许多父母难以请假陪孩子过节。因此从2000年开始，日本政府调整时间，规定将1月的第二个星期一作为"成人节"，事实上实行了"三连休"。

成人仪式是由各地政府主办的，由市长、町长或村长主持。仪式主要分为四个内容：一是市长发表勉励讲话；二是新成人代表发表励志誓言；三是来宾祝词；四是市政府等向新成人赠送纪念品。

新成人代表在成人仪式上做何种发言？兵库县加西市的成人仪式上，小伙子代表的发言的主要内容是这样的。

"自从我们出生在这一个城市，无论是家人，还是地方政府和家乡父老，给予我们极大的厚爱与支持，因为你们的关怀，经过20周年的岁月，我们今天终于顺利地迎来了成人式。谢谢爸妈，谢谢乡亲！

今天，我们深深感谢市长温馨的祝词，感谢来宾的祝福。同时，我们作为在和平年代出生的年轻人，深感自己必须要用双手去构筑自己的时代，为此我们需要自觉地磨炼自己的意志。

今天，我们迎来了成人节，人生也将开始新的一页。到现在，作为还未成熟的我们，还什么都不会。但是，我们拥有创造新时代的时间与机会。虽然会面临失败，但是如果不付诸行动，不仅会失去宝贵的时间，而且我们也将失去未来。我们必须要用自己的双手去开创崭新的时代。请各位先辈给予我们鼓励，给予我们力量，给予我们鞭策，我们会努力成人，为家乡、为日本、为这个世界贡献力量。"

福岛县的成人仪式上，在大地震中遇难的同学好友的照片也被捧入会场。

各地政府的成人仪式，大多在市民礼堂举行。但是也有别出心裁的政府，譬如东京迪斯尼乐园所在的千叶县舞浜市，最近十几年，都在迪斯尼乐园为该市的年轻人举行成人仪式。而成田国际机场所在的成田市，今年则把成人仪式搬到了成田机场的出发大厅，为机场做宣传。更有不少新成人到神社、寺院参加成人仪式

参加成人仪式的年轻人的服装是有特别讲究，女孩子必须穿和服，而且是成人式专用的那一种艳丽和服，同时配小包和白毛围巾。男孩子大多也穿黑色男式和服，或者西服。为了满足这一普遍的习俗，母亲必须早早地为孩子准备和服，当然有钱人花费100多万日元买一套在所不惜，没钱的可以去租一套。当然也有母亲穿过的，代代相传的"传家和服"。

对于许多女孩子来说，"成人节"是第一次正儿八经穿上里三层外三层的全套和服（不是简单的浴衣），因此自己一个人是绝对穿不上的，这一个任务就由妈妈来完成，甚至请专门的和服公司的女职员帮忙穿戴。

这里有一个不是笑话的笑话。每一年的"成人节"的夜晚，情人旅馆总是生意最火爆。但是，女孩子要离开情人旅馆时，如何把和服重新穿戴好，是最犯傻的事情。于是催生了一项"上门服务"，情人旅馆里专门聘请临时的穿戴专家帮女孩子穿戴，当然穿戴一次得支付5000日元（约300元人民币）。这个钱到底是由女孩子掏，还是男孩子付，还真的不知道。

10. 日本女星为何不拜金

日本当今最红的女影星之一真木阳子（26岁）突然宣告结婚，并坦承自己已经怀孕三个月。这一消息令许多影迷伤心流泪。

真木在2012年年初播放的一部电视连续剧《SP》中扮演一位政府要员的贴身保镖，获得了极高的人气。真木还有一喜，那就是通过了日本化妆品公司老大"资生堂"的严格挑选，成为资生堂美容品的形象代言人。

所以，当真木把宣告自己结婚的传真发给新闻媒体后，这一消息立即成了晚报的头条。然而，人们更多关心的是，这么一个大美人到底嫁给了谁？

事实上，享有这一个艳福的男人不是大款，也不是高官，而是一个普通的公司职员，与真木同龄，大学毕业后参加工作才4年。两人是通过朋友的介绍于2008年认识相爱的。也就是说，真木在与丈夫交往时已经对于他的情况是一清二楚，知道他是一个没钱但富有上进心的好青年。

无独有偶，比真木早两个星期宣告结婚的日本另一位大名人——富士电视台的著名新闻节目主持人佐佐木恭子也嫁给了一位公司的小白领。两人也是经过朋友的介绍认识的。只不过这一位小白领丈夫在一家证券公司当小课长，算是有一官半职。

金秋时节，日本女星们赶上了一个结婚的高峰期。我依据日本媒体报道的统计发现：女影星酒井美纪嫁给了东京一家医院的医生；女影星长谷川京子嫁给了高中毕业的新兴作曲家新藤晴一，两人是2009年春天经过朋友介绍认识的；女影星川岛直美嫁给了一个做法式糕点的师傅；女影星佐田真由美嫁给了一个普通的公司白领；NHK电视台的主持人兴芝由三荣嫁给了一位体育明星经纪公司的职员。也就是说，这么多在近期结婚的女星中，没有一人是与大款和高官攀亲。这一点，对于我们中国人来说，似乎会感到很意外。

为什么日本这些名气大，而且漂亮的女影星都愿意下嫁给一些普通的公司职员？日本艺人经纪公司的松田部长给我做了三点解释。

松田部长说，首先是日本女影星很讲究志同道合，只要这个男人对她真好，而且能够理解她的事业，不管他地位高低，是不是富翁，她都愿意嫁给他。所以，日本女影星所嫁的男人，大多是三种人：一是自己喜欢的男人，只要他有一份稳定的工作就行；二是同行，经常一起拍片容易产生感情；三是电影或电视制作人员，包括导演和摄影师。

其次是日本女星，包括有些品味的女人们大多不喜欢"暴发户"式的人物。因此像房地产开发商、基金经理，包括一些企业老板，都不是她们喜欢的对象。虽然这些人有钱，但是同时也有"奸"的负面，在演艺圈里，以上这类人都不属于志同道合者。同时，女影星们自己多少也有些钱能过一般人的日子，大富大贵的少奶奶生活反而会给自己带来负面影响。最近几年，嫁给所谓有钱人的影星就是一个奥菜惠，做了一个IT老板的太太，结果因为受不了先生每天忙于工作，一年半后离了婚。离了婚后再回归影视圈，就没有人用她了，很可惜。

最后是日本女星们往往把演艺看作一份工作，而不是自己一种骄傲的资本。她们知道自己的事业大多是一种青春饭，同时也清楚地知道，自己的成名不仅是自己努力的结果，更多的是经纪公司的培养、电影公司与电视台的抬举及工作人员的辛勤配合。因此，她们会把自己的"名气"看得很实在，不会让自己狂妄。一狂妄，就会失去大家的信任，也就会断送自己的演艺生涯。所以，她们更愿意过一种实实在在的生活。

看来，在日本，有钱男人不一定就能找到美女影星或美女主持做太太，因为日本女影星们不拜金，也不攀附高官，只求实在生活。

11. 日本女人选择老公的三大条件

到北京采访"两会",前后花了半个月的时间,采访、写稿,还要处理来自东京的各种公务,确实累得有点儿要趴下。

总理记者招待会结束后,立马收拾行李往首都机场赶。本来晚上5点半的飞机,因为大雪而延误,结果在机场苦等了几个小时。

飞机抵达东京羽田机场时,已经是深夜1点钟。机场派了许多的车在等候,并挨家挨户送乘客。所以,把我送到家时已经是凌晨3点钟。虽然很晚,但是还是很感激羽田机场员工对乘客认真负责的精神,因为他们回到家也许要到天亮。

因为要赶到社里开周一例会,也没有睡几个小时就起了床。到了久违的办公室后,社里的同事告诉我一个消息,说朝日电视台的节目主持人上宫菜菜子结婚了。

上宫是我的朋友,在日本的电视节目主持人中,属于很知性的一位。她出生于东京,因为父亲的工作关系,小时候在美国生活了6年,英语讲的是自然很棒。后来在东京外国语大学学了西班牙语。结果西班牙语没有用上,却成了朝日电视台体育节目的主持人。

打电话过去祝贺,听得出上宫的心情十分愉悦。她说"结了",并称要带老公和我一起吃饭。问先生是在哪里做事。上宫说,是在一家小公司里上班,一名普通的公司职员。两人恋爱已经6年了,自己马上要奔30岁了,所以就结了婚。

对于上宫嫁了一位小职员,我一点儿也不感到惊奇。因为日本漂亮的女影星也好,名歌手也好,电视台的主持人也好,很少有嫁企业老板的。不是她们不愿嫁有钱人,而是觉得找丈夫,志同道合最重要,有没有钱是次要的。

日本新闻网刊登了一条消息，说日本女性选择丈夫时，已经把以往的"高收入，高学历，高身材"的"三高"标准抛到了脑后，换之以"有共同的价值观，性格相符，有稳定收入"的三个新标准。

报道引用日本一家生命保险公司的最新调查称，25岁至34岁未婚女子中，寻找丈夫的条件，第一位是"价值观相同"（62%），其次是"金钱的感觉一致"（27%），第三是"工作安定"（26%）。而以前所追求的"三高"条件中，"高收入"已经退居到第九位（12%），"高学历"退居到第19位（1.7%），"高身材"退居到第20位（1.5%）。

另外，对于男性的年收入的要求，平均为552万日元。这一要求与日本国税厅公布的日本男性公司职员平均年收入533万日元的水准几乎一致。也有女性提出，如果真的相爱的话，对方哪怕只有一半的收入（270万日元）也不在乎，只要能够生活就行。

在有关"结婚可以获得莫大的财产"和"结婚可以过上自己想过的生活"的选择中，只有33%的人选择了"财产"，而67%的人选择了"过自己想过的生活"。

看了这一条消息，很有感触。因为在北京这些天，常有与朋友开饭局的机会，谈起中国女性找对象一事，大家的条件几乎是"没有房子免谈，没有学历免谈，长相一般免谈"。并有理论称，结婚是女人改变自己生活质量与社会地位的最好机会，不趁机卖一个好价钱，亏。因此，女演员、女歌手、电视台的美女们，几乎是"没钱没官"的不嫁。更是听到，中央电视台的某某主持人嫁了省长，还有某某的丈夫是哪个部的司长，而某某的丈夫是河北的房地产大亨。大家说这话时，眼里充满羡慕，显然也充满嫉妒。

于是我想到，日本女性在欲望横流的社会里，尤其是在经济不景气的状态中，能够回归爱情与婚姻的纯真本性，只求与自己喜爱的人在一起，而不是趁机把自己卖一个好价钱，这是难能可贵的。就像上宫小姐，作为一名知名度很高的电视节目主持人，对于相恋6年的男友不离不弃，明明知道自己的男友只是一个公司的小职员，但是还是嫁给他，仅仅因为自己爱他，有共同的语言和理想。

上宫的新居是租来的房子。她说，结婚后还会工作，等有了钱，再考虑买房子。我知道，上宫的父亲是日本一家跨国公司的部长，算起来也应该是世界500强之列，不缺钱。但是，上宫这次结婚，显然没有向父亲要一分钱。她在读大学时，就已经开始自己打工挣学费了。

那么，日本女人谈恋爱最在乎男人什么呢？

东京这几天特别干燥，日本气象厅说，已经有35天没有下雨下雪，空气的湿润度只剩20%，赶得上非洲的撒哈拉大沙漠了，因为那里常年的湿润度也只有12%—22%。

约了几位狐朋狗友到六本木吃饭，每个人都像是刚从阿富汗回来似的，围巾把脸裹得严严的，生怕干燥的寒风撕裂美丽的脸。

这一顿晚饭，有一种半约会和半相亲的味道，因为刚好六个人，男女各三个。哈哈，我绝对无意于做"媒爹"，只是觉得男女搭配，吃饭不累。

席间谈起一个话题："女人与男人谈恋爱，最在乎男人什么？"三个女人中，英子的发言最积极。她说："男人的清洁感。"这一答案很是出乎我的预料。因为我猜想，应该是身高与体魄。

玲奈和朝衣居然很赞同英子的观点，使得我们三个男人不得不摸摸胡子，想找镜子瞧瞧自己的丑脸。

28岁的朝衣，接近"剩女"的临界点，似乎有受过伤，谈起男人来，满腹怨气。她说，"以前总以为不修边幅的男人很帅气，真的成了自己的男人后，发现"脏"是天敌。挣钱多少倒是小事，我也在上班。头发一天不洗，油腻腻的。胡子拉碴的，碰到脸就难受。尤其是脸油晃晃的，看了就糟糕。到了晚上不洗澡，不换内裤，绝对不会让他碰。"

"一个清洁的男人，给人以一种健康与青春的感觉，在一起就会有好心情。这跟男人喜欢亮丽的女人一样。"这是玲奈的总结。

玲奈的话，传到我这个"半老徐爹"的耳朵里，很是刺耳。"青春的尾巴都已经没有了"，悲叹的不仅仅是我，还有贤俊先生。这位老兄虽然有一个很动听的名字，但是年龄已经接近"大圣"级，而且领口上有一圈异色的东西，光棍总是这样。

"我得去测测皮肤，看看能用什么化妆品保保脸皮"，这是我和大家道别时，脑子里闪过的一个念头。

佳丽宝化妆品公司公关宣传部的山田真司先生给了我一个机会，说在他们那里，有一个专门的教人如何美容的教室。

呼啦地叫上几个男人一起去，遇到了美女化妆师。很抱歉，没有记住她的名字，看上去40岁左右，据悉实际年龄已经很不一般。

化妆师一开头，就给我测试皮肤。人生头一遭，好一阵紧张。皮肤给放大到银幕上，皱纹都变成了高速公路。

测试结果如下：皮脂率38，水分70，皮肤年龄42岁。（请热烈鼓掌！比我实际年龄年轻。）

美女化妆师给我的建议是，每天早晚必须用洗面膏洗脸，因为我属于油脂皮肤。洗完脸后，一定要用化妆水敷脸，以保持皮肤水分。最后要用乳液，以保护皮肤滋润。"长此以往，你一定会比同龄人年轻，说不定还会有桃花运"，美女化妆师最后给我的临别赠言，让我忘不了她那可爱的脸。

看到一份行业报告，说日本著名的化妆品专业网站COSME向56800名网友进行了一次调查，发现有86%的女性表示自己"在乎男人的清洁度"。在乎的顺序是：第一，头发整洁度；第二，脸的干净度；第三，体味；第四，鼻毛；第五，服装清洁度；第六，腹肚凹凸度。

走进日本的百货公司或药妆店，系列男士化妆品、止汗剂、生发剂、男士香水等，到处都是。富士经济研究所的市场调查报告说，2014年，日本男士化妆品市场的销售额已经超过了1600亿日元（约85亿元人民币），而且每年以15%以上的增长率在增长。其中脸部护理用品市场为230亿日元，身体洗浴与护理用品为190亿日元，喷发剂定型剂为250亿日元，生发剂为370亿日元，头皮清洁去屑等用品为490亿日元。

看来，女人的眼睛真能催生男人的市场。不知道，再过50年，日本男人会不会抹口红？

12. 日本女人为何很少举报情人

看到国内的一份报告说，中国贪官有七成是被情人举报的。当年同床欢悦的情人，为何最终会成为"杀手"？想想还真难理解。

参加东京的一个"中国问题研究会"，大家谈起了这个问题。几乎所有的日本男人睁大眼睛摇脑袋："为啥要举报？为啥？"而女人们的反应则是："哎，好冷漠啊。真难想象！"

顺着这一个话题，我问了大家一个问题："日本女人为何很少举报情人？"

大家七嘴八舌，回答的理由多种多样，归纳起来主要有这么三点。

第一，日本女人与男人发展情人关系，主要是因为感情，其次是渴望性爱。以金钱为目的的情人关系，一般只发生在艺伎之中，当然这是日本以往的一种旧有的文化，有钱有势的男人总是喜欢包养艺伎做外房。但是，艺伎被终止包养关系后，是不会张扬的，这是职业道德，因为已经获得了经济利益。

第二，在日本做官，无论是当大臣（部长），还是当市长，千万双眼睛盯着你，政敌们巴不得抓到你什么把柄，因此，日本官僚很少有机会贪污受贿，也没有机会让情人通过不正当的手段进入公务员队伍，或提拔当官。情人跟着这样的官僚，是捞不到太多的政治与经济的好处，除了一份感情。所以，即使反目，事实上也没什么东西可以举报。

第三，日本女人有一种特别的羞耻心，觉得自己做了别人的情人，一旦败露，会从此抬不起头来。所以，即使被人发现，也是低调躲避。而老婆们更是不会跑到市政府大吵大闹，因为日本社会有一句谚语，叫作"给老婆的是牛奶，给别人的是小便"。一种很阿Q的心理。结果是，发现丈夫婚外恋后，要么离婚，要么每月照收老公的钱袋子。最典型的是鸠山由纪夫前首相的夫人，在周刊杂志抖搂出鸠山婚外恋的消息后，夫人会见记者，流着泪说了一句话："如果是事实的话，那都是因为我没有照顾好鸠山。"

所以，在日本，假如情人举报情郎，首先遭到社会舆论批判和歧视的，往往不是男人，而是女人。因为情人关系本来就是"大人的游戏"，当初你情我愿，没有谁对谁错。一旦反目成仇，就举报自己的情人，那首先是女人的道德出了问题。而道德出问题，是无法获得他人同情和原谅的。在讲究团队精神的日本，一旦自己被孤立，无异于自杀。

确实，在日本很少听到情人举报情郎的事，最多的是在情郎去世后，通过出书或接受媒体采访的形式，透露出自己的那一段情。

我想起一个故事。日本前首相田中角荣爱上了秘书佐藤昭子，并把她发展成情人，并生了一个女儿。当然田中封口工作做得极佳，无人知晓这一事实。后来，田中因为收取企业行贿资金而被捕，警察也找到了掌管田中财务的佐藤，不管警察如何恐吓和利诱，佐藤是一口一个否认，账面上的错误全揽到自己的身上。田中被逮捕后，佐藤一有机会就去探望。田中去世后，她什么也没争，也没要名分，几十年始终独自支撑着没有田中的"田中事务所"。直到自己过了70岁变成了老太太，才写了一本书，透露自己与田中的那一段至深的感情。

当然，像佐藤昭子这样的忠诚情人也是少数。但是，查阅日本网络资料，也确实找不出那种落井下石、置情郎于死地的女人。

文章写到这里，觉得还没有完全写透，就干脆不写了。

13. 在日本撒谎将会付出什么代价

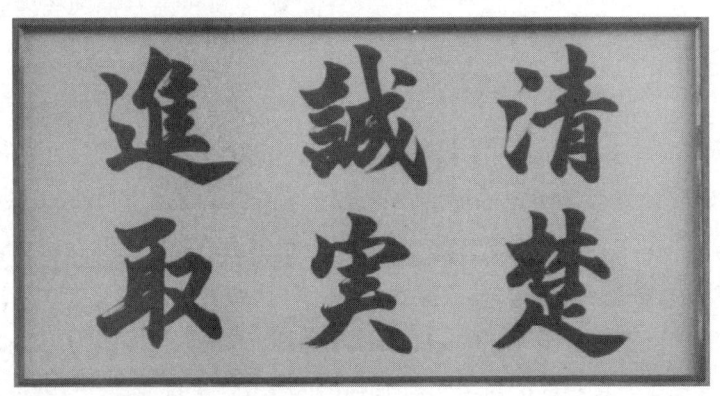

有网友给我留言，说："徐先生，你应该在日本称自己是徐福的后代，这样日本人就会服你。"哈哈，这确实是一个好主意，因为在日本有一种传说，说当年率领3000个童男童女前往蓬莱仙岛为秦始皇寻找长生不老之药的秦朝方士徐福，后来到了日本，并成为日本的第一代天皇，叫"神武天皇"。

不瞒大家说，我还真的充当过一回"徐福的后代"。有一次陪客人去富士山游览，日本导游带我们去了富士山五合目附近的一处茶室，茶室的周边长了许多红果子的灌木，开茶室的女主人就把这些红果子摘下来泡酒，搁在店里卖，称"长生不老酒"。我觉得好奇，问女主人："这是长生不老果？"女主人说，这就是当年中国人徐福来日本寻找的长生不老之药。她还说："我就是徐福的后代，名字叫'羽田'。"她拿出名片，上面还真的写着"羽田久美子"。"羽田"在日本的读音和"秦"是一样的，查了字典，也确有"羽田之姓来自秦人"的说法。她还说，富士山下住了好多秦人的后代，大家都姓"羽田"。

我也给了她名片。她不看还好，一看激动地拉着我的手不放，说："你是徐福的孙子？"她这一说，倒是吓了我一跳，因为我从来没有想到与徐福有什么关系。但是羽田女士就像找到了失散多年的党组织，大声招呼服务员老太太上茶。末了，还要送我两瓶"长生不老酒"，并拉着我一定要合影留念。

回家躺在床上，想想不对，我这不是和日本天皇在称兄道弟吗？

我没有去查自己与徐福到底有什么关系，我想，动用千万警察也难以查清这2000年以来的事。但是在日本的中国人中，确实有人在一夜之间可以挖掘出自己是孔子后代的"事实"，表明自己是"第XX代孙"。这一招其实也管用，单纯的日本人中还真有人吃这一招。虽然孔子的后代据说有200多万。

日本不是一个移民国家，加上岛国的保守性，因此总体上是很排外的。但是，对于中国文化和历史英雄却十分敬重，譬如孔子、三国英雄、孙中山，等等。为了尽快融入日本社会，并尽快在日本社会找到自己的立足之地，来日本的中国人，大家各自施展才华努力打拼，十分辛苦，自然也有人想到了"借光"这一捷径。我已经遇到过李白的孙子、宋庆龄的远方亲戚，还有诸葛亮的第几代孙。最为离奇的是，有一位来自内蒙古的大姐，居然在自己的名字前面加了"爱新觉罗"。

但是，也听到过一个笑话，有人自称是中国现今某领导人的侄子（没敢称亲生儿子），结果惊动了日本政府有关部门，害得这些人内侦外察，忙乎了好一阵子，才发现不是那么一回事。结果这位老兄被人盯上了。

一位姓孔的哥们儿曾经对我说过一句很响亮的话："不骗日本人骗谁？"这句话让我心惊肉跳了好一阵。

最近，日本社会终于对我们在日本的中国人的"不诚信"开了刀。青森县的一所大学一下子开除了140名中国留学生。我打电话给相识的一位教授问原因，他告诉我这些中国留学生其实很可怜，本来就是农村的孩子，偏偏在填写个人资料时要说"我的爸爸是市长"。也有的孩子在申请入学时，写了自己家里有多少的资产可以担保，但是事实上什么也没有。当然也有一些学生不上课，忙于打工。

青森这所大学的这一把火，在日本社会引发了一个"中国人诚信"的问题。据悉，日本已经有多所大学开始对中国留学生的身份资料进行核查，一旦被发现造假，后果很严重。因为在日本有一条罪名，叫"伪造文书罪"，凭这一个罪名，可以轻而易举地将你逮捕送回老家。

　　日本新闻网也报了一条消息，一位在广岛大学获得博士学位的中国女留学生，其博士论文居然抄袭日本庆应大学一名副教授的著作，被学校剥夺博士学位。

　　日本是一个讲究诚信的社会，没有人在乎你爸爸是不是"李刚"，但是在乎你有没有说真话，哪怕你老老实实地告诉日本人，我爸爸是山沟沟里老实巴交的农民，我相信日本人也会对你肃然起敬，因为他们会认为你很不简单，居然能凭自己的努力来到日本留学。但是如果你欺骗了一次，那么就会失去人们对你一生的信赖，这就是日本社会"诚信"的约定。

　　这几天还看到一条新闻，说美国证券管理委员会最近很生气，停牌了两家中国上市企业，因为这两家中国公司在美国纽约市场上市时提供了假的财务报表。同时，该证券管理委员会还对100多家在美国借壳上市的中国企业进行财务与信誉调查。美国人说了一句颇能给一些同胞警示的话：你可以来美国圈钱，但是你必须承担圈钱的法律责任。因为一旦股民们发现你的财务报表作假，那么他们可以把你告上法庭，让你倾家荡产。中国人也许只想到了发财，还来不及发现发财的背后还有着巨大的法律责任。但是从今天起，你必须知道：任何一个谎言都隐藏着灾难，伴随着责任。

　　我记得小时候，我们的父母在经受了"文化大革命"之类政治运动的苦难之后，常常教育我们一句话："遇到生人不要说真话。"于是我们学会了说谎话，还心安理得。但是，日本的父母从小教育孩子："遇到任何人都要说真话，除非你不说。"于是日本的孩子少了些"狡猾"。

　　我很理解，在中国，有时候不"狡猾"的，还真难唬住人、办成事。但是，至少到了日本，还真需要"入乡随俗"，不然付出的代价会是巨大的。

14. 日本著名科学家为何上吊自杀

世界著名的细胞再生学专家笹井芳树死了，是在自己办公室的走廊里上吊自杀的，年仅 52 岁。

笹井先生没有贪污，没有受贿，没有养女人，也没有找小姐，只是因为他指导的一名女博士在新型万能细胞 STAP 细胞研究中所获得的成果遭到学术界，继而是舆论界的质疑，作为指导者的他也因此遭到弄虚作假的怀疑，因此，精神遭受极大的苦痛，最后选择告别这个冷漠的世界。

没有比笹井芳树先生的自杀更令今天的日本社会感到巨大的震惊。

让我们简单地来回顾一下 STAP 细胞事件。

2012 年，轰动日本社会的一起科学新闻，是京都大学教授山中伸弥先生发现培育的 iPS 万能细胞的研究成果获得了诺贝尔医学奖。安倍首相特意会见山中教授，赞赏他为人类健康做出的贡献。同时，日本政府从文部科学省的预算中拨出一大笔经费，支持山中教授领导的研究小组尽快将 iPS 细胞实用化，引领日本新医学产业的发展。

正当日本举国把山中教授的研究当作"未来的神业"的时候，2014 年 1 月，总部位于神户市的日本国立理化学研究所突然宣布，该研究所的研究员、30 岁的女博士小保方晴子发现了 STAP 细胞，日本学术界为之哗然。

如果我们把 iPS 万能细胞视为桑塔纳轿车的话，那么 STAP 细胞就是一辆宝马。有学者将发现 STAP 细胞视为当年发现"地动说"一样的伟大。

iPS 万能细胞利用病毒将四个基因送入皮肤细胞，促使普通的皮肤细胞产生变化，最后成为带有胚胎干细胞性质的细胞，被通俗地称为"皮肤干细胞"。它的诞生仿佛给沉寂一时的国际干细胞研究打入了一针强心剂。不仅因为它能避免人体胚胎克隆技术引发的伦理争议,更由于它突破了以往只能利用卵子和胚胎的取材限制,其高效、便利为再生医学应用打开了大门,为未来干细胞用于个体治疗带来希望。

而 STAP 细胞,则是运用将皮肤等的体细胞在弱酸性溶液中浸泡 30 分钟左右的方法,成功地研制出新型万能细胞。这种万能细胞可以生成人体的各种组织,比 iPS 万能细胞只能再生皮肤的成果相比,这一成果被认为是颠覆生命科学常识的划时代重大成果。当年 1 月 29 日,这项研究成果刊登在英国科学杂志《自然》电子版上。论文的作者除了小保方晴子之外,还有其指导教师、日本国立理化学研究所发生与再生科学综合研究中心的副中心长笹井芳树等专家。

但是,在论文发表不久后,有外部专家指出,论文中的图像不自然,疑似被加工过。一些国外同行也用论文介绍的方法重复实验,却无法获得理想的结果。于是,日本学术界开始怀疑论文造假。日本理化学研究所随即对研究过程展开调查,认为论文照片确实存在挪用现象,并在保存的细胞样本中检出与实验不符的遗传基因。包括小保方晴子在内的 4 名主要作者中的 3 人同意撤回论文,但小保方晴子留学时代的指导教授、美国哈佛大学的查尔斯·维坎提仍持坚持态度,认为研究结果本身并不存在问题。

但是,理化学研究所调查委员会依然认为,小保方晴子的不正当行为"歪曲了科学本质,玷污了'研究'二字,并且严重伤害了大众对研究人员的信任"。根据这一结论,日本舆论也强烈跟进,公开质疑小保方晴子造假,并追究她的研究指导教师笹井芳树教授的责任。

小保方晴子则通过律师发表声明，称"是没有恶意的犯错，并且对于篡改、捏造等认定表示不能认同"。为了给小保方晴子一个洗白自己的机会，也为了因此证明世界不存在STAP细胞，调查委员会设置了一个特殊的研究室，对其实施24小时的监控录像，让小保方晴子入内进行孤独研究。小保方晴子为了证明自己的清白，以超人的毅力答应在监控条件下进行单独研究，以尽快发现STAP细胞。调查委员会给予这位女博士的研究时间只有几个月，你如果确实发现了STAP细胞，那么，你有可能获得2015年的诺贝尔医学奖。如果你发现不了，那么，你将获得"学术骗子"的称号，并因此身败名裂。

对于小保方晴子来说，这是一种十分残酷的选择。但是，她勇敢地接受了挑战，进入密封的研究室里孤军奋战。

但是，还没有等到小保方晴子闹出结果，笹井芳树却选择了自杀，而且是在自己万分热爱的研究室里结束生命。

笹井芳树先生是日本最优秀的科学家之一，他毕业于京都大学，获医学博士学位，据悉与获得诺贝尔奖的山中教授是同学。他由于在万能ES细胞立体培养研究中获得世界第一的关键性成果，引起国际社会的瞩目，36岁就成为京都大学医学部教授，先后获得11项国内外科学奖。

由于遭受STAP细胞质疑问题的冲击，从当年3月开始，笹井芳树先生心灵极度疲劳，不得不入院治疗。8月5日早上，秘书首先在办公桌上发现了笹井芳树先生写给她的一封遗书。于是同事们四处寻找，8时40分许，在4楼与5楼之间的过道上发现了上吊自杀的笹井芳树先生，包里留有他写给单位与亲人以及小保方晴子的三份遗书。

对于笹井芳树先生的自杀原因，日本社会有三种说法：第一种说法是他实在难以承受学术界和媒体舆论没完没了的追究，自尊心受害程度已经超越他所能承受的极限，于是选择自杀以了烦恼。第二种说法，是说他其实早已经很清楚知道不存在STAP细胞，因为为了避免尴尬，最终选择了"先走一步"。第三种说法，是他深信STAP细胞的存在，但是却遭遇那些推崇iPS细胞的学霸们与利益集团的诬陷和刻意打击，对于日本学术界的黑暗感到绝望。

不管笹井芳树先生的自杀出于何种原因，对于这么一位杰出的科学家的自杀，我们只有叹息。不管STAP细胞是否存在，假如允许科学家们可以自由探究未来的医学奥秘，并努力为人类的健康做出决定性的贡献，我们都应该予以鼓励和支持，而不是扼杀他、污蔑他。但是，日本这个社会似乎眼睛里掺不进一粒沙子，始终以"非白即黑"来对科学研究做简单的判断，这是这个社会悲哀的一面。

笹井芳树先生留给小保方晴子的遗书上写着："这不是你的错""请一定要发现STAP细胞"！

但是，小保方晴子在密室里经过三个月的努力，最终未能发现STAP细胞。日本国立理化学研究所宣布，小保方晴子有学术诈骗嫌疑。在研究所要对她宣布开除处分前，小保方自己提出了辞职。而早稻田大学也宣布，小保方的博士论文存在着几处涉嫌盗用他人研究成果的地方，决定取消她的博士学位（保留一年），但是允许她在一年的时间里重新对自己的博士论文进行补充修改，获得重新审查通过后可继续拥有博士学位。小保方担任客座研究员的美国哈佛大学，则为小保方保留了研究员的资格。

有多家日本企业表示，愿意出资赞助小保方继续研究下去，以自己的研究成果去告慰恩师，洗刷自己。但是，小保方已经"失踪"，有消息说，她精神遭受太多的刺激，有些恍惚。也有消息说，她正在积极准备，重新开始STAP细胞的研究。

15. 日本奥运会奖牌得主都奖些什么

伦敦奥运会在中国生产的炫丽烟花和英式歌声中，落下了帷幕。

日本队在伦敦奥运会上，共夺得 7 枚金牌、14 枚银牌、17 枚铜牌，总计 38 枚奖牌，超过 2004 年雅典奥运会的 37 枚奖牌，创下了一个历史新纪录。

日本代表团的大队人马分乘两架客机回到了东京成田国际机场，随后举行了十分庄重的解团仪式，获奖牌的选手被电视台直接拉上车走了，没有获得奖牌的选手，自个儿扛着行李箱返回各自的老家。

我与日本奥林匹克委员会委员金子先生通了一个电话，我想了解一下，日本选手获得奥运金牌后，到底可以获得多少奖金和荣誉？

金子先生很直截了当地告诉我一个数据：日本奥林匹克委员会对于获得金牌的选手，奖励 300 万日元（约 24 万元人民币），获得银牌的选手奖励 200 万日元（约 16 万元人民币），获得铜牌的选手奖励 100 万日元（约 8 万元人民币）。"日本奥林匹克委员会也是穷单位，没钱。"金子先生说。

日本奥林匹克委员会虽然奖金有限，但是一些专业协会却因为有赞助商的捧场，出手不菲。日本游泳联盟就是其中的一个。日本游泳联盟的赞助商 GMO CLICK 证券已经宣布，将会对每一枚金牌获得者颁发 3000 万日元（约 240 万元人民币）的奖金，这也是日本历届奥运会上一个前所未闻的高额奖金。银牌可以获得 300 万日元（约 24 万元人民币）奖金，铜牌为 100 万日元（约 8 万元人民币）。可惜，日本这次奥运会没有游泳选手得到金牌。

除了游泳选手有此幸运之外，备受关注的女子足球队，也因为被寄予厚望而设置了高额奖金。日本足球协会在赛前规定，获得金牌的话，每人可得 650 万日元（约 52 万元人民币）的奖金。另外，获胜一场比赛，每人还可以获得

30万日元（约2.4万元人民币）的奖励。但是，日本女子足球队此次在伦敦得了银牌，奖金将会略有减少。

有日本"瓷娃娃"之称的乒乓球选手福原爱（24岁），这次在个人赛中未能胜过中国的对手，只在团体赛中获得一枚银牌。虽然未能夺金，但是福原爱依然很高兴，她在日本外国记者俱乐部举行的记者会见中高兴地说："到昨天，刚好是我乒乓球生涯的20年。这枚银牌，凝聚了我20年的努力与奋斗。"

那么，福原爱得一枚银牌，她可以获得多少的奖金？除了日本奥林匹克委员会对于银牌获得者300万日元（约24万元人民币）的奖金之外，日本乒乓球协会也给获得团体银牌的福原爱以及姐妹们各人奖励100万日元。也就是说，福原爱一块银牌可得到的奖金总额为400万日元（约32万元人民币）。这个数字，是一个30岁不到的普通公司职员的年收入，在日本不是一个大数字。

那么，这些获金得银的选手，回到家乡之后，地方政府和企业将会给他们什么奖励？

日本TBS电视台今日播出的一档节目显示，获得金牌的选手回到家乡后，一些县政府（相当于中国省政府），由县知事出面，召集记者举行仪式，颁发给金牌得主，不是一张支票，而是一张纸头，上书"县民荣誉奖"。

话要说回来，对于一般的人来说，"县民荣誉奖"是这个县颁发的最高荣誉奖，虽是纸头一张，但不是一般人所能得到的。

日本女子摔跤选手吉田沙保里获得了一枚金牌。她的老家——三重县津市（县政府所在城市）的市长表示，市政府正在考虑给予吉田一个重大奖励，就是将市政府计划筹建的室内体育中心，命名为"沙保里体育中心"。当然，这也是一个不花钱的荣誉奖励。

另一位摔跤女选手松本熏也获得了一枚金牌。市政府还没有想出给予她什么荣誉奖，倒是一家冰激凌店老板实在，专门推出了松本喜爱的水果冰激凌，上面还搁了一块包金的巧克力当金牌，宣布给予松本为期一年的"冰激凌免费权"。

最会凑热闹的还有伊豆半岛最南端的下田市，市长宣布给每位金牌选手赠送一篮当地产的鱼干，价值5万日元（约4000元人民币）。

此外，再也没有听到哪一家企业送汽车，或捐赠住宅，或塞大额红包。奥运会结束了，也就结束了。

金子先生说，日本严格意义上没有职业运动员（除企业所属的专业棒球队外），大多是业余的。奥运选手在大会结束后，便回到各自的公司，或者回到自己的家中，该上班的还是上班，该训练的还是去训练。上班族选手有单位工资领，生活不用愁。没有单位的个人选手，在告别伦敦的辉煌后，开始为找工作、为生计犯愁。对于个人选手来说，继续训练需要钱，国家和政府不会为你买单，只能自己掏腰包到各个俱乐部去。就是这样，他们为了一份爱好，为了一个梦想，开始去享受缺钱少粮的清贫训练生活。

即使是金牌得主，获得的奖金也无法买房子买汽车，都将成为自己攀登新高峰的训练资金。当然，一定会带上家人到高级牛肉店或海鲜店里去美美地吃上一顿，犒劳自己，犒劳家人。没有家人的理解和支持，他们将一事无成。

16. 日本女足为何能够成为世界冠军

2011年8月，日本女子足球队在世界杯的比赛中，一路闯关，最后竟然战胜人高马大的美国队，首次夺得世界冠军，不仅为日本女人，也为亚洲女人们争了光。

大地震大海啸发生四个半月来，苦难中的日本从未有过如此大的喜事。在比赛结束的当时，虽为凌晨，但是日本列岛依然沸腾，许多年轻人跑上街头高呼"女足万岁！"差一点要跳河欢庆。

美国人很懊恼，因为从来没把腿短的日本人当一回事。但是，此次被狠狠地整得趴下，美国人开始研究这支强悍的球队到底是从哪里冒出来的？结果，《纽约时报》率先发现，日本女子足球队根本不是一支正规军，而是一群临时收编的散兵游勇。

日本足球协会在这一支球队回国后终于透露说，16名球员中，只有5人属于与各俱乐部签约的职业选手，其余的11人，则全部是业余选手。也就是说，在前往德国法兰克福参加世界杯比赛前，这些女将们大多数只是公司里的小白领，其中有医院的事务员、超市的收银员、电力公司的数据分析员，还有办公室的文书。

鲛岛彩是一位很典型的代表。她在参赛前是福岛第一核电站的一名普通职员，在办公室里负责资料工作。为了这次比赛，她于3月初请假前往大阪参加集训，没有想到核电站在地震和海啸的冲击下发生了严重的核泄漏。她在训练基地听到这一消息后，立即向公司提出了回核电站参加抢修工作的要求。但是，公司没有同意她的要求。在离开日本前往德国时，鲛岛打电话给自己的单位，表示一定会拿最好的成绩来告慰奋战在核泄漏处理现场的同事们。

日本足球协会说，这一支球队的队员是在半年前从全国一些业余的足球队中选拔出来的。她们每天白天上班，傍晚请假参加训练，不仅没有补贴，而且还得自己掏腰包支付"俱乐部"的会费。

在球队归国记者会上，有记者很好奇地问队员："大家的年薪不知是多少？"结果没有人敢回答。东京《现代晚报》记者去摸了底，竟然发现，最少的一名队员的年薪只有180万日元（约12万元人民币），每月15万日元，比大学毕业生第一年的平均工资19万还少4万日元，因为她只是一家超市的收银员。而年薪最多的一位，也只有350万日元（约28万元人民币），只是因为她来自大公司，待遇好些。

这么少的薪水却打出一个世界冠军，美国人绝对想不通，因为买奶粉的钱还不够。

日本球迷对这些女将们的待遇大感同情，同时也对政府怠慢这一支为国争了大光的球队表示了强烈的不满。日本女足获得冠军后，回国居然搭乘全日空的普通航班，而且还是经济舱。长达近10个小时的飞行，这些浑身疲惫不堪的队员们挤在狭窄的座位上，那真是一段痛苦的旅程。"为什么首相不派政府专机去迎接她们？""人家美国队虽然被打败，但是还是坐着包机回国，日本足协真的穷得包不起一架飞机吗？"网络上骂声一片。

对于球迷们的这些谴责，日本女足队员们笑而不答。因为比起她们平时自己扛行李掖腰包去参加国内的比赛，这次已经是高规格待遇了，因为让她们在东京住了五星级酒店。

日本足球协会会长小仓先生算是一位好先生。在球队回国前，他召开了一个会议，讨论一件事情：要不要给女足队员们提高一些奖金？

日本足球协会有一个很歧视性的规定，男子获得世界杯或奥运会冠军，每人奖金3500万日元（约280万元人民币）。而女子球队获得冠军，每人奖金只有150万日元（约12万元人民币）。二者相差23倍。"好像差了太多"，小仓会长说。于是足球协会破例将女将们的奖金从150万日元提高到500万日元（约40万元人民币）。

感觉过意不去的还有一个人，那就是日本麒麟啤酒公司社长。麒麟啤酒公司是此次日本球队的赞助商，在记者会见中，社长宣布给每一位队员发100万日元的奖金。

于是，这一支奋战法兰克福夺得世界冠军的日本女子足球队，每人终于有了600万日元的奖金。一下子有了这么多钱，这些女将们吓得不轻。在记者追问她们该如何处理这一笔奖金时，她们直摇头："真的没想过，回家后和妈妈商量后再说。"

日本富士电视台的报道说，这群可爱的队员中，只有一个人有男朋友，其他人都还处于爱情饥饿中。

挂着金牌回到日本，第二天该上超市收钱的还是收钱，该去车间工作的还是跑去车间。这群爱好足球的女孩子们，爱的只是自己的梦，而不是金钱。正因为如此，她们才会用一颗纯真的心奔跑在绿茵上，把自己的球艺和勇气发挥得淋漓尽致，并一举摘取世界冠军的桂冠。

17. 日本人看待美国人的心态

去福冈讲演的归途，我访问了广岛。

广岛位于日本的本州地区，1945年8月6日，世界上第一颗原子弹被美军的轰炸机扔在这里，一座30万人的城市，死了14万人。这座城市也因此带着血肉，带着苦痛与悲惨，在一片废墟上出了名。

我从广岛新干线车站坐上古老的有轨列车，来到"原爆ドーム前駅"，中文翻译得比较恐怖，叫"原子弹爆炸遗址前"车站。这一场悲剧已经过去了70年，广岛市只有这一座被原子弹撕裂得体无完肤的圆顶建筑，还屹立在河边，向世人倾诉曾经有过的那一段不堪回首的灾难。

陪同我的义务讲解员松田先生告诉我一段他亲身经历的故事。

那一年的那一天，他还小，只有7岁。一早天气特别好，还没有风。天空中先飞过来一架美国的飞机，抛下几顶降落伞。8时15分，又有美国飞机飞来，向市中心扔下一颗大炸弹，顿时地动山摇，高高的蘑菇云腾空而起。松田先生的家在距离原子弹爆炸中心5公里的地方，家里的房子被一阵热浪刮倒，他也被掀翻在地，塌下来的瓦片全堆到了他的身上，这些瓦片救了他，他因此没有遭到原子弹的强辐射。但是，他的姐姐因为一早被学校组织去拆房子，原子弹爆炸后，母亲赶去寻找，最后在马路边找到了浑身烧伤、奄奄一息的姐姐。没有药，用了家里仅有的一点菜油抹在烧煳的肌肤上，当夜，姐姐就走了，才12岁。

松田先生说得很平静，但是，我的心感觉到一种痛楚。

在圆顶建筑物的河对面，是和平公园。公园里树立着一尊少女的像，当然，这一尊像不是松田的姐姐，而是一位和松田姐姐一样遭遇原子弹袭击存活下来的少女，但是，她因此得了白血病，经过十几年的抗争，终于在病魔的折磨中停止了呼吸。"被爆少女"成了那一年在原子弹袭击中近万名遇难的青春少女们的象征。

我走进"广岛和平纪念资料馆",才知道当年美军选择广岛作为第一颗原子弹轰炸地的原因。原来从甲午战争开始,广岛就是日本侵华战争的最前哨阵地,所有运往中国的日军和物质,大多从广岛出发,因此在第二次世界大战时,广岛成了日本最重要的军工基地。但是,美军当时在几个候选城市中选择第一个扔原子弹的城市时,首选广岛的原因实在简单:"因为广岛没有盟军的俘虏营。"

在资料馆里,有两个模型,一个是原子弹爆炸前的广岛市中心城区,另一个是原子弹袭击后广岛市中心的废墟。方圆1.5公里的房子全毁,方圆4公里的房子也大半毁坏。原子弹在这个圆顶建筑东南160米、高600米处爆炸。

强烈的热辐射导致玻璃瓶扭曲,砖瓦烧成疙瘩,圆顶建筑内上班的300多人,全部死亡。最惨烈的是众多被组织参加"坚壁清野"行动的中小学生们,在拆除房子的外面劳作,几乎全部遭受强烈辐射,衣服被烧烂,体无完肤。

在美军的这一次原子弹袭击中,广岛当时有一半市民,整整14万人,一瞬间成了屈死的冤魂。

这14万名遇难者的名册,都保存在和平公园的这一座棺木式的建筑中,从这里望去,越过熊熊燃烧的"生命之火",可以看到圆顶建筑。

我不得不佩服设计大师精巧的构图。但是我很困惑,美国人在这个城市里做了如此惨绝人寰的事情,为什么广岛人,全国的日本人并没有仇恨美国?

"我的父母这一代,还是仇恨美国人,因为他们夺走了我姐姐的生命。但是,我们这一代人,包括战后出生的那一代,因为接受了美国大兵的巧克力和奶油饼干,并没有讨厌这一个国家,同时在日本战后重建时,对于美国文化有了一种狂热,"松田先生说:"虽然美国在广岛和长崎扔下了两颗原子弹,夺走了许多人的生命，但是也促使战争结束。如果战火烧到日本本土的话，那么，我们蒙受的苦难可能会更多。"

松田先生的观点，我难以全部接受。中午在与广岛几位经济界朋友聚餐时，我又问起这句话："日本人为何不仇恨美国人？"

他们的观点归纳起来有以下几点：

其一，美国人虽然用原子弹袭击了我们，但是他们在占领日本后，并没有蹂躏我们，相反地，在日本战后物质最为贫乏的时候，美国向日本提供了大量的食品和生活物质，孩子在家里吃不饱，在学校里却能够吃到美国提供的牛奶面包。所以，当美国兵占领日本后，发现他们并没有以前宣传的那么狰狞，而是友善的。这让日本年轻的一代改变了对美国的看法。

其二，日本战败（投降）后，美军并没有杀死天皇，最终还保留了天皇的地位，这使得不少日本人对美国充满感激。

其三，日本战后是一片废墟，但是不久以美国为首的"联合国军"参与朝鲜战争，日本成为美军最大的物资供应地和伤病员、军人的休养地。也正因为如此，日本经济开始获得复苏，汽车等制造业开始蓬勃发展，以此奠定了现代日本制造业的基础，也促使日本逐渐成为世界经济大国。

其四，美国占领日本后，随后与日本签署了安保协定，同时在日本建立了多处基地，有些人也认为，这导致美军迄今为止仍占领着日本。但是也不得不看到，正因为有日美军事同盟关系，日本在过去半个多世纪里，不需要花大钱发展军事力量，而是可以把大部分财政用于发展民生，完善社会保障制度，使得日本尽早地成为了亚洲最富裕的国家。

其五，记仇是一种痛苦的精神折磨，放下包袱向前走，超越对手，才是正道。因此，日本人会不断地翻历史老账，但是不会去挖掘历史的仇恨，因为记住这一仇恨，又能怎样呢？我们的生活会因此变得美好？结论是不会，所以还是不记为好。

18. 日本为什么没有乞丐

今夜，东京细雨。和中国江南一样，正是梅雨季节时。

回家的路上，看到一位老人骑着一辆自行车，车后驮着一袋高高的空壳易拉罐。我想起明天是一周中规定的扔资源垃圾的日子，老人显然是抢在垃圾收集公司之前先下手，把一些酒家下班时放出的易拉罐统统收走。

一辆自行车前后可驮几百只的易拉罐。我好奇，停下脚步问老人可以卖多少钱？老人很警觉，因为个人收集这些易拉罐，严格来说是违法行为，地方政府因此会失去一笔不薄的收入。

老人最后伸出三个湿漉漉的手指，我明白，雨中折腾这么久，这些易拉罐也就可卖 3000 日元。今夜是这位老人一个星期中唯一一次发横财的机会。用这笔横财，他会去买几盘方便面，两块豆腐，带上一瓶清酒，躲在大桥底下塑料布围起来的小屋中美餐一番。

老人是一位流浪汉。有统计说，东京都像他这样的流浪汉有 2000 多人。

去年夏天，我在东京都江户川的桥墩下，看到过流浪汉之家。桥墩可以挡雨，边上江户川的河水可以洗刷，加上这里是公家地，所以自然成了流浪汉们栖身的首选之地。

这些人的家往往都是用天蓝色的厚实塑料搭建起来的，里面有捡来的小床，好的还有小电视机和电饭煲等电器。不知从哪里弄来的一台小发电机，成为这几户流浪汉的自家发电站。

平时，他们会去火车站的垃圾箱或列车上捡人家扔掉的杂志。然后会在黄昏的时刻，把这些杂志收集起来，在车站附近甚至银座这样的繁华街头，摆一个书摊，让这些刚发行没几天的杂志以便宜定价一半的价钱，卖给想看一看的读者们。当然警察会睁一眼闭一眼,大动善良之心。哈哈,东京还没有这方面的城管。

这些流浪汉大多是老年人,也有中年人。以前,他们也许是公司白领,或者是个体户小老板,因为种种原因,最后选择了这一种流浪生活。老人说,有过一年流浪生活的人,就不想再按部就班地去工作,因为没有闹钟的生活,是幸福的。

日本政府对于贫困的国民,有特别的"生活保护"政策。只要你生活无着,你就可以去当地的政府申请"生活保护"。像在东京,享受"生活保护"的人,每月一般可领取12万日元(约6000元人民币)

的"生活保护金",够你吃住。但是,许多流浪汉拒绝接受这样的美事,因为他们觉得:自食其力,是做人的一份尊严。

在东京,乃至日本全国,你是看不到一位沿街乞讨的乞丐,更见不到被打断胳膊腿的要饭小孩。日本没有乞丐——这是这个岛国极其可爱又令人费解的事。

我问了在庆应大学教社会学的岛田教授:"日本为什么没有乞丐?"他的回答很干脆:第一,日本人具有极其严重的羞耻心,情愿饿死也不会乞求施舍;第二,不劳而获者在日本最被人瞧不起;第三,日本传统武士道文化中,有"人穷不能短志"的理念。

看来,只要努力,我或许可以成为"日本第一乞丐"。

19. 日本人生病为何不往大医院跑

北京的一家杂志社来约稿，希望我介绍一下日本的医患关系。我很认真地查了资料，写了一篇文章，介绍日本医院的治疗程序、医疗体制以及实行医药分离的管理体制的情况，回答了"日本医生如何给病人看病""日本人生病为何不往大医院跑""日本如何实行医药分离"三个问题。

我在日本20多年，除了体检，很少去医院。最近陪朋友去东京的一家医院看病，领略了医生给病人看病的全过程。

慈惠会医科大学附属医院位于东京市中心的霞关，是一家有着120年历史的资深医院，类似于北京的协和医院。一楼的大厅里张贴着这所医科大学创始人高木兼宽先生的遗训："不应诊病，而应诊病人。"

就豪华的程度，这家医院也许比不过中国的一些新建的综合医院，但是其管理之有序，设备之智能，尤其是医生把病人当病人的认真与精细，让我感到不少的惊讶。

门诊大楼的进口和出口，有严格的区分，这样可以防止病人进出时造成混乱，尤其可以避免伤者在出门时被他人碰到。

进入门诊大楼的大门内，有消毒液供人们自由使用，并告诉你正确的消毒方法。

进大门右侧，有一个医院的问讯处，可以咨询各种服务内容。服务员没有穿白大褂，很有礼仪小姐的感觉，但是很专业，让人有安心感，而不是见到白大褂的恐惧感。

医院的挂号跟中国的医院一样，都在一楼大厅。一楼大厅里，各种指示和标志十分明显。而且去各楼层，不仅有电梯，还有扶梯。但是就诊不是到挂号处，而是拿就诊卡到刷卡处刷。如果是第一次到这家医院来看病，那么，必须填写一张问诊单。问诊单是一张 A4 纸，问的内容有十几项，除了个人信息必须认真仔细填写外，其他都是打钩选择。初诊的病人有专门的窗口接待处，医护人员在那里了解病人病情，为病人选择就诊科室。

凡是已经到过这家医院看过病的人，就会有一张像信用卡一样的就诊卡，第二次来医院，刷一下卡，点击自己要就诊的科目，就是"挂号"。电脑型机器上会打印出一张单子，告诉你想就诊的科室在几楼，你的前面还有几位病人在等待。医院的每一个科室都有专门的接待柜台，把挂号单交给柜台里的护士，在轮到某一号病人就诊时，护士小姐会叫病人的名字，告诉病人去哪一个房间见医生。

医院的大厅和各楼层，到处是供病人落座的椅子，给人留下很深刻的印象。你在等待中，可以看书看电视，或上网玩手机。等候区里都有自动售货机和医院免费提供的饮水。

大约等了 20 分钟，护士小姐呼叫病人的姓名，并将我的朋友引领到医生的诊疗室。

诊疗室是一个大约 20 平方米的单间，里面有一张检查用的床。病人进去后，门口的显示屏上会立即显示"就诊中"三个字。自然，诊断室除了医生和一名护士，不会有第三者，保证病人的绝对隐私。因为我充当了日语翻译，因此也得以进入室内，看医生如何看病。

医生叫小村，是慈惠会医科大学的教授。他的桌子上有一台很大的电脑，他一边听我朋友的病情叙说，一边在电脑上做记录。然后他提了好几个问题，并让我的朋友躺倒床上做检查。检查的结果，是需要拍一张片子。护士小姐立即进来带我的朋友去拍片。拍片很快，就 5 分钟时间，再回到诊疗室时，小村教授的电脑上已经显示了刚拍的片子。小村教授认真地给朋友解释病情，提出治疗建议，解答朋友的疑问，好像老师给学生上课。最后开出处方，并约定下次来医院复诊的时间。除了拍片时间，整个看病过程用了大约 25 分钟，一个词：耐心。

看完病后，到一楼的结算中心。坐在那里等一会儿，工作人员会在电视荧屏上打出病人的姓名和就诊单号码，并呼号去查核健康保险卡和领结算单子。

拿了结算单子后，就到边上的自动付款机上支付治疗费，可以使用现金，也可以使用各种信用卡。

除了当场需要注射的针剂之外，医院不卖药，因此医院里没有药房。这一点，日本全国所有的大小医院都如此，为的是保持药价的公平。医院只挣医疗费，不赚药钱。

医院的边上，往往会有几家药房，都是不同的医药公司经营的。而且全国任何一个医院开出的处方，在全国任何一家药房里均可购买取药。因此，日本的药价是全国统一价。

日本的医疗体制与中国有所不同，拿东京来说，基本上呈现三个特征：私立医院多于公立医院，专业医院多于综合医院，代代相传诊所的专业医学水平往往超过大医院。

日本人生病都去哪里看病？一般的病大多去附近的诊所。东京的一些商务办公大楼、五星级酒店、居民住宅区、交通便捷的地铁与轻轨车站附近，都有各种各样的民营诊所和小医院，如同24小时便利店，多且便捷。如果是专科疾病，一般会去就近的专科医院，譬如有的诊所专门是看皮肤科，有的专门是看妇科，有的专门是看牙科，有的是专业的痔疮诊所。去综合性大医院看病的话，一般都是要动刀动枪的大病。诊所或专科医院会给病人联系好大医院和医生，并开具医生介绍信，让你去大医院做进一步的检查和治疗。

日本人生病为什么不立即跑大医院，而愿意去小医院看病？这里面有三个基本的原因：第一，小诊所小医院的医生，大多也是名医，因为日本私立医科大学的教授允许到非本校的附属医院坐诊，私立医院的医生也可以到其他医院上班。因此，小医院的医生中，"牛医"还不少。第二，不管是私人诊所还是小医院，都可以使用医疗保险，而且这一种保险是全国各地通用。第三，因为日本从明治维新时期引进西方医学后，就允许私人从医。因此，许多的专业诊所和小医院，都有代代相传的医术，医生自然也是医科大学毕业以上的学历，专业医疗水平与大医院相比毫不逊色，甚至超过大医院的医生水平。

正因为日本社会有如此庞大的一个立体的、左右纵横的医疗网络体系，才使得患者得以及时分流和就医，大医院不会成为"农贸市场"，医生也有时间、有耐心与每一位病人进行周全的交流与治疗，让医患关系变成医友关系。另外，日本实行医药分离体制，因此，医院不会也没有机会通过乱配药和多配药来获取利益。而医院外面药局的药是全国统一价格，病人带着医生的处方，可以去全国任何地方的任何一家药局配药，这就使得各个药局为了吸引病人前来配药，对病人如同亲友，配完药时一定会对病人说一句话："请您多保重，早一点康复。"让病人在离开药局时，内心还带着一份安慰，下次再来。

日本的这一做法，我觉得是值得中国在医药体制改革时参考的。

20. 日本年轻人为何不愿意当"啃老族"

前几天飞回中国，在宁波大学和浙江海洋学院做了《如何看日本》的讲演。

宁波大学在宁波市，浙江海洋学院在舟山市，好在中间有一座几十公里长的跨海大桥，开车距离也只有一个多小时，所以只花了两天的时间，我就完成了此次"中国讲演之旅"，还吃到了大螃蟹。

两所大学加起来，总共有800多名师生听了我的报告。每一个报告厅的两侧走道都站满了人，我很感谢这些年轻的大学生们，他们为了听我的报告，两个多小时一直站在那里。

我和这两所大学的学生们谈了些什么？其实什么都谈了，日本的政治、经济、社会，还有日中关系和钓鱼岛及其附属岛屿问题、历史问题。每一场讲演，都是我讲一个小时，与学生们互动一个小时。我对学生们讲："你们可以提任何问题，我也将不回避任何问题。"演讲结束后，学生们久久不肯离开，还继续留下来和我讨论。我感受到中国的大学生们太有思想、太有希望了。

无论是在宁波大学还是在浙江海洋学院，同学们都谈到了一个问题，那就是"日本的年轻人到底是怎样生活的？他们与我们中国的同龄人有什么区别？"可见中国的大学生很想知道日本的同龄人的所思所想。

我从两个方面回答了同学们的提问，一个是中日两国大学生之间的不同，另一个是日本的年轻人为何不愿意当"啃老族"。我的回答如下：

我在日本上过大学，读过研究生。日本的大学生有许多方面和中国的大学生不同。其一，他们大多是自己在外面租房子，因为日本的大学很少有学生宿舍，即使有的话，也大多提供给留学生住。其二，几乎90%的大学生在勤工俭学。有的在当家教，有的在餐馆里端盘子，也有的在麦当劳和肯德基打工。在日本，不管你多有钱，你的父母是大款大官，如果自己的人生中没有这么一种勤工俭学的经历，你会被人看不起，因为你是"纨绔子弟""公子哥儿"。其三，日本的大学生很喜欢组织学生社团，在校园里，到处可见学生社团活动广告和募集成员广告，但是在图书馆里看书的人却少。其四，日本的大学生独立性很强，许多人即使是在家乡上学，也想要搬出去一个人住，因为"大学时代"是一个人"独立"的开始。这种独立还体现在经济上。东京学生协会的一项统计说，在东京读书的大学生中，拿父母亲的钱做学费的只有 54%，剩下的人全是自己打工挣钱支付学费和生活费。而学费由父母支付的人中，80% 的人的生活费，是靠自己打零工挣的。也就是说，读书全靠父母的人，不到总数的 20%。

我觉得，中国的大学生过于"被保护"。好多人觉得拿父母亲的钱上学，是天经地义的事。更有人觉得，结婚时由父母买房子，也是父母应尽的义务。但是，在日本却不同，日本的大学生会认为，花父母的血汗钱是最大的不孝。因此，东京地区年轻人结婚时，85% 都是租房子结婚，一般工作 10 年后，才会有能力支付头金买下自己的房子。我认识一位日本跨国公司的副社长，他的年薪是 3000 万日元（约 240 万元人民币）。他的独生女结婚，请我参加婚礼。我问他："女儿结婚，你给了女儿多少钱？"他说："一分钱都没有。"我很惊讶，去问他女儿，女儿说："我和我爱人是积蓄够了办婚礼的钱，才办婚事。"我再去问这位副社长："你为什么这样对待女儿？"他说："孩子的生活应该由他们自己去筹划，他们都有自己的工作自己的收入，没有理由要父母掏钱给他们办婚事，除非他们实在揭不开锅。"结果，他的宝贝女儿租了一间两室一厅的旧房子做了新房。这位副社长的做法有点儿不近人情，但是，我很欣赏日本社会有这么一种良好的风气，很希望中国的大学生们也能够从中学习些什么，因为，毕竟父母的钱大多是省吃俭用攒下来的，不容易啊。

我的回答，获得了大家热烈的掌声，我相信，大家赞同我的观点，我也相信大家会努力地去做，毕竟是新一代的中国年轻人，有着比他们的父辈更高的素养和智慧。

21. 麻央之死为何让日本社会哭泣

突然很想问大家一个问题：你们相信爱情吗？

为什么我突然会想到这个问题？因为在 2017 年 6 月 22 日深夜，日本一位很可爱也很坚强的女性去世了，年仅 34 岁，她的名字叫小林麻央。我们许多中国的朋友可能没有听说过她的名字，但或许听过她丈夫的名字——市川海老藏。市川虽然是一名歌舞伎演员，但是主演过电影《寻访千利休》，这部电影讲述了世间所罕见的茶道宗师千利休被太阁丰臣秀吉责令剖腹自杀，却被妻子一番话勾起回忆的故事。

其实，小林麻央在日本也是一位很著名的电视台新闻主播，她于 2010 年嫁给市川，为日本这一著名的梨园世家生下了第十二代传人，还有一个可爱的女儿。但不幸的是，在结婚 4 年后，她被发现得了乳腺癌，而且已经是晚期，医生说，麻央只能活半年。但是，这位坚强的女性不仅公开了自己的病情，而且还开始写博客，记录自己与病魔搏斗的过程，为此鼓舞了许许多多的癌症患者。

市川原来是一位绯闻众多的人，但在妻子的爱情浇灌下，不仅成了日本当今歌舞伎界的领军人物，同时也成了一位好丈夫、好父亲。

在讲述小林麻央与市川海老藏的爱情故事之前，我先来说说对她的印象。

小林麻央出生于 1982 年，是 80 后。我有一次去新潟县小千谷市讲演时，当地的商工会议所里挂了小林麻央的海报。当时我感到很奇怪，问商工会议所的会长怎么与小林有缘？他告诉我："小林麻央是我们小千谷市的人，她家就在不远的地方。"

后来在一次采访时，我遇到了小林麻央，我对她说："我去过你的家乡，看到过你的海报。"她说："真的啊，你有没有去看过大鲤鱼？那可是我老家的宝贝。"

小林当时是日本电视台晚间新闻节目 NEWS ZERO 的主播，身高 164cm 左右，眼睛很大，给人以清澈透明、纯洁无瑕的感觉。也许是因为东北地区的新泻县出身，小林的皮肤白里透红，是日本人心中的那种和风美人特有的桃红色。

这是我唯一一次与小林对话的机会，后来就听说，她与歌舞伎演员市川海老藏谈恋爱了。刚开始时，还为她有一份担心，因为市川长相英俊，个子又很高，属于人见人爱的大帅哥。在与小林公开恋情前，与市川闹过绯闻的女性有十几个，其中有大家熟悉的日本女影星宫泽理惠、米仓凉子，甚至与米仓凉子几乎到了谈婚论嫁的地步。更为糟糕的是，市川与初恋女友还生了一个女儿。

市川海老藏出身于日本著名的梨园世家，歌舞伎是日本的国宝级艺术，相当于我们中国的京剧。但是歌舞伎讲究世袭，因此，市川一家的歌舞伎已经延续了四百多年。他的父亲是第十代传人。2013 年，在父亲去世后，市川继承了代代相传的"海老藏"的艺名，成为第十一代传人。

因为是世袭，所以，市川在 6 岁时就登上舞台，参加歌舞伎《源氏物语》的演出。此后他一直是作为歌舞伎演员的形象出现在人们的视野里，但同时也是个花边新闻不断的名门浪荡子。

市川的人生，在遇到小林麻央之后，发生了彻底的改变。

2008 年 12 月 27 日，市川作为嘉宾，应邀出演了小林主持的新闻节目。小林见到市川，说了一句："我是 NEWS ZERO 的小林麻央，请多关照，你今天穿得很休闲。"市川回答说："是的，有点休闲，天气有点冷，我穿得有点单薄。"

其实，市川一见到小林甜美的笑容，就爱上了她。从回放的电视节目中可以看到，市川紧紧握住小林的手，深情地望着她。事后，市川坦言："看到小林甜美的笑容，就有一种天使般的清纯吸引着我，我遏制不住喜悦的心情，我想她就是我命中注定的妻子。"

从一见钟情到两人公开恋情，再到结婚，前后是一年多一点的时间。市川为小林精心准备了特制的红宝石项链，在宣誓时说道："我绝不会花心，我会爱你一辈子。"这句话令小林感动不已。

2010 年 3 月，这场歌舞伎世家公子与美女主播的婚礼轰动了整个日本，电视台现场直播，日本政界、财界和演艺界上千人参加，整个婚礼时间长达11个半小时，加上豪华婚宴，总共花费了5亿日元，大约3000万元人民币。

做日本传统的梨园世家的媳妇，不是一件轻松的事情。首先要学会当贤内助，风雨无阻地协助老公到各地演出，同时要不断地去联络、安抚赞助商和歌舞伎迷们。这不仅需要耐心和爱心，更需要体力和智慧。其次是，必须要为这个延续了四百多年的梨园世家生出一个男孩来。最后还必须接受婆婆严厉的指导，以便传承起家业，担负起隆盛歌舞伎世家的重任。因此，没有能力、没有贤惠品德、没有忍耐之心甘愿做幕后英雄的女性，是难以成为梨园世家的媳妇的。

而小林勇敢地接受了这一挑战，这位日本著名的上智大学心理学专业毕业的才女，在结婚之前，决定告别电视台的演播室，退出演艺圈，专心致志地在家相夫教子。

然而，新婚后一个月，市川因为在六本木酒吧里酗酒闹事，被人打到头破血流。这一消息被媒体报道之后，市川的形象备受打击。在妻子的鼓励下，住院两周之后，市川在东京举行了记者会，向社会民众公开道歉，并宣布无限期停止歌舞伎活动，以表示自己痛改前非的决心。

遭遇这样的事件，小林对丈夫没有埋怨半句，而是一直默默地站在丈夫的身边，陪他走过最艰难的日子。结婚三年，小林相继生下了一个女子和一个儿子，为市川家带来了欢乐和希望。而市川在这一事件之后，也变得成熟起来，除了歌舞伎表演之外，还主演了 NHK 的大河时代剧《武藏》、电影《寻访千利休》，获得了 2014 年日本奥斯卡最佳男主角奖。人们经常可以看到市川和妻子带着两个孩子一起去参加福岛县地震灾区的植树造林活动，去海边捡蛤蜊或者去迪斯尼乐园游玩。夫妻恩爱，儿女双全，一个主内，一个主外，这种传统家庭最完美的相爱模式，令不少日本人羡慕不已。

但是万万没有想到，在 2014 年，小林被查出患有乳腺癌，而最早发现这一症状的，居然是她的儿子。当时只有一岁多的儿子在睡觉时摸了妈妈的乳房，小林突然感觉到有硬块。她事后回忆说："我发现硬块时已有 100 日元那么大，我当时就蒙了，儿子的说话声和玩具的声音一下子变得模糊与遥远，我不知道如何是好。"

她与丈夫商量后，第二天就去了医院检查，结果发现是乳腺癌。

为了不影响丈夫的演艺活动，小林一直采取保守治疗，同时还满面笑容地出席丈夫的演出，在台前台后照顾观众。作为母亲与妻子，小林的坚强与隐忍，令人为之动容。

小林的姐姐小林麻耶也是一位著名的艺人，在演艺活动的间隙，总是赶来陪伴妹妹，照顾两个孩子。直到 2016 年 6 月 1 日，在一个现场直播的节目中，小林麻耶当众昏倒，被立即送到医院，医生的诊断是疲劳过度。在这种情况下，小林和丈夫商量，决定向社会公开病情。

当时，我也收看了市川记者会的实况，市川表情沉重地告诉大家，妻子得了癌症，而且已经十分严重。有记者追问："病情严重到什么程度？"市川没有说出"晚期"两个字，而是说"很严重"。市川说："妻子一定比我更受打击，身为母亲，住在医院，不能待在幼小的孩子身边，一直在与痛苦搏斗。"言谈之中对妻子的病情充满了无限的疼惜。小林因为接受放疗，头发已经掉光，记者会之后，市川去寺庙里剃度，变成与妻子一样的光头，以此来为妻子祈福。

2016 年 9 月，小林决定打破沉默，开始用博客记录自己与癌症抗争的过程。小林在博文中写道，当她迫不得已放弃了做完美母亲的想法后，她的家庭依然接受她、相信她、爱护她。这也是她想走出癌症的阴影，记录自己与癌症斗争经过的原因。

在不到一年的时间里，小林麻央更新了300多篇博文，在博文中跟大家分享她每天的生活。即使病情恶化，病痛一再折磨她，她依然微笑面对自己的孩子，面对这个她深深眷恋的世界。

小林的勇气和坚强，引起了日本全社会的关注，博客一个月的点击量超过了1亿人次。她与病魔搏斗的每一个过程，鼓舞了成千上万的癌症患者，也给许多遭遇困难和挫折的粉丝们以活下去的勇气。

2016年，英国BBC评选了100名全球最有影响力的女性，小林作为唯一的日本人入选其中。她在给BBC的致辞中这样写道："假如我死了，大家会怎样想我？也许大家会觉得，才34岁，这么年轻，孩子还这么小，太可怜了。但是我自己不这么想，为什么这么说，因为生病并不是代表我人生的大事，我在我短暂的人生中实现了自己的梦想，虽然也有苦难，但是能够与相爱的人生活在一起，还生下了两个可爱的宝宝，爱着自己的家人，也被家人呵护着，人生已经十分的圆满。所以在最后所剩不多的时间里，我不会被自己的病情左右，而要不断地努力成就自己，让自己的人生更加幸福美丽。因为，人生只有一次。"

在写这份致辞时，医生告诉她，她可能熬不过年底。但是，小林不想死。她一方面积极配合治疗，一方面以积极向上的心态度过自己最后的时光。2017年1月，小林在博文中上传了自己和丈夫、孩子们拍的一张全家福，并说明年还想一起再拍一张。

为了照顾好小林和两个孩子，同时保证市川的正常演出，两个亲家进行了分工。市川的爸爸已经去世，妈妈和妹妹负责打理演出剧场的各种事务，而小林的爸爸、妈妈和姐姐，负责在家照顾小林和两个孩子。

2017年6月20日，小林躺在床上发了一篇博文，说"这几天都在喝妈妈做的鲜榨橙汁，从早上开始就很开心。比起口腔溃疡的疼痛，酸酸甜甜的橙汁真是世界上最棒的美味了，希望大家能微笑面对每一天"。

没有想到，这是小林短暂的一生中最后发出的一段文字。

22日深夜，在东京都涉谷的剧场中演完歌舞伎之后，市川正在大厅里拍摄节目时，突然接到了母亲发来的短信。当时因为正在拍摄，市川没来得及看。等一个半小时之后拍摄完毕，他打开手机一看，原来是母亲叫他快回家，医生说小林快不行了。看到这个短信，市川急忙赶回家。他赶到妻子的病床前，轻轻呼唤小林的名字，已经两天没有说话的小林艰难地说出了"我爱你"三个字，说完之后，小林就停止了呼吸。

市川在第二天举行的记者会上，回忆与妻子诀别的情景时，流着泪说："这真是一个奇迹，她一直等着我，最后说了一句'愛してる'，才咽了气，我看着她离去，家里所有的人，还有我们的两个孩子，一直陪伴在她身边。"4岁的儿子还不知道妈妈已经走了，早上醒来还跑到妈妈身边，摸摸她的脸，握握她的手，还去挠妈妈的脚。市川说："我很感激我的妻子，是她改变了我，是她让我成长为一个有责任心的男人。从此之后，我将肩负起责任，相信她一直会守护着我们。"

小林的去世，让日本社会震惊，各大电视台都停止了其他节目的播出，插播小林去世的节目，回顾她的人生。小林的老东家——日本电视台的NEWS ZERO节目，特别制作了一期专题节目，追思这位可爱的同事，可爱的家人。并在她以前坐过的主播台上放上了一束鲜花，为她留下最后的纪念。

我的一位亲人给我发来这么一段话："谁说男人本性难改，市川的改变就是最好的证明。要想得到什么，就先要付出什么。小林麻央对家庭和婚姻的付出，就是我们最好的老师。祝福她在天堂也依然能够笑着面对离别，我想她会的，笑不是因为病痛的结束，而是因为收获了爱情和活着的真谛。"

22. 日本的科技水平到底比中国高出多少

最近，我一直在思考一个问题：日本的科技水平到底比中国高出多少？为了寻找答案，我去拜访了日本科技界的一位元老，叫"冲村宪树"先生。冲村先生一辈子从事日本科技界的领导管理工作，担任过日本文部科学省副部级的科学审议官和日本科学技术振兴机构的理事长，他支持培养的多位学者，获得了诺贝尔医学和物理学奖。

我认识冲村先生，是在3年前的一个偶然的机会。浙江省科技厅厅长周国辉先生访问日本，我陪同他拜会了前首相鸠山由纪夫先生。周厅长说，如果你晚上有空的话，和我一起去参加一个聚餐，一起和日本科学技术振兴机构的老理事长见见面。

我知道日本科学技术振兴机构是日本政府主导"科技兴国"事业的专门机构，就是不知道这位老理事长是谁？

在东京的一家小酒馆里，当我们落座时，进来一位背着双肩包的老人，个儿不高，但是看上去很有精神气儿。大家介绍说，这就是老理事长冲村宪树先生。

我冲着他笑，再怎么着，也是一位副部长级的官，用得着自己背一个双肩包，像一个挤地铁的上班族吗？冲村先生笑着说，背双肩包可以走路。后来得知，他几乎每天都要走1万多步，上班就是坐地铁，走路，而且还要昂首挺胸地走。

我用手机查了冲村先生的简历，发现他出生于1940年，已经74岁。中央大学法学部毕业后，就进入了日本科学技术厅工作。从一名课员做起，先后担任过研究开发局长、科学技术政策研究所长、一直当到科学审议官。退官后出任日本科学技术振兴机构的理事长。2007年退休后，依然每天上班，除了出任日本科学未来馆的总馆长之外，还担任日本科学技术振兴机构的特别顾问。为此，冲村先生获得了日本天皇颁发的日本国家公务员最高奖"瑞宝重光奖章"。

现在，冲村先生的年轻同僚们，都叫冲村先生为"顾问"，"顾问"这一职务，在日本科学技术振兴机构中，是冲村先生的代名词。

"冲村"这个姓，在日本也是很少见，据说日本全国姓这个姓的人，不到2000人。

那一天，与冲村先生一起喝了不少酒。他的身边有三名出生中国长期在科学技术振兴机构工作的中国人助手，他们给我看了一张照片，是在2016年，习近平主席和李克强总理在人民大会堂亲自授予他"中国国际科学技术合作奖"的照片。这让我感到十分的惊讶。因为中国国家主席亲自授奖，这在中国是一件很大的事，冲村先生与中国，一定有不平凡的故事。

周国辉厅长介绍说，冲村宪树在文部科学省工作时，就大力推进中日两国科技界的交流融合，将中日两国政府间的科技合作联合委员会从司局级提升为副部长级。在担任日本科学技术振兴机构理事长后，他在北京设立了代表处，同时成立了"中国综合研究交流中心"。发起组织了"中日大学展与中日大学论坛"，全面推动中日两国大学间全方位交流与合作。他还启动了"中日大型旗舰项目的联合研究"计划，创建了两国政府"联合征集、联合评审、共同资助"合作项目新模式。为全面推动中日青少年科技交流，他在2014年，也就是74岁的时候，启动了"樱花科技计划"，全额出资邀请中国青年赴日本考察科技项目，了解日本最新的科学技术。为此，他还获得了中国政府颁发的"中国国家友谊奖"。

听周厅长这么一介绍，我对冲村先生是肃然起敬。没有想到，他是一位如此致力于中日科技交流事业的大前辈。

前些日子，我邀请冲村先生到我办公室坐坐。我们喝着中国茶，谈到了中日两国的科学技术的比较。我直截了当地问了他一个问题："日本的科技水平到底比中国高出多少？"

他的回答十分出乎我的意料，他说："日本的科学技术水平一点也不比中国高"。我问他这一结论的根据在哪里？冲村先生说，衡量一个国家科技水平，不只是看他的民用产品，还必须关注其军工技术。虽然从表面上来看，日本的不少产品做得比中国精致，理念比中国好，但是，许多时候，这与科学技术水平没有太大的关系，与工艺设计水平有关。

冲村先生说，看一个国家的科学技术水平，不仅要看它的制造技术，也要看它的研发能力，必须进行综合的考量。拿中国而言，中国的航天技术、海洋深潜技术、导弹研发制造技术、桥梁与隧道建设技术、IT开发与应用技术，都远远领先于日本。甚至连高铁技术在许多领域都追赶上了日本。

听冲村先生这么一说，我的腰板挺了挺。不过，我还是很认真地请教他一个问题："中国科技发展的短板是什么？"冲村先生说，我与中国科技界交流了几十年，要说中国科技短板的话，有两点需要提高：一是军工技术要与民用科技实行最有效的结合。二是，政府与社会资金，要放长线和站在未来的高度来投资科技。

冲村先生支持培养过一名日本的诺贝尔医学奖得主，那就是京都大学教授山中伸弥，山中教授一直致力于iPS万能细胞的研究，在山中教授还不出名的时候，担任科学技术振兴机构理事长的冲村先生，得知了山中教授的研究计划，于是连续几年出资资助他。结果在2012年，山中教授获得了诺贝尔医学奖，成了世界顶尖的iPS细胞专家，目前，他的研究成果已经投入临床治疗，采用iPS细胞培植的眼膜治疗眼疾，让盲人看到了光明。同时还制备出构成心脏和神经的 iPS 细胞，成了日本尖端医疗的领军人物。

日本最近几年，诺贝尔奖获得者出现了井喷量产的好现象，日本为什么能够出现这一种好现象？冲村先生说，抓科技必须要从青少年开始，培养诺贝尔奖获得者，也要从青少年时代开始。

2014 年，冲村先生积极游说日本政府出资创立了"樱花科技计划"，这个科技计划是邀请中国 1 万名热衷于科技创新的青少年来日本进行参观交流，了解日本最尖端的科技。

冲村先生说，这个计划主要有三个部分：一是邀请中国的青少年到日本接触日本最尖端的研究机关，譬如理化学研究所，相当于中国科学院。第二部分比较重点，我们让中国青少年直接接触诺贝尔奖获奖大师，邀请这些大师给中国的孩子们上课，跟孩子们进行互动交流；第三，我们邀请中国孩子们去日本最好的大学参观学习，譬如东京大学和早稻田大学、东京工业大学等，去接触日本最先进的教育。

我把冲村先生的这一个"樱花科技计划"，称作为"中国诺贝尔奖梦想计划"。因为冲村先生有一个梦，希望中国未来的诺贝尔奖获得者能够从这 1 万名青少年中产生。他相信，聪明勤奋的中国孩子，一定能够帮助他实现这一个梦想。

23. 日本的深夜食堂到底是啥样

在 2017 年初夏的中国视频网站上，一部情景剧《深夜食堂》引起了大家的广泛关注和讨论。

《深夜食堂》原先是日本漫画家安倍夜郎的一部漫画作品，于 2006 年开始在杂志上连载。2009 年，日本 TBS 电视台将这部漫画改编成电视连续剧，由日本著名影星小林薰主演。这部电视剧以东京都新宿小巷子里的一家小酒馆为舞台，讲述了日本各个阶层人士的人生故事。

这部电视连续剧播出后，不但在日本国内引起了极大的反响，也深受亚洲其他国家观众的喜爱。2015 年，韩国人把当年的"首尔国际电视节年度人气最高外国电视剧奖"颁给了《深夜食堂》，并打造了韩国版的《深夜食堂》。

在《深夜食堂》这部漫画诞生 10 年之后，中国版的《深夜食堂》也开始登场。于是中国的网友围绕"到底是日本版拍得好，还是中国版拍得好？"这个问题展开了大讨论。

日本版电视剧《深夜食堂》与漫画原著十分接近，模式类似情景剧，每季十集，每集二十五分钟左右，以深夜营业的食堂这一固定场景为舞台，伴着一碗茶泡饭或一份鸡蛋烧，引出众食客背后的故事。每个故事就像一篇散文，内容轻巧而丰满。

中国版的《深夜食堂》并没有完全翻拍日剧版本，而是改编了漫画原著，与日本电视剧模式完全不同。虽然小酒馆的布局、老板的服装、脸上的刀疤，跟原著几乎一模一样。但是中国版的《深夜食堂》一眼看去，很难忽视那几盏明亮的吊灯，背景里摆放得整整齐齐的锅碗瓢盆，感觉不像巷子里的小饭馆，更像刻意做旧的文艺餐厅。

这是一位网友对中国版《深夜食堂》所作的评语："深夜食堂"不仅是日本的一种餐饮文化，更是日本的一种特殊的社会文化，我觉得，导演也好，演员也罢，没有沉浸到日本社会的这种"深夜食堂"的文化之中，是很难理解"深夜食堂"的内涵的，自然也是拍不出那种特殊的韵味的。

日本为什么会有"深夜食堂"这种餐饮文化呢？

我们首先得从日本的社会发展讲起。日本战后在整个复兴过程中，许多工厂都实行24小时的劳动制度，这样一来，深夜下班的员工必须要有一个可以吃饭的地方，因此这种劳动制度造就了日本的"深夜食堂"。

第二个原因是日本的酒吧文化催生了这种"深夜食堂"文化。日本的酒吧文化有别于欧美的那种纯酒吧，欧美国家的酒吧文化大多数是几个要好的朋友或者同事聚在一起喝喝酒聊聊天。而日本的酒吧文化是介于喝酒与女色之间，是日本一种特有的暧昧文化。也就是说，这里是有女人陪你喝酒聊天，但不是可以动手动脚的地方。这种酒吧在日本到处都有，东京的银座、新宿歌舞伎町、上野等都是著名的酒吧街。这种在日语中被称为"**スナック**"的酒吧，一般都会营业到凌晨。当走出酒吧的时候，人们往往会感觉到肚子有点饿，因为酒吧里不提供餐饮，只提供酒。因此，人们走出酒吧，自然而然地会想到去吃点什么东西，于是走出酒吧走进深夜食堂，就成了一种习惯。

日本深夜食堂盛行的第三个原因，主要是受到日本城市公共交通制度的影响。譬如像东京这座城市，轻轨和地铁一般运营到凌晨一点钟结束，没有通宵的地铁和列车。而早班的轻轨地铁，要在早上四点半才开始运营。所以许多在晚上加班或者去酒吧里喝了花酒的人，无法赶上末班车回家，又舍不得掏钱去住旅馆或者打车回家。怎么办呢？他们就会去找一家能够喝酒打盹的地方，那就是深夜食堂。他们一般会喝上几个小时，在深夜食堂里眯一会儿，然后等到早班车开了坐回家，或者直接去公司上班。

因此在现实生活中，日本的深夜食堂之所以生意火爆，不只是人们想找一个地方倾诉自己心中的苦闷，更多的时候，是想找一个过夜的地方。

那么日本的深夜食堂，是不是只有那种电视连续剧里展示的小酒馆呢？事实上并非如此。

日本电视剧《深夜食堂》里的舞台，是一家小酒馆，招牌上写着三个字"めしや"。"めし"是什么意思呢？就是"饭"的意思，这个"めし"在我们中国过去的电影当中，被念成"咪西"，所以我们经常冲着日本人说"咪西咪西"，就是从"めし"中引用过来的大白话。"めしや"的"や"，汉字是房屋的"屋"，这样大家就很好理解了，"めしや"其实就是"吃饭屋"。

《深夜食堂》的主人公是一位身份不明、脸上有一道伤疤的中年男子，20年前继承了这家店，全年无休地经营着这家小小的酒馆，从晚上开店一直经营到第二天早晨七点。

而许多为了生计、为了理想、为了爱情而奔波的东京人，到了深夜才拖着疲惫的身躯寻找心灵的港湾，于是就来到这家位于小巷深处的深夜食堂。他们中有受人敬仰的大学教授、医生，也有失去人气的歌手、春风得意的AV男优；有对人性绝望的侦探、性格怪异的警察，也有伶牙俐齿的大阪女孩、久别重逢的同窗；人物可谓形形色色。他们欢笑，他们悲伤，借着美食的香气和酒精的作用，把深埋在心底的情怀在这间小小的酒馆里予以释放，最后与和善寡言的老板挥挥手，醉意朦胧地走入夜色。

其实在东京这样的大都市里，像这样个人经营的小酒馆其实并不多。最多的还是居酒屋和拉面店。

一般日本高档的料理店和餐厅，大多数在深夜十一点就关门了。所以，深夜营业的食堂，基本上就是三种：一是居酒屋，一般都是公司经营的大众酒场；

二是拉面店；三是个人经营的小酒馆。居酒屋大多集中在轻轨车站、地铁车站附近，拉面店大多开在大马路边或者酒吧街。而小酒馆，一般都开在酒吧街附近的小巷子里。像日本电视剧《深夜食堂》，它就开在新宿。新宿是位于东京西边的一个商业区，类似于上海的徐家汇。所不同的是，新宿有一个亚洲最大的红灯区，叫作歌舞伎町。因此，这家小酒馆就会有形形色色的人出入，演绎出千姿百态的人生故事。

这些深夜食堂提供的菜肴，一般来说比较普通。拉面店主要是拉面和煎饺。居酒屋里相对比较丰富，有生鱼片、烤鱼、沙拉、鸡肉串、马铃薯、烤肉等，往往有几十种菜肴。而个人经营的小酒馆，一般都是简单的小吃，品种相对固定，虽然往往卫生状况欠佳，但是情调十足。

居酒屋有小包厢和大堂座席，一般能够容纳近百人。拉面店和个人经营的小酒馆，大多以吧台式为主，客人坐在吧台上看着老板做菜煮面，一般只能容纳十几个人。这三种深夜食堂中，最有人情味的当然还是小酒馆。因为去小酒馆里喝酒的人，大多数是熟客，能够与老板隔着吧台吹牛聊天，或者没心没肺地述说自己的不幸与苦恼。因此，这种小酒馆是许多日本人的一个家，走进这样一家温馨的小酒馆，和老板打个招呼，真有一种回家的亲切感。但是如果你与老板不熟悉，一个人傻乎乎地坐在那里闷头喝酒吃菜，反而会有一种孤独感。

所以，日本的深夜食堂，不是一种简单的餐饮，而是日本社会的一种特殊的文化，这种特殊的文化在各种客观因素的综合下，演绎成为日本人的生活舞台。虽然这种舞台比较小，甚至有点孤独，但正是日本社会和日本人生活的一种写照。而这种写照，还基于一个很重要的因素，那就是日本人有一个人上酒馆喝酒吃饭的习惯，而我们中国，正缺少这样的氛围。所以，要拍好《深夜食堂》，就要了解这种食堂的内涵。日本版的《深夜食堂》之所以能够打动人们的心，是因为一切的故事都只发生在这一间小小的酒馆里，并没有延伸到酒馆之外的世界，但是却把每一个人物的内心世界，演绎得淋漓尽致。

大家有机会来日本，到深夜食堂坐坐，推荐你们喝生啤酒。日本的生啤酒味道相当不错，与生啤酒相配的一道菜，是带皮的毛豆。如果你一上来，就点生啤和毛豆的话，酒馆老板一定会对你另眼相待：这个人，懂得深夜食堂的套路。

24. 日本人如何居家养老

日本是世界上老龄化程度最严重的国家，从 20 世纪 70 年代起就进入老龄化社会。日本政府出版的 2015 年版《高龄社会白皮书》显示，65 岁以上老年人已有 3300 万人，占总人口的 26%，也就是每 4 个人中，就有一位 65 岁以上的老人。如何应对这个"超老龄化社会"，这让历届日本政府都十分头疼。但从另一个角度看，日本国民平均寿命高达 83 岁，位居世界第一，也说明日本在养老保障方面做得非常成功。因此，美国《新闻周刊》将日本评选为全球最适宜养老的国家。

事实上，日本并非一开始就是老年人的天堂。相传在古代日本，一些过了 70 岁的老人会被儿女背到山上自生自灭，这一方面说明了日本的贫穷，无法给老人善终，另一方面也显示了日本老人的"终老观"。这样的山，在日本被称为"弃老山"。1956 年，日本作家深泽七郎以"弃老山"为原型，创作了一部小说《楢山节考》，这部小说后来被改编成影片，获得了 1983 年戛纳电影节金棕榈大奖。

日本养老问题受到重视，是在第二次世界大战后的 20 世纪 60 年代。一部人伦电影是日本现代养老制度诞生的起爆剂。

第二次世界大战结束日本投降，从 20 世纪 50 年代起，日本开始进入战后复兴与经济高速发展时期，大批农村人离家奔赴城市谋生，其情景如同中国 20 世纪 80 年代大批农民工进城一般。这种工业化浪潮带来的生活模式的变化也严重地冲击了传统的家庭伦理体系。祖孙几代生活在一起的传统大家族逐渐解体，年轻人开始在"事业"与"孝道"之间摇摆。

1953 年，日本著名导演小津安二郎创作的经典影片《东京物语》，描述了一幅具有当时代表性的社会图景：一对老年夫妇从乡下来到东京看望进城工作的儿女，儿子太忙，没时间照顾他们，女儿十分吝啬，生怕为父母多花一分钱。结果，两个孩子来回"踢皮球"，谁都不愿意承担起照顾父母的责任。在品尽了世态炎凉后，老夫妇决定返回农村老家，母亲很快因病去世，老父亲孤独地坐在家中，说出一句感叹的话："一个人度过一天，真的是特别漫长"。

这部电影极大地震撼了日本社会，人们开始关心起老年人的养老问题，日本政府也研究如何建立社会养老保障制度。从1961年开始，日本政府制定了《国民年金法案》，根据这部法律，日本建立起国家养老金制度，国家承担年金（养老金）总费用的三分之一，剩下的由企业与个人负担。法律规定，凡是居住在日本国内年满20岁至60岁的人都必须强制加入。公民年满60岁后，便可定期领取养老金。日本的这种养老金制度比我们中国早了40多年。

1963年，日本又颁布实施了第一部关于老年人福利的专门法律——《老年人福利法》。该法着重推行养老的社会化，例如成立"老人之家"等养护福利机构，建立老年人定期体检制度，向老年人家庭派遣服务人员等。这部法律连同后来制定的《生活保护法》《老年人保健法》等法案一起，共同构建起日本政府、社会、家庭、个人共同养老与医疗的完整的社会保障体系。

日本这些法律制度的建立，催生了日本养老产业的迅猛发展。养老院如雨后春笋般地大量涌现，20世纪90年代，仅大阪市建起的各种类型的养老院就有341所。要知道大阪市的人口规模仅为上海市的十分之一左右，这个养老院的数字也是挺大的。但是由于养老院一般建在郊外，亲人探望不方便，老人也会有一种"被社会遗忘"的感觉。因此，进入21世纪，日本养老的重心逐渐从养老院转向居家养老。2000年，日本开始实施护理保险制度，这一制度的主要内容就是提供居家养老和病瘫者的上门服务，包括上门护理、上门洗浴、日托护理等多种项目，但是参保人必须在40岁之后缴纳护理保险费。

中日两国在居家养老的措施方面存在比较大的差异，主要体现在三个方面：一是日本居家养老是以护理保险制度为基础，就是政府出钱请护理人员上门服务，老年人自己只需负担10%的费用。中国居家养老，包括请保姆在内的各项服务都需要自费，老年人负担很重；二是日本有专门支撑家庭护理服务的人员培训与考核体系，所有护理人员均持有国家专业资格证书，所有服务人员都由专业公司管理，而中国大多数是请私人保姆来护理；三是日本居家养老的福利种类很多，共有13大类，基本可以满足不同老年人的不同需求。中国虽然近几年发展了社区老年护理，但还是缺少完备的服务体系和内容。

那么在日本，当一个人进入65岁之后，他能够享受政府的哪些养老服务呢？

首先，日本政府会给他一笔20万日元（大约12000元人民币）的费用，用于其个人住宅的改造，以创造一个适合于老年人生活的环境。譬如说，家里各处要装护手，厕所要进行适当的改造，要添置老年人专用的浴缸等，这些都可以向当地政府去报销。这是日本对于每一位65岁以上的老人提供的一项特别的福利。

其次，老年人购买轮椅、手杖、护理床等器材，90%的费用由政府承担，个人只需要承担10%。政府每年还给老年人10万日元，相当于6000元人民币，用于购买尿不湿等老年人护理用品。

再次，日本政府将根据你的身体健康状况，对你作出护理等级的评定，然后根据不同的等级，支付给你不同金额的护理保险费，每个月最低的是5万日元，大约3000元人民币，最高的有十几万日元，相当于1万元人民币。这笔钱用来干什么呢？就是请专业的护理人员来家里帮你洗澡、打扫卫生、按摩，甚至做饭。或者每周一至两次开车来接行动不便的老年人去附近的养老院，洗个温泉澡，吃一顿午饭，睡一个午觉，然后与老年朋友们聊聊天，傍晚时分，再开车送老人回家。

对于孤寡老人，日本各地政府还有一项特殊的"安危确认制度"，也就是要随时掌握老年人的健康状况、是否还活着、有什么需要。这项确认制度，是政府联系公共事业部门或者企业来共同实施的。譬如电力公司、自来水公司、煤气公司的抄表员、快递公司和邮局的快递员、还有各报社的送报员等，他们在巡视中，如果发现订的报纸有好多天没人取了、老人家里白天也一直亮着灯等情况，必须向指定的政府部门报告，以防止孤寡老人遭遇意外之后无人知晓。

还有一种老年人服务，就是政府通过补贴的方式，给孤寡老人送盒饭。这种盒饭委托附近的 24 小时便利店配送。由于盒饭一日三餐都需要配送，因此盒饭配送员就成了老人们的健康监督员，他们每天要负责填写老人情况报告书，向当地政府报告，而当地政府将会支付给 24 小时便利店一笔资金作为奖励。

日本还有不少城市向老人们提供一些特殊的服务。比如，大阪市中央区给区内的老年人分发了一种塑料密封瓶，瓶子里装进两张表格，一张是发生意外情况时的家庭成员联系表，另一张是急救信息卡，上面有老人的健康保险号、血型、患有的疾病和正在服用的药物等重要的急救信息。这两张表格装进密封瓶子后，统一放在冰箱门上指定的储藏格位置，并在冰箱门外面贴上提示标志。独居老人一旦发生意外，只要还能拨打急救电话，急救人员上门后不需要过多询问，只要找到这个密封瓶子就可以对老人进行救助。

所以在日本，老年生活是以国民年金（养老金）、医疗保险、介护保险这"三道关"来全面实施保障的。正因为日本的居家养老的制度和政府的援助政策十分完备，因此，日本 70% 以上的老年人都选择居家养老。

25. 日本人为何出门都要戴口罩

樱花盛开时节，我接待了几位来日本访问的中国企业家朋友。他们跟我说，东京街头这么多人戴口罩，就好像进入了一个传染病社会，看来有关日本核污染的传闻并非空穴来风。日本人戴口罩真的与核污染有关系吗？结论自然是否定的，日本人出门戴口罩，针对的不是核污染，而是春天里特有的一种病症。

这种病最近把我折磨得死去活来，症状是流眼泪、打喷嚏、鼻塞，喉咙疼，最终导致扁桃体发炎、直至发烧。

这种症状类似重感冒，但其实不是感冒，而是花粉过敏症。感冒是病毒性的，会传染。而花粉症是呼吸道刺激，自己折磨自己。

日本人把花粉症称作"春天里的国民病"。为什么叫"国民病"？因为日本1.2亿人中，花粉症的患者接近4000万，也就是说，30%以上的日本人都得了花粉症。

花粉症在日本已经持续了半个世纪，最初的病例是在1963年被发现的。此后在每年的2月至4月，日本列岛都会陷入花粉症的恐慌中。

这一时期，正好是日本樱花盛开的时期，花粉症是否与樱花有关？其实，这与樱花没有什么关系，樱花的那么一点花粉，还不至于引起呼吸道感染。那么，日本的花粉来自何处？原来是来自于杉树。

每年春天，杉树都要开花，花粉大量飘浮在空气中，并随风到处飞扬。这些花粉感染到眼睛，会使眼睛发痒，并不停地流眼泪。花粉进入鼻孔，会刺激呼吸道，人会不停地打喷嚏，更会导致喉咙疼痛，最后使得扁桃体发炎，身体发烧。有的人因此到了晚上根本无法入睡。

许多人不太理解，杉树怎么会开花呢？我也曾有这个疑问。有一次去日本东北地区的茨城县出差，汽车在一个山林里行驶，远远看到从山林里飘出一股黄颜色的风。司机告诉我，这就是杉树的花粉。

日本全国有1029万公顷的人工树林，其中杉树占了4成以上。杉树在日本全国的森林面积中占到了20%。

为什么日本人要种这么多的杉树？原因有两个：一是在第二次世界大战结束前夕，美军对日本许多城市和日本人避难的乡村进行了大规模的轰炸，一大批山林被炸毁烧焦，留下了光秃秃的山头；二是日本人过去的房子大多数是木结构，现在的一户建，也就是别墅式的房子也大多是木结构，因此木材的需求量很大。而杉树具有树形笔直，成活率高，成长快速的特点，很适合用作日本人木结构住宅的材料，因此在第二次世界大战结束之后的植树造林运动中，日本政府鼓励山民大量种植杉树，结果战后种植的人工林，将近一半是杉树。

但没有想到的是，杉树会开花，上千万棵杉树开花形成的花粉，就跟中国北方地区的风沙一样，吹入大城市，使得相当一部分容易过敏的日本人，得了花粉症。

花粉症有一个很不好的特性，就是你一旦得了一次，基本上一辈子都完蛋了，也就是说年年都会犯。我来日本二十几年，一直没得花粉症，所以常常看着别

人流眼泪打喷嚏死去活来的样子，感觉很好笑。但是六年前，那次春季花粉特别多，好像杉树花粉跟杨梅似的，也有大年和小年之分。那一年，我也泪流满面。从那之后，每年的春季，我都要遭受一次痛苦。

既然杉树这么令人痛苦，为何不把它全部砍了？在日本，目前还做不到。一方面，因为市场需要大量的杉树造房子；另一方面，日本为了保护山林，对种树的山民和地主实行经济补贴，每年的补贴费还不少，因此许多地主不愿意砍伐。这两大原因，使得杉树成为日本最具经济效益的树林，种植面积也在不断地扩大，仅在2013年，日本全国就种下了1581万棵杉树树苗。

虽然有几千万人经受花粉症的痛苦，但也因此催生出一个巨大的花粉症市场。日本的研究机构估算，日本花粉症市场总体规模已经达到了6000亿日元（约370亿元人民币）。每年花粉症来临时，日本各大药厂、药品公司、口罩制造商的股票是天天上涨，而且是花粉越多，这几家公司的股票涨得越厉害。除了药厂和药品公司之外，股票上涨的公司还有乳业集团。因为近几年日本研究发现，多喝酸奶可以预防花粉症，因此酸奶的销售量也是节节攀升。当然获利最大的还是医院，呼吸道科门庭若市，医生都忙不过来。

当你走进日本的药妆店，摆在最醒目位置的，往往都是花粉症相关药品的专卖柜台，像抗过敏药、治理鼻炎的药，各种具有消炎作用的眼药水，各种各样的口罩。专柜上面都大大地写着两个汉字"花粉"，日文和中文的汉字表示都一样，只是念法不同。

中国的空气净化器与日本的空气净化器的功能也有不同。中国的空气净化器特别增加了去除PM2.5的功能，而日本的空气净化器，则增加了去除花粉的功能。因为人们从外面回家，或者回到办公室，身上都沾有花粉。虽然日本人已经习惯于在进入房间之前将外套脱下，把花粉抖掉，但是，还是会有花粉被带入到室内，因此，日本的空气净化器就强化了去除花粉的功能，这也是一种日本的产品特色。

虽然花粉症催生了一个巨大的市场，但是也造成了人们工作效率低下、生病停岗等问题。日本明治大学一个研究小组的研究报告显示，日本一年中因为花粉症造成的经济损失，估计达到8000亿日元，也就是480亿元人民币。连安倍首相也患有花粉症，他说自己最怕在与外国领导人会见时，当面打喷嚏。

日本政府为了整治花粉症，要求各地减少杉树的种植面积，同时要求专家们研究无性杉树，也就是不会开花的杉树。2008年，在日本的富山县首先发现了无性杉树。日本林业厅马上组织专家进行研究培育，但是直到现在，还无法成林，看来大面积推广还需要相当长的时间。

不过，日本的医学专家从营养学的角度，提出了一份可以减轻花粉症的蔬菜和水果菜单。排名第一的是莲藕，第二是芥末，第三是香蕉，第四是洋葱，第五是酸奶，第六是甜茶，第七是木耳，第八是颜色是青色的鱼，第九是生番茄，第十是哈密瓜。

我这几天喝了好多的酸奶，看来效果是潜移默化的，并没有立竿见影。一位医生朋友告诉我，花粉症还是可以治疗的，目前日本的治疗方法有两种，一种是在花粉症开始前一个月，去注射特殊的疫苗。另一种是动手术，将鼻孔中敏感的神经给它切断。到明年，我打算提前准备，先去试试疫苗。

所以，日本人出门戴口罩，并不是为了防止核污染，而是为了防止花粉的入侵。因为在日本，除了福岛核电站和周边之外，空气中已经不存在核辐射。但是，还有一部分人戴口罩，是因为他自己感冒，怕把细菌传染给别人。所以，不管是在街头还是在地铁轻轨列车上，你都可以看到一排人都戴着口罩，甚至在办公室和家里，也有人戴口罩。所以，日本人出门戴口罩，既是为了保护自己，同时也是为了保护他人。

26. 中国大熊猫在日本人心中的分量有多重

2017年6月,日本发生了一件普天同庆的事情,那就是一只在东京上野动物园里的中国大熊猫生下了一只熊猫宝宝。这可是时隔5年来,上野动物园里发生的头等大喜事,因此,日本全国上下欢欣鼓舞,电视台也像播电视连续剧一样,反复播放这只小家伙在妈妈怀里的可爱模样。

日本人为什么对中国的大熊猫如此情有独钟呢?我就跟大家来聊一聊中国大熊猫与日本的故事,说一说大熊猫在日本人的心目中分量有多重。

2017年是中日邦交正常化45周年。其实大家心里都明白,中日两国虽为近邻,但是由于日本侵略中国的历史问题,两国喊了几十年的"世代友好",其实并没有真正敞开心扉友好起来过。特别到了最近几年,因为众所周知的原因,两国关系反而变得不正常。

虽然两国关系变化多端,但是在中日两国之间,唯一不变始终受到日本民众喜爱的一样东西,就是大熊猫。

1972年10月,就在日本首相田中角荣访问中国,与周恩来总理签署两国恢复邦交正常化文件之后一个月,中国政府赠送给日本的两只大熊猫兰兰和康康就来到了日本。而作为交换,日本向中国赠送了珍贵的大山樱花树苗和落叶松树苗。这些樱花树苗后来大部分栽培在武汉大学内。而中国的两只国宝熊猫,则落户在东京的上野动物园。

上野动物园开放于1882年,是日本最古老、最有名的动物园,也是日本第一座公共动物园。上野动物园占地面积约有14万平方米,展出动物约420种,共有2200多只。而来自中国的大熊猫,则是动物园里的"天皇"与"皇后",备受人们的尊崇。

1972年10月8日，当兰兰和康康乘坐的专机飞入日本领空时，几架日本航空自卫队战斗机立刻升空，一直护航到东京。内阁官房长官二阶堂进带队到羽田机场迎接中国"和平使者"的到来。

18年前，我曾经采访过二阶堂进先生，当年是他负责接收中国的大熊猫。他回忆说，为了庆祝两国恢复邦交正常化，周总理和田中首相都想到要交换一份礼物。对于日本来说，最渴望得到的就是中国的国宝大熊猫，日本的孩子一定会十分喜欢。而日本能够赠送给中国的，自然是樱花树苗。周总理很爽快，立即答应了日本方面的要求，并特别指派四川省政府挑选两只健康可爱的大熊猫运来日本。中国两国邦交关系的恢复揭开了两国友好关系的新篇章，而中日两国政府互赠礼物，为这一篇章增添了新的一页。它是两国人民友好关系新发展的最佳体现。

大熊猫兰兰和康康抵达日本后，立即成了全社会的明星。为了能够看一眼这对来自中国的国宝，上野动物园里一天涌进了30多万人，需要排队5个小时，才能看到大熊猫。日本社会的这种"熊猫热"，也带动了许多日本人对中国的好感与向往。日本社会随即出现了"中国热"，大量介绍中国美丽山水的图书和电视节目登场，让日本人第一次正面了解到中国人的社会与生活，欣赏到中国美丽风光和历史遗迹。

但是说来也奇怪，大熊猫兰兰和康康来到日本之后，居然没有生育。此后，欢欢、飞飞、陵陵等大熊猫相继来日本，成为上野动物园的金字招牌，但是直到2008年4月陵陵老死为止，这几只大熊猫都没有生下过一个宝宝。

没有大熊猫的上野动物园，生意陷入低迷，入园游客也大幅减少。为此，东京都政府向中国政府提出了希望继续提供大熊猫的要求。

但是这次中国政府有点不乐意，表示大熊猫越来越稀少，而世界各国申请大熊猫的越来越多，继续赠送的话，难度很大。为此，中日双方进行协商，最终达成了一项协议，那就是中国政府改赠送为租赁，东京都政府每年向中国方面支付95万美元，中国租给日本两只熊猫。

根据这一协议，2011年2月，大熊猫力力和真真抵达日本东京成田机场，填补了上野动物园3年无熊猫的空白。

第二年，两只大熊猫通过自然交配，生下了一只熊猫宝宝，但6天后，这个小家伙就因肺炎而死亡。它的夭折，让整个日本社会空欢喜了一场，不少人为此落泪。

一晃5年过去了，力力和真真就知道玩，却不来真格的。直到2017年2月27日，两只大熊猫才有了自然交配，这让上野动物园的饲养员们兴奋不已。5月18日，动物园宣布真真出现了怀孕的征兆。一个星期后，真真被请入特别的饲养房开始安胎。6月12日，真真顺利生下了一只熊猫宝宝。

"上野动物园里的中国大熊猫生孩子了"，这一消息，在6月12日成了日本各大电视台的头条新闻。

记者们扛着摄像机在东京街头问行人："你有什么感想？"两位日本美女说："我自己都有一种做妈妈的感觉，太兴奋了。"一位老太太说："太不容易了，上次没养活，这次请一定努力，让熊猫宝宝健康成长。"甚至在雅虎网站上，有人喊出了"万岁！"

上野商店街联合会当夜在上野街头送出去2万顶熊猫帽子，东京环城列车山手线的车厢里，"熊猫"点点，立刻成了一道可爱的风景。

东京都知事小池百合子得到熊猫产仔的消息后，对记者表示："一定要动员全社会给这只熊猫宝宝募集一个好听的名字"。

熊猫产仔，为什么会乐坏日本社会？

首先是这只熊猫宝宝来之不易。

真真曾在2012年7月生下一只熊猫幼崽，这是上野动物园24年来首次有大熊猫自然交配产仔，当时乐得日本首相都发表讲话表示祝贺。但遗憾的是，这只熊猫宝宝在世上只存活了6天。

2017年6月12日上午11时52分，上野动物园来传出了初生幼崽的哭叫声，这一哭叫声标志着上野动物园的大熊猫有了新的生命。监控录像显示，真真生下宝宝后，时而把它含在嘴里，时而把它抱在怀里，表现出一位慈母的模样。这些可爱的情景在电视上播出后，唤起许多人的怜爱。

其次是东京上野地区的商家们期待小熊猫的降临，能够给日本经济带来巨大的刺激。上野是一处老城区，有一条著名的商店街叫阿美横丁。上野火车站也是战后东北地区的人来东京找工作的下车站，这里是二代东北"农民工"魂牵梦萦的地方。更为重要的是，日本几大国立博物馆和美术馆都集中在上野公园内，是日本文化的瑰宝之地，同时还有日本最大的动物园——上野动物园。

熊猫宝宝诞生后，上野商店街联合会和上野观光联盟将举行庆贺月活动，各大百货公司和商店将进行降价30%—50%的"庆贺大拍卖"活动。熊猫宝宝在动物园里公开亮相后，一定会是游人如织。上野动物园附近的餐饮名店"东天红"和"精养轩"的股票出现大涨，"东天红"股票涨到了10年来的最高。日本经济学家、关西大学名誉教授宫本胜浩宫有一个预测数据称，熊猫宝宝诞生后，将给上野地区带来267亿日元（约17亿元人民币）的经济效益，这可是真金白银的好处。

最后，上野动物园是中日友好的一处圣地。2017年恰逢中日邦交正常化45周年，也是大熊猫来日本45周年。在这个特殊的年月里，新生命的降临，让许多渴望中日友好的人们看到了一种吉相，看到了一种希望。

熊猫宝宝公开亮相，要在半年之后。这半年，将让许多的日本"熊猫迷"饱受煎熬，但也会让整个日本社会充满期盼。大家到东京后，一定要去上野动物园里看一看，看看力力，看看真真，或许还能看到可爱的熊猫宝宝。希望这小家伙健康成长，早日成为中日两国的友好使者。

第三章

神坛下的"不死鸟"
　　——静观日本经济

1. 日本人为何只相信"国货"

索尼公司没有想到，与三星的液晶屏合作项目，会使自己陷入品牌丢失的困境。

与松下、夏普、东芝相比，索尼的电视机在过去20年，是一块最响亮的品牌。无论是在日本国内市场，还是在中国市场，"索尼彩电"绝对是高品质的象征。

除此之外，索尼在日本还创下了另一个奇迹，那就是把电脑技术与电视机功能相融合，于2002年在日本最先推出了一款可以收看电视的电脑。几年来，索尼的VAIO品牌的电脑风行日本，并引领了日本家用电脑的新潮流。

可是，索尼公司在最近几年，一直陷入经营赤字的状态。即使在安倍内阁宣布实施日元贬值政策后，索尼也未能获得日元贬值的红利。主打产品电视机等销售额大幅减少，电脑事业也最终不得不放手出售。

而与此同时，索尼公司的老同行夏普，却因为电视机的旺销，在这一个领域获得了难得的经营利益。

索尼与夏普在电视机生产与销售领域为何会出现一黑一白？最大的原因居然是索尼公司使用了韩国产的液晶屏！

索尼公司在2005年与韩国的三星公司合资生产液晶屏，生产出来的液晶屏供两家公司使用。消息一见报，索尼电视机的销量立即走低。早稻田大学市场行销学教授金田良一在接受我的采访时分析说：索尼公司犯了"感情错误"。

金田教授说，日本民众一向认为日本产品是世界第一，韩国产品最多只是二流。对于三星公司直追日本家电制造商的行动，始终抱着冷眼与警惕、嫉妒与无奈的心情。就好比三星手机在中国受欢迎，而日本手机在中国全军覆没。在分析原因时，日本人绝对不会认为日本的手机技术敌不过韩国，而是日本企业的行销有问题。正因为如此,当索尼公司推出采用三星液晶屏的等离子彩电后,虽然设计依然是索尼固有的新潮,甚至价格比夏普还要低,但是市场却是冷眼相看,令索尼电视机在日本国内的市场份额出现较大跌幅。

与此相反,夏普却走了一条与索尼截然相反的路。夏普把液晶屏的研发与生产中心集中在日本国内的龟山工厂,打出了"龟山制造"的品牌。加上启用日本60岁出头的不老影星吉永小百合做形象代言人,结果在日本市场让众多的消费者买了一个"安心"——不仅是纯正"日本国产"的安心,还在于吉永小百合给予消费者的形象"安心"。

从2006年开始,夏普的"龟山制造"开始风靡日本,并迅速赶超索尼。以40英寸彩电为例,2006年时,夏普公司所占的市场份额为20.0%,到2008年,已经上升到30.8%,位居日本市场之首。而索尼从2006年的35.7%,下降到2008年的30.2%,失去了头把交椅。在此背景下,索尼不得不宣布抛弃三星,与夏普合作生产液晶屏。《朝鲜日报》在报道这一消息时,使用了"打倒三星"的醒目标题。

这是日本家电制造业近年来一场成功与失败的品牌之战,实在很经典,原因就在于:你是相信国产货,还是崇拜洋货?这一选择,决定成败。

不仅是家电,还有番茄橙子大白菜,只要标上国产,价格就比进口的贵一倍。

因为，日本人始终相信，国产的东西是最好最安全的。

没有人对日本国民进行爱国货教育，但是，拿洋货与国货放在一起，大多数情况下，确实是日本产品领先——无论是技术还是款式。哪怕是苹果手机，日本人爱它，除了款式时尚之外，他们还知道，一台 iPhone 手机最核心的 40% 的零部件，都是日本制造，只是在中国组装而已。

2011 年 3 月的东日本大地震引发了福岛第一核电站的核泄漏，福岛和周边地区遭到了核污染。包括中国在内，世界上许多国家都禁止日本的乳制品进口。但有趣的是，日本人还在给孩子喝"明治""和光"等日本国产品牌的奶粉，没有人去进口荷兰或澳大利亚的奶粉。因为日本的妈妈们坚信：即使发生了核污染问题，日本国产的奶粉依然是世界最安全的，因为日本的食品安全基准是世界上最严厉的。同时，日本奶粉企业不会做出违法与昧着良心的事来。

日本人对于国货的自信，显然来自于国民对于日本产品质量的高度认可和对日本企业的充分信任。而要做到这一点，首先是这个社会必须是一个讲道德、讲信誉、有诚信、有法治的社会。诚然，日本社会不是完美的，但是，国民对于国货的高度信任，至少让我们看到了这个社会的一面：它能给人以一份生活的安心感。

2. 日本家族企业久盛不衰的五条法则

57年前，日本4家私营小酒厂宣布合并，组建为一家共同企业。于是遇到了一系列问题：股权和利益如何分配？哪户人家来当社长？财务由谁来管？有人闹意见怎么办？57年过去了，出乎意料的是，这家共同企业不仅没有在内讧中分裂倒闭，反而发展成为日本最大的烧酒酿造企业，而且年年保持黑字经营。

其成功的秘密何在？我走进了这家日本著名的酒业公司——三和酒类株式会社。

三和酒类公司位于日本九州地区大分县的山坳中，从福冈机场开车一个半小时，就来到这个山清水秀的地方。

为了我的到来，公司办公楼的一楼特别挂起了中国国旗，这让我很感动，也特别地感到尊严和自豪。

社长叫和田久继，60岁，是这家公司四大家族中和田家的长男。他先领我去参观了工厂。

三和酒业有两个主要生产基地，总部所在的地方，是最早的工厂。除了主打产品——烧酒之外，公司还生产葡萄酒和"牡丹"系列清酒。

走进烧酒灌装车间，偌大的一个车间，一天工作6个小时，灌装烧酒36000罐，只有4名工作人员，而且全是女性。从灌装到异物安检，到包装，完全的机械化生产。

但是，整个酿造的过程，却是百分之一百的手工作业。

公司有一个12人的品酒团队，他们被称为"烧酒警察"，每个人都有国家品酒师的资格，而且都有长期的品酒经验，社长本人就是其中的一位。

当烧酒酿造蒸馏完成，要灌装成品前，12个人要一起品酒，叫"唎酒"。

先品原酒，后品调制后的成品酒，酒的品质和味道是否符合最高标准，是否可以灌装出厂？全靠他们的味蕾来做判断。只有在大家意见一致的情况下，才可以签字同意灌装。

和田社长说，"品质第一"是公司的经营宗旨。即使这样严格把关，公司还会偶尔接到消费者电话，说"今天喝的酒，味道与以前略有不同"。他说，比我们对三和烧酒的味道要求更精的老客户大有人在。

三和烧酒之所以清冽，水是生命。三和酒的水源位于地下300米处。为了保证水源绝对干净纯真，公司把整座山买了下来。每一位新员工进公司的第一件事，就是上山种树。

三和酒类公司一年生产1亿2000万瓶（罐）酒，营业额503亿日元，利润83亿日元，利润率高达15%，已成为继麒麟啤酒、朝日啤酒、三得利、札幌啤酒之后，日本第五大酒业集团。

三和公司的烧酒取名"いいちこ"，这是当地的方言，意为"味道真好"，目前有一个中文名叫"亦竹"。

这样一家超优良企业，却没有上市，至今还是一家家族持股经营的企业。

三和酒业是在1958年由赤松本家酒造、熊埜御堂酒造场、和田酒造场三家私营传统酿酒作坊合并而成，因而取名"三和"。次年加入了第4家酒厂西造酒场，于是变成了4家的共同企业。

"4户人家，4个老板，如何共同经营这一家企业？"当我把这个问题抛给和田社长时，他笑了，说："许多人都感到不可思议，但是我们要感谢先辈创业者，他们制定的五条法则，保证了这一家企业的和谐与繁荣发展。"

这五条法则是什么？

第一，公司股份平分。4个家族各持公司25%股份，没有谁多谁少。

第二，4个家族各派一人参加公司董事会，公司社长由各家轮流坐庄。除社长之外，所有董事工资金额相同。

第三，每一个家族只允许一名后代成为公司职员，也就是说，每一个家族在公司中，只能是两个人：父与子。

第四，公司没有个人办公室，所有的董事和社长，都在一个大办公室里办公，保证一切事务的绝对公开，保证信息的绝对共享。

第五，公司所有重大事务，均由公司董事会集体讨论，一致同意，社长执行。

和田当社长已经快10年，我笑问他："何时下台？"他说："我想早点让位，大家就是不让我退。"看来还得当下去。

三和酒类公司共有346名员工，每个月月底，公司都有一次大集会，社长向员工报告公司一个月来的业绩和情况，遇到的问题，解决的经过，还有哪些人来过公司参观，这个月谁家生了孩子，谁家结了婚，哪位老人过世，哪一位员工是下个月的生日，等等。和田社长把它称为家族会。他说，企业就是一个大家庭，董事会是这个大家庭的长子，因此，4个家族不仅要保证企业的久盛不衰，而且更要保证全体员工生活稳定富裕。

三和酒业的员工中，有两个奇迹：一是结了婚和生了孩子的女性，没有一个退职（产妇有长假期）；二是公司员工中，没有一个因为对公司或工作不满而辞职。

企业的大家庭式和谐团结的氛围，也许是三和酒类公司57年来保证持久发展和高盈利的最大秘密。这个秘密和公司股东内部的五条法则，也可以成为许多中国民营企业参考和学习的案例。

最近，三和酒类公司遇到两件喜事，一是烧酒在2013年纽约国际蒸馏酒评比中获得367家参选企业唯一的金奖；二是在中国市场的销售额，第一次突破了两亿日元。

在离开公司时，我对和田社长说，在您出生的时候，您的父亲就给您取了"久继"的名字，我想父亲是期望您能够把家族的事业长久地继续下去。和田社长笑着说："我自己都没有想到这一点。但是，保证企业成为百年企业，是我们的责任和义务，无论是对公还是对私，不然我会感到愧疚。"

3. "丰田王子"如何拯救丰田汽车王国

临阵换将，本是兵家大忌。但是，丰田汽车公司似乎已经顾不得那么多了。

2009年，丰田汽车公司的两大消息让人们悲喜交加。一是2008年度丰田汽车在全世界的汽车生产量达到923万辆，超过美国的GM成为世界第一大汽车公司。二是2008年财政年度，整个集团预计出现1500亿日元的经营赤字，创下公司成立70多年来的第一个年度赤字纪录。

渡边捷昭已经当了4年的丰田汽车公司社长。按理说，他还可以再当下去，因为他在世界油价高涨、汽车市场不景气的情况下，可以说是高瞻远瞩，率先开发出了省油环保、性能齐全的混合动力高级小型车，为丰田车握稳世界市场与日本国内市场的份额立下了汗马功劳。但是，毕竟在他的手里，公司首次出现了经营赤字。纵然有千万种客观的理由，渡边社长也没有原谅自己。

新年伊始，丰田汽车公司开始实施锁在保险箱里已经十几年的一份重要方案：把企业的经营权奉还给创建丰田汽车公司的丰田家族。

那么，丰田家族有没有人才来接社长的位子？接班的人有没有能力统领这个年产汽车约1000万辆的公司？所有人都屏住了呼吸。丰田汽车公司解开的谜底是：丰田章男。

当年，丰田章男52岁，在日本的大企业中，这样的年龄出任社长还属于少壮派，更何况是世界最大的汽车公司的社长。

让我们来看一看丰田章男的简历。

丰田章男1956年5月3日出生在名古屋市，毕业于日本庆应大学法学系，是丰田汽车公司现任名誉会长丰田章一郎的大儿子，也是公司创业者丰田喜一郎的孙子。他于1982年在美国取得MBA资格后加入丰田汽车公司。从一名普通的销售员做起，先后负责过美国和中国的事业。44岁时被选拔到公司董事会担任董事。此后升为常务董事、专务董事，目前担任公司副社长要职，为公司新产品的开发与销售做出了许多的贡献。

据一位熟悉丰田章男的专栏作家透露，丰田章男从小接受帝王学的教育。作为丰田家的嫡传子孙，在新年的家族聚会中，他始终坐在父亲丰田章一郎的身边，俨然是一位"丰田王子"。

也许命中注定他必然要挑起祖辈创下的这一份家业，因此，在父亲的严厉教育下，他大学毕业修完MBA课程后，在父亲的要求下，隐姓埋名地以一名普通大学毕业生的身份，和其他的年轻人一起递交个人简历，通过人事部门的面试和笔试，最终以优异的成绩成为丰田汽车公司的一员。丰田的先辈们还记得章男刚参加工作时的情景。当他被分配到一个只有几万人口的地方小城市的专卖店去做销售员，谁都不知道他是"丰田王子"。为了推销一辆汽车，他没少被其他员工们训骂。即使被安排打扫厕所，章男也没有拒绝。正是因为拥有良好的家教与个人的素质，从一开始他便表现出与众不同的聪明才智。

1995年，当时担任丰田汽车公司社长的丰田达郎先生退居二线，第一次把企业的经营权交给了与丰田家族毫无血缘关系的公司职员奥田硕，使得丰田汽车公司进入了非家族经营的时代。这一年，章男39岁。他已经拥有了生产车间副主任、美国销售公司经理、美国公司副总裁、公司销售本部副本部长、生产本部本部长等经历。但是在偌大的一个丰田汽车王国中，他还属于小字辈。

丰田家族乐见14年间，丰田汽车公司通过奥田硕、张富士夫、渡边捷昭三位社长的努力，把公司打造成了世界第一流的汽车公司，并摘取了世界最大汽车公司的桂冠。但是，自从美国次贷危机发生后，随着原油价格的高涨和金融危机的冲击，丰田汽车公司也和世界其他公司一样，遭受了市场低迷的巨大冲击。

2008年10月，丰田汽车公司在美国市场第一次出现了销售量比上一年度同期跌落32%的意外结果。美国市场的销量占到整个丰田汽车集团的三分之一，这一重大打击让丰田感受到"山雨欲来风满楼"的恐惧。此后两个月，丰田汽车在美国和欧洲市场节节败退，销售量跌幅超过40%。2008年度，在中国市场虽然最终还是维持住增长17%的良好业绩，但是离当初年度销售70万辆的目标，少了11万辆。

"丰田裁员3000人""丰田1月停产11天"的消息让整个日本社会陷入一种恐慌，因为丰田的一辆汽车连接着2000多家下游企业，涉及30多个产业。丰田不仅是丰田家族的公司，更是日本最头号的企业。尤其是在美国三大汽车公司均出现破产症状的背景下，丰田汽车能否撑过这一场金融海啸，其意义非同小可。

谁来拯救丰田？不仅丰田公司的职员在思索，整个日本社会都在寻找。

在此风雨中，丰田汽车公司终于打开了封存十多年的保险箱，提前实施"大政奉还"计划，邀请"丰田王子"丰田章男出山掌舵。

然而，摆在丰田章男面前的问题如山。

日元高升和金融危机使得世界汽车市场进一步低迷，整个集团在2008财政年度预计出现1500亿日元的经营赤字，汽车销售总量也将从前一年的824万辆减少到754万辆。而新的一年里，美国市场和日本市场看不到一点儿翻身的景象。"没有两年的时间，世界经济无法恢复"，这几乎成了全世界经营者的伤心共识。

更糟糕的不仅是这些。章男上任后半年，美国爆发了丰田"刹车门事件"。

美国商务部发现，丰田多款汽车在刹车时，踏脚板踩下去的时候，一部分被前顶的垫片垫住，不能完全踩到底，导致交通事故的发生，已有多人因此死伤。丰田公司在2007年就已经发现了这些问题，却一直拖着不解决，导致美国死伤人数增加。

庞大的丰田汽车公司，已经酿成了傲慢、怠慢、官僚的恶习。除了这些，还有一个关键的原因，是丰田汽车公司零部件的生产管理与品质管理出现了问题。以往，丰田汽车公司的关键零部件都是在本国生产的，因此零部件的质量管理做得十分上乘。但是，日本泡沫经济崩溃后，丰田公司为了节约成本，抛弃了日本式的"大船带小船"的船队式经营模式，把许多零部件的设计加工生产放到了世界各地的工厂，并实行此类零部件的全球共享。这次出现问题的刹车板就是在美国的丰田汽车工厂设计生产，并配送到北美、欧洲、中国等地的丰田汽车制造工厂使用。

结果，一个零部件出现问题，全球的丰田汽车都打喷嚏。根据丰田汽车公司公布的数据，全球回收1000万辆汽车，大约需要耗资20亿美元。由于"刹车门事件",丰田汽车在2010年度首期减产10万辆,每一辆按200万日元计算,直接销售损失2000亿日元(约22亿美元)。"刹车门事件"爆发以来,一个月间丰田股单在东京交易市场的股价就暴跌25%,股价缩水300亿日元(约3.5亿美元)。加上企业内部整顿,新增设备投资以及公关等费用,估计直接损失总额将达到60亿美元。

  章男社长被这一闷棍打得不轻。他先是奔赴美国斡旋道歉,又跑到北京开记者会解释。前后忙活了半年,最终才让"刹车门事件"安然落地。

  由于这一场危机,导致各国消费者对于丰田已经上市的车型产生了一种距离感。如何开发环保节能的新车型,加快开发新的汽车动力能源,不仅牵扯技术革新的问题,更涉及整个汽车产业结构的改革。在如此严峻的经营环境中,丰田汽车公司如何避免GM之类的破产风险,同时打开一条通往21世纪新型汽车王国的阳关道?

  丰田章男把所有的精力都放在了改革公司体制和开发新型动力汽车、强化北美与中国市场的开拓上。继混合动力汽车走俏国际市场之外,丰田汽车公司又开发出氢能源汽车。这一领先世界的革命性技术,丰田汽车公司并没有据为己有,而是向世界公布这一项技术的核心秘密,让全世界汽车制造商们远离石油天然气市场,来采用这一新能源技术。

  为了更好地开拓中国市场,丰田汽车公司在江苏省常熟市设立了中国研发中心,为中国消费者量身打造混合动力丰田车。章男社长还决定在2017年前,在广州新建第三工厂。

  在章男社长的摸爬滚打之下,丰田汽车公司在2015年5月公布的最新业绩报告中显示,2014年度,公司已经成为日本所有企业中第一家实现税后纯利润首次冲破两万亿日元大关的企业。

4. "松下电器"的名称为何从地球上消失

世界著名的电器制造商"松下电器"宣布从 2008 年 10 月开始改名,新的名称是英文"Panasonic",令日本列岛震惊,撼起的冲击波不亚于 6 级地震。"松下先生在天之灵不会瞑目!"松下公司的员工这样说。

众所周知,"松下电器"公司名称的由来,是因为创始人松下幸之助先生。9岁开始当铁匠铺伙计的松下先生,于 1918 年创建了自己的公司"松下电气器具制作所"。90 年来,"松下电器"作为日本家电产业的领头羊,为日本产业的振兴与发展立下了汗马功劳。人们说到"松下电器",自然会想起这一个可爱而倔强的小老头。

松下公司从 1925 年开始,在电灯泡等商品上也使用"National"的品牌名。1955 年开始,启用"Panasonic"。但是,公司一直沿用"松下电器"的名称。由于一社多名,加上汉字社名在欧美市场不被认知,因此,许多外国人无法把"松下电器"和"Panasonic""National"三者统一起来。

在公司改名的记者发布会上，松下电器社长大坪文雄表示，时代已经发生了变化，为了公司更好地发展，相信松下先生在天之灵会支持我们的这一个决定。公司名称变了，但是"松下精神"不会改变。

松下幸之助先生的孙子、松下电器副会长（副董事长）松下正治先生在接受记者采访时表示，公司改名，对于我们创业者一族来说是一件遗憾的事。但是，这也是时代的潮流，也是为了更好地开拓国际市场的需要。

索尼公司由于启用了"SONY"的英文名，使其海外的知名度远远超过松下电器。原先名不见经传的韩国三星公司，由于改名"SAMSUNG"，也大获成功。目前，索尼公司的营业额中，海外市场份额占了74%，三星公司的营业额中海外市场份额占了82%，而松下公司的海外市场份额只占49%。大坪社长表示，通过公司改名，要把海外的份额提高到60%，尤其要重点开发中国、印度等新兴市场。

如果改用英文名就能拓展海外市场，中国的企业也不妨学一学这招。

说到松下电器公司，还不得不说一件"兄弟连"的事。

就在"松下电器"改名的同时，松下电器公司也传出了全面收购三洋电机公司的重大消息。

三洋公司的创始人是井植岁男，他不仅是松下电器公司创始人松下幸之助先生的小舅子，而且也是"松下电器"的创业者之一。在创建三洋电机之前，井植岁男是松下电器的专务董事（相当于副社长）。1946年，日本战败后一片废墟的年代，井植离开松下电器，开始独立创业。松下先生把自己的一家工厂送给他，这家工厂成了三洋电机的总公司。所以，一直到现在，松下电器总部与三洋电机总部的距离仅为2000米。也正因为如此，长期以来，两家公司的员工同居于一栋公寓楼，松下幼儿园里有三洋职工的孩子。甚至有不少家庭，丈夫在松下工作，而妻子在三洋上班。

创业于1946年的三洋电机公司，曾经是日本最大的电器制造商之一。1953年，三洋电机生产出了日本第一台喷流式洗衣机。此后又开发出新型电冰箱，从而成为日本白色家电的核心企业。2002年，IT泡沫崩溃后，日本九大电器制造商中有6家出现巨额经营赤字，三洋和索尼、夏普却依然保持了利润黑字。当时被称为"胜利组三兄弟"。

但是，三洋在20世纪90年代犯了一大错误。当时的三洋洗衣机和电冰箱占了日本大半的市场，但是，由于日本几大家电量贩店进场费要求过高，三洋在一气之下，自建销售网络，并与家电量贩店拼价格。

为了降低生产成本，维护低价销售，三洋在20世纪90年代后期开始把一部分洗衣机和电冰箱的生产委托给中国的海尔集团。海尔集团在三洋的技术支持下，生产出了合格的"三洋牌"产品。结果是，海尔因此获得了飞速发展的良机，而三洋因为产品打上了"中国制造"而身价大跌。三洋应该是日本跨国电器企业中第一家把产品委托给中国加工的企业，但是三洋显然是吃"螃蟹"过早。

"20世纪90年代与现在不一样，那时日本人对于'中国制造'的概念，就是垃圾货。所以，虽然实现了低价格销售，但是三洋因此在日本社会被刻上了'便宜货'的烙印。"日本零售业协会的一位理事在分析三洋走上失败不归路原因时做了这样的背景解释。

低价销售使三洋产品的高级感顿失，同时也直接影响了三洋家电的市场份额。到20世纪90年代末，三洋家电日落西山。为了拯救企业，三洋电器开始了第二次创业，那就是投身于半导体产业。但是好景不长，2001年IT泡沫的崩溃，使得三洋元气大伤。而2004年的新泻大地震中，三洋位于新泻县的主力工厂被大火烧毁。这一把大火也让三洋一蹶不振。

2004年度，三洋出现了1715亿日元的经营赤字。为了公司的重建，三洋接受了包括美国高盛、日本三井住友银行、大和证券三家金融机构3000亿日元的援助。但是，创建三洋电机公司的井植家被剥夺了经营权，从1986年开始一直担任三洋公司社长和会长的井植敏，在股东大会上被赶下了台，只落个董事的虚位。

控制了三洋经营权的美国高盛等大股东们虽然聘请了一些经营专家组建新的经营班子，但是，新的经营班子致力于重振三洋的产业，而投资基金公司却希望把三洋这一个蛋糕加工后切块出售，以追求最高的投资利益。这一种经营者与投资者之间的目标和利益的冲突，导致三洋电器在近几年中始终处于困难重重的境地。

2006年，三洋的电冰箱部门卖给了中国的海尔公司；2007年，信用卡等金融部门卖给了美国的 GE；2008 年，手机部门卖给了日本的京瓷公司。三洋放弃了白色家电和半导体业务，转向太阳能电池、新型充电器等产品的研发生产上，实际上变成了一家新能源开发公司。

投资三洋，历来被认为是美国高盛的得意之作。但是，随着次贷危机和金融海啸的冲击，三洋的股票也备受打击，高盛等投资者拥有的三洋股份大幅缩水。三洋变成了高盛、三井住友银行手中的烫手山芋。

三洋公司何去何从，成为投资者和经营者头疼的问题。高盛公司在次贷危机和最近的金融危机中损失惨重，为了自救，很想抛售三洋股份以获取现金。而三井住友银行本来就是三洋公司的交易银行，许多股权只是三洋的债务抵押，拿着这些股份也没有多大的意思。于是，从 2008 年 4 月开始，这些投资股东开始寻找三洋的下家。

这几家投资股东很快把目标瞄准了松下电器公司，因为全日本这么多跨国企业中，只有松下与三洋有"血缘关系"。

2008 年 10 月下旬的一天，松下电器公司社长大坪文雄与三洋电器公司社长佐野精一郎举行了秘密会谈。在这个会谈上，大坪社长向佐野社长做出了"三洋 10 万员工将全部再雇用"的许诺。佐野社长随即表示："大坪社长是真正理解我们心情的人。"双方由此达成了收购意向。

"松下电器"收购三洋后，不仅在太阳能电池领域消灭了一个强有力的竞争对手，同时也因此让松下电器在新能源研发上成为日本乃至世界的老大，为"松下电器"今后保持继续发展奠定了一个很好的基础。这一次收购使投资方抛掉了烫手山芋，松下电器捡了一个大便宜。而对于三洋电器来说，是不幸中之万幸，相隔半个世纪终于回到了自己的"娘家"。

5. 日本制造业为何会走下坡路

松下电器公司决定拍卖东京总部大楼，这件事注定成为日本制造企业鲜花凋零的一大象征。

日本跨国企业从 2011 财政年度起，几乎所有的日本家电与电机企业都宣布陷入经营赤字的困境。其中松下电器公司当年的经营赤字高达 7800 亿日元（约 397 亿元人民币）。

日本人开始担心，这么多支撑日本经济的企业全都陷入困境，那么今后的日本制造业到底该怎么办？

根据日本各大公司发表的 2011 年度经营业绩报告，索尼公司赤字 2200 亿日元，夏普公司赤字 2900 亿日元。而丰田汽车公司纯利润减少了 2100 亿日元。

索尼公司更是坦承，过去 8 年间，电视机开发制造忙活了这么久，其实一直没有赚过钱，年年都是赤字。仅 2011 年度，电视机部门赤字就高达 1750 亿日元。而日立公司也宣布赤字连续 6 年，松下公司也承认赤字连续 4 年。日本电子情报技术产业协会的最新统计数据称，2011 年，日本国内市场的薄型电视机的销售量比 2010 年大减了 21%，仅卖出 1982 万台。

根据美国 DisplaySearch 公司的调查，在世界电视机销售排行榜上，韩国的三星和 LG 已经占据了第一和第二位，而日本的索尼、松下、夏普、东芝分居第三至第 6 位。紧跟日本企业之后的是中国的海信、TCL 和创维。

索尼公司新任社长平井一夫表示，日本电视机产业遭受的威胁，不是来自韩国，而是来自中国。

有天下第一之称的丰田汽车，在中国市场的销量也很不理想。2010 年，丰田汽车在中国的市场份额只占到 5%。2011 年，丰田在中国的销量只有 88.3

万辆，与2010年相比仅增长4%，其在中国的销售远远落后于美国的通用（245万辆）和德国的大众（225万辆）。日本其他的车商也在中国遭遇着同样的困惑，本田汽车在2011年仅卖出61.7万辆。而作为他们根据地的日本国内市场，则出现了全部减销的悲剧。

世界最大的建筑机械制造企业之一的日本小松公司，在2011年的中国市场，败在了三一重工集团的手下，首次让出中国建筑机械市场老大宝座。小松的干部说，三一重工集团采用了"不要首付，分期付款""低价搭送豪华奔驰宝马车"等销售战略，并以低于日韩建筑机械20%的价格猛攻市场，我们真的没法与他们竞争。

日本各大公司将业绩欠佳的主要原因归咎于2011年3月发生的东日本大地震和泰国发生的洪水灾难。这两场天灾，使得日本电子零部件加工企业遭受重大创伤，令日本家电和汽车生产严重受阻，出口也受到了影响。这是事实。

但是，松下电器公司社长大坪文雄自我反省称，其中一大原因，还有我们对于市场的把握不准。他在接受日本媒体的访谈时说："1999年时，夏普公司推出的世界第一台20英寸的液晶电视机的售价是35万日元，如今同样尺寸性能更好的电视机，价格已经跌破3万日元，甚至比高性能手机的价格还要便宜。

但是，我们的设备投资价格却没有改变。这就势必导致电视机事业卖一台亏一台。而这种激烈的价格竞争状态，是我们当初没有想到的。"

大坪社长叹息说："日本电视机曾经席卷全世界市场，现在在日本国内市场也卖得很累。"

同时，中国的电视机制造水平开始赶上日本，同时以其价格优势纷纷出口中东、南美和非洲市场。而日本的电视机由于过于强调技术领先，并过于追求完美，因此制造成本居高不下，价格也在国际市场失去竞争优势，加上开拓新兴市场步伐缓慢，因此在这短短的几年时间里，被中韩企业频频追赶，呈现连战连输的困局。

东京首都大学教授森本博行在接受采访时认为，日本制造业的最大弊端在于，只是埋头开发研究新技术新产品，却一直忽视市场的开拓。而韩国人和中国人，在市场开拓能力上，要远远高于日本。如果按照百分比来计算的话，日本人用于开发技术的力量与开拓市场所花的精力是70：30，韩国人则是50：50，而中国人则是40：60。

他还认为，日本制造业会走到今天这一步，还有一个很重要的原因，是缺少领袖型的经营者。三星之所以能够取得今天的辉煌，就是因为有一位优秀的经营者——李健熙董事长。而日本的社长都已经不是创业一族，公司职员出身的他们，大多属于"调和型"经营者，"求稳"和"故步自封"是他们的最大特点，也是他们的最大缺点。

在日本经济界巨头们的新年贺词交换会上，我遇到了丰田汽车公司社长丰田章男。丰田社长说，丰田汽车在2009年时，超过美国的通用汽车（GM），成为世界最大的汽车制造商。但是，丰田汽车在中国市场，却一直落伍于通用汽车，甚至在中国市场的增长率赶不上中国汽车市场的年平均增长率。

那么，丰田该如何追赶，或者说，如何守住中国市场？

丰田社长表示，丰田公司已经制作了一份《全球发展愿景》，在这一份愿景中，以中国为首的新兴市场将成为未来发展的重点。丰田为中国市场设定的目标是，2015年销量达到约150万辆，占其全球销量的15%。而要实现这一目标，中国市场的完全本土化，已经成为丰田公司不得不做的事情。为此，丰田汽车公司除了将"中国总部"机能全部迁往北京之外，并已经在江苏省常熟市建立了中国研发中心，在中国生产销售混合动力和电气汽车。

"在中国市场无法取胜的话，我们就无法赢得世界市场"。丰田社长说。

索尼公司则大幅削减全球电视机的销售目标，将原定年销售量4000万台的目标削减一半，仅留2000万台，以便集中更多的资金和技术力量开发新产品。

日立公司采取了全面撤退的方式，终止了在日本国内的电视机生产事业，将产品委托中国等海外工厂制造。

3年前刚刚斥巨资在大阪府堺市建成了世界最先进液晶电视机生产基地的夏普公司，开始削减生产规模。夏普公司社长片山干雄说："我们需要冷静的思考，新一代的电视机到底是什么？"

片山社长的这一疑问，表示出日本制造业开始在寻找新的突破口。夏普公司的对策是，将电视机做成"黑板型"，除了观看电视节目之外，将作为会议和研究机构未来教室上课的"黑板"使用。夏普公司正在研制的"黑板型"电视机分为60和70英寸两款，可以在荧屏上直接书写，可以记忆修改内容，可以使动画静态化并实现色彩和画面的自由修正。

松下电器公司则计划将未来的电视机开发成家庭家用电器的控制管理中心。该公司董事吉田守表示，目前的电视机只注重于节目观赏和作为网络电脑显示屏使用。今后要把电视机作为家庭内空调、供热系统、电冰箱、电脑、安全警备等系统的综合管理中心，并实现在室外任何地方均可通过网络实施调控的目标。

日本制造业在努力。但是，正如东京首都大学教授森本博行教授所指出的那样，日本企业如果不迅速改变自己，没有速度感和决断力，那将难有重振之日。那样的话，不仅是日本经济，同时也将使得日本社会走向下坡路。

6. 郭台铭收购夏普公司为何这么难

2012年3月26日的东京股市，在下午收盘时，日经指数创下了东日本大地震以来的最高值。

"假如，夏普公司也赶在3点之前宣布将向台湾鸿海集团出售10%股份的话，那么，东京市场会出现怎样的情况？"在思考这一个问题时，我已落座在夏普公司东京记者会会场。

这一场记者会，由夏普公司新任社长奥田隆司主持。

奥田社长在记者会上的宣布，令所有在场的记者吃了一惊：夏普公司决定向台湾鸿海集团出让10%的股权，以获取该集团670亿日元的增资。

这意味着，鸿海集团将超过日本生命保险公司，成为夏普公司的最大股东，而且是最大的外籍股东。

记者们沉默着，静听奥田新总裁的下文。奥田说，之所以引入鸿海的资本，是因为夏普公司在2011年度出现了巨额的亏损，赤字额创下了夏普公司成立100年来的最高纪录，达到了2900亿日元（约223亿元人民币）。"我们需要新的资金来改善我们的经营基础，我们也需要新的伙伴来帮助我们提升市场，而鸿海集团正是我们期待的最好的合作伙伴。"

几乎所有的人，都曾为夏普公司的"龟山液晶电视"着迷，吉永小百合那永远不老的笑容，让不少消费者狠掏腰包，买下了一台台又薄色彩又艳的夏普电视机。

但是，2012年1月，夏普公司宣布，其实这么多年来，夏普的电视机事业几乎没有赚过一分钱，年年都是赤字，而且拖累了整个集团公司的经营业绩。

2900亿日元的巨额赤字对于夏普这样一家世界顶级的家电制造商来说，

应该不是一个很大的负担。但是，夏普在经营中另有隐情。那就是，在龟山工厂的液晶电视机热销海内外时，夏普公司又出大手笔，在大阪府的堺市买下了120公顷的土地，投资建设世界最大的液晶屏生产基地。

这个基地动工是在2006年，建成是在2009年，中间遇到了2008年的世界金融危机。

本来是让夏普公司最感自豪的这一个世界最先进的液晶屏生产基地，最终变成了夏普公司想扔都扔不掉的大包袱。近年来世界半导体市场的不景气，更是让夏普公司雪上加霜。在收益日益减少的同时，新建工厂欠下的银行贷款，却一分都没法少。

一句话，夏普现在正缺钱。

要挣钱，唯一的办法，就是多卖堺工厂生产的优质液晶屏。但是，夏普公司遇到了强大的劲敌——韩国的三星和LG。

当年3月16日，苹果公司的新版iPad宣告在全世界十个国家销售。由于时差的关系，日本成为世界第二个销售新版iPad的国家。但是，就在两天前，作为苹果液晶屏供应商之一的夏普公司，却因为一个市场谣言，跌损了5%的股价。

这一谣言称，苹果公司已经决定选定三星公司作为iPad液晶屏的唯一供应商，排除了夏普。结果，东京证券交易市场的夏普股暴跌5%，当日的收盘价比前一天削去26日元。

夏普是苹果公司的液晶屏供应商之一，但是，每年的供应份额只占苹果公司的25%左右。如果这25%都要失去的话，那么新建的堺工厂就意味着缺米下锅。事实上，从2011年11月起，由于订单大减，堺工厂的生产能力减少了30%，最近更是减至50%。

夏普公司感受到了来自市场的切肤之痛。奥田新总裁的心里很清楚，如果夏普的液晶屏卖不过三星的话，那么，夏普就等着倒闭。

找谁来卖夏普的液晶屏？奥田想到了一个人：台湾鸿海集团董事长郭台铭。

郭台铭是鸿海集团的创始人。鸿海集团成立于1974年，当时还是一家做塑胶的企业。但是，经过近40年的发展，现已成为专业研发生产精密电气连接器、精密线缆及组配、电脑机壳及准系统、电脑系统组装、无线通讯关键零配件及组装、光通讯元件、消费性电子、液晶显示设备、半导体设备、合金材料等产品的高新科技企业,是全球3C(电脑、通讯、消费性电子)代工领域规模最大、成长最快、评价最高的国际集团。

而鸿海的出名,是因为替苹果公司制造风靡世界的iPhone手机和iPad。而制造iPhone手机和iPad的鸿海集团的这一家在中国的子公司,是常常被人误解为日资企业的 富士康——虽然它同富士山一点儿关系也没有。

奥田的算盘是,只要搞定郭台铭,让富士康采用夏普的液晶屏,那么,夏普就有救了。

郭台铭心中有苦,他也算了一笔账,富士康替苹果公司制造iPhone手机和iPad,帮了乔布斯,也帮了大陆经济。乔布斯因为富士康的廉价劳动力而发了大财,中国因为富士康的人海战术,增加了雇用和税收。但是,郭台铭说:"我的利润其实只有2%。"对于一家企业来说,"2%"等于是没利润。郭台铭成了一位不折不扣的"白皮打工仔"。

郭台铭虽然几次将工厂从薪水日涨的沿海地区迁往内陆,但是依然抵挡不了原材料价格的上升和人员成本的提高。他已经怕和苹果公司讨价还价,唯一

的思路，就是在全世界搜罗廉价高质的零部件。他想找人"结婚"，对象不是林志玲，他想到了夏普。"假如夏普公司的液晶屏能够以低于三星和 LG 的价格拿到手，那么 2% 的利润可能升到 4%。"这位精明的企业家在 2 月中旬飞到了东京。

夏普缺钱缺市场，鸿海有钱有材料，这就注定"东京之约"是一见钟情的世纪婚约。夏普公司决定，出让公司 10% 的股权给鸿海，鸿海出资 670 亿日元（约 52 亿元人民币）给夏普；夏普公司将堺工厂的一半的经营权交给鸿海，而鸿海保证收购堺工厂生产的 50% 的产品。

这一"婚约"缔结没多久，夏普公司股票继续暴跌，鸿海觉得自己投资夏普的股权缩水，因此要求夏普公司将鸿海在股市中损失的资产折算成股权，以增加在夏普公司中的股权份额。但是这一要求遭到了夏普公司的拒绝，夏普公司认为，股价波动属于市场行为，鸿海应该相互担责而不是相互指责。为此，两家公司闹得准备打官司。

日本政府显然不期望这一家赫赫有名的家电制造商落入台商控制之手，因此也表示愿意进行资金支援以维护日本制造业的信誉。而多家商业银行在政府的斡旋之下，最终也达成了援助夏普 3000 亿日元的协议。在此背景下，夏普公司解除了与鸿海的出资协议，鸿海老板郭台铭最终未能入主夏普。

2015 年春，夏普公司再闹资金荒，郭台铭欲再伸投资入股之手，但是遭到了夏普公司的拒绝，两家从此无缘。

但是进入 2016 年，夏普彻底撑不住。郭台铭再次出手，最终以 62 亿美元的价格抱得美人归，将夏普公司全资收购，并在当年实现了盈利。

7. 日本经营之神如何拯救日本航空

2012年9月19日，日本航空公司（JAL）在东京证券交易所再次上市。这是这家日本最大的航空公司宣告破产两年七个月以来，第一次充满自信地宣布：我回来了！

日本航空公司创建于1951年8月，最初以一个私有制公司的形式建立。1953年日本航空成为政府所有的航空公司。1987年日本政府将日本航空公司民营化。日本航空是目前全球第三大航空公司。

2010年1月，日本航空公司因为经营陷入困境，不得不向东京地方法院递交了破产申请，负债金额高达两万亿日元（约1000亿元人民币）。

为什么这家有着半个多世纪历史的航空公司会陷入破产的境地？归纳起来至少有四大原因。

一是美国"9·11"恐怖袭击事件的冲击。日本航空公司与日本的另一家大型航空公司——全日空不同，它的70%的航线是国际线，而全日空的80%的航线是国内线。美国的"9·11"事件之后，由于担心赴美航线遭到恐怖组织袭击，再加上美国政府对于日本乘客也实行了严格的入境审查制度，使得愿意搭乘日美航班的乘客大减，日本航空公司经营的10多条日美航线因此连续数年宣告赤字。虽然日中航线后来成为最挣钱的线路，但是，获得的利润依然无法填补整个国际线的亏损。

二是石油价格波动的打击。日本航空公司拥有276架飞机，燃油的储备是一个大问题。为了保证燃油的稳定供应，日航是提前8个月购置原油储备额。但是在2007年石油价格的大波动中，日航在油价上损失惨重。

三是大客机计划的失败。日航为了扩大运能，在1990年开始引进了37架波音747—400型双层大客机。但是，当这些大客机陆续交付使用后，日本泡沫经济出现崩溃，国家一蹶不振。由于国内外乘客的大幅减少，使得这些大客机的搭乘率往往达不到50%。同时，这些曾经让日航员工引以为自豪的大客机，却因为耗油量大成了日航的大包袱。近年来，日航试图出售这些"油老虎"，却始终没有人愿意接盘。

四是婆婆太多。日本航空公司与全日空不一样，它原来是一家国有企业。1987年实行民营化后，却始终脱离不了政治家与官僚们对它的人事和经营方针上的指手画脚。因此，明明知道公司必须改革才能自救，但是错综复杂的关系，使得经营班子一直难以施展手脚。现任社长西松遥每天上午自己搭乘轻轨电车上班，中午也在职工食堂排队买饭，如此勤勉也解救不了日航破产的命运。

为了拯救日本航空公司，当时的鸠山内阁宣布，对日航实行为期3年的"国有化"，并注入大量政府资金以便让这一家企业尽快获得重建。同时鸠山首相邀请了有"经营之神"之称的京瓷公司创始人稻盛和夫出任日本航空的董事长，年近80岁的稻盛和夫先生欣然应诺。

在稻盛和夫先生的领导下，日本航空公司接受了日本政府企业再生支援机构的3500亿日元的资金援助。同时，各交易银行也最终同意放弃5215亿日元的债权。日本航空公司在实施一系列重建计划后，在宣告破产重建的第二年，就实现了扭亏为盈。

日本航空发表的2011财政年度（到2012年3月止）的业绩决算报告显示，

在过去一年中，公司不仅继续保持了黑字经营，而且纯利润高达1866亿日元，超过了2010年的纪录，而且2012年度的业绩还将有大幅提升。

是什么让日本航空在短短的时间里凤凰涅槃获得重生？2012年10月23日，我在东京的日本外国特派员（记者）协会聆听了稻盛和夫先生讲述自己如何拯救日本航空的全部秘密。

让我们记下稻盛和夫先生的这一自述：

"1962年以来，日本政府的企业再生支援机构协助破产企业重建数总共有138家，其中有将近半数的59家企业在重建过程中最终消亡，而重新获得上市的企业只有9家，而且从着手重建到上市的最短时间，也花了7年多的时间。日本航空公司从宣告破产重建到重新上市，只用了两年七个月的时间，所以许多人不相信我们，认为我们有些虚假的动作，而且还断言一定会出现第二次破产。

我想，媒体的怀疑是有根据的，因为日本航空公司在过去的几年中，已经宣布过多次的重建计划，但是最终都没有实现，最后不得不选择破产。但是，我在这里可以很自豪地告诉大家，2011年度，我们的纯利润达到了1866亿日元，2012年度将会达到2490亿日元，能获得这么高利润的航空公司，在全世界都为数不多。而且，公司重新上市后，政府通过再生支援机构支援我们的3500亿日元的资金，我们不仅已经全额偿还，而且还多给了3000亿日元，在政府财政困难的情况下，这也算是我们对国家的一份贡献。

日本航空公司为何在这么短的时间里获得新生？许多专家学者正在研究探讨其中的秘密。我想，除了金融机构免除了公司的债务、政府提供了重建支援资金，还有广大的股东给予的理解和支持之外，如果一定要说到秘密的话，这秘密会有五个。

第一，是我零工资的奉献给了全体员工以很大的精神鼓励。我接受政府的邀请出任公司董事长时，已是80岁的高龄，在许多员工眼里，我是他（她）们的爷爷、父亲或叔叔，我一生与日本航空公司没有什么关系，却愿意不领一分钱的工资为日本航空公司的重建贡献最后的力量，给了全体员工一个很好的榜样。

第二，按照政府再生支援机构的重建要求，日本航空要裁减一部分员工，但是，同时也要保护更多的员工能够继续留在公司里工作。我之所以答应政府的邀请到日本航空公司来担任董事长，是认识到日本航空公司不能让它倒闭，不能让它影响日本经济，要尽可能地保住更多人的工作机会。所以，虽然社会上也有些议论和反对担忧之声，我还是肩负着一种历史责任感走进了日本航空公司。

第三，我担任董事长后做的第一件事，就是要明确日本航空公司的经营目标，并将这一目标反复向全体员工传达，让每一位员工时刻牢记自己要做什么，公司要做到什么。这一做法，与我创建和经营京瓷公司、KDDI 公司一样。我觉得，企业是为了全体员工的幸福而存在的，企业如果仅仅为了追求利益而不顾员工的幸福，那么员工的心就会离去。因此，只有把员工的幸福放在第一位，大家团结一心，经营者与员工的心灵产生共鸣，企业才能走出困境，才能获得健康发展。

第四，在日本航空公司，我用我的经营哲学和人生观，对企业进行了改革，尤其是对官僚体制进行了彻底的改革。日本航空公司之所以破产，是因为盲目的扩张和严重的官僚主义。现场与总部的渠道不通，现场的要求和问题反映不到管理层，所以，我首先对企业的经营服务意识进行了改革。

我原本以为，航空公司最关键的要素是拥有最先进的客机和最完善的设施。但是，当我成为日本航空公司董事长后，我发现，给乘客提供一流的优质服务和舒适安全的飞行环境，才是最为重要的。因此，我深入一线，与乘客、机长、客舱服务员、行李搬运员、地勤人员交流，一起商议提高服务质量的方法，一起研究如何改善客舱餐，制定了 40 个项目的服务内容，让员工和我一起拥有共同的价值观，拥有共同的经营理念，做到'物心两面'一致，日本航空公司新的企业理念也因此形成。

让优秀的员工脱颖而出，选拔优秀的员工担任管理干部，培养一批年轻优秀的人才，也是我们十分重视的工作。因为只有这样，公司才能打破陈旧的官僚体制，让每一位员工树立起经营者的意识，建立起一种创新的公司规则，人人成为公司的主人。

第五，我担任董事长后，最为吃惊的是，公司的各项统计数据不仅不全，而且统计时间很长很慢，往往需要 3 个月之后才能搞全数据，以至于经营者无法迅速掌握公司的运营情况。所以，在对企业内部进行改革时，我特别关注统计工作。经过改革，现在各个部门的数据做到即有即报，公司详尽的经营报告做到了一个月内完成。

同时，我对公司内部经营体制实施了改革，实行了航线单独核算制度，并确定了各航线的经营责任人。

许多人认为，企业的经营，最重要的是确立经营的战略，但是我认为，最重要的是那些看不见的公司风气和员工的意识。也就是说，如果每一位员工都能够以自己的公司而自豪，都能够发自内心地为公司服务，那么这一家公司就一定会发展得很好。相反，员工成为批评家，经常批评自己的公司，那么，这样的公司就一定会破产，经营者再努力也好不起来。

所以，日本航空公司之所以能够走出困境重新上市，是因为在短短的两年多时间里，公司风气改变了，员工的意识改变了，员工发自内心地与公司同心同德同努力。所以，我要感谢我们的员工，是他们辛勤的努力，才拯救了自己的公司。这才是日本航空公司获得重生的最大秘密。"

现在日本航空公司的网站上，已经找不到稻盛和夫先生的影子，他在成功实现日本航空公司的重建后又悄然隐退。但是，日本航空公司已经植入了"稻盛和夫 DNA"，在 2015 年 4 月 30 日公布的 2014 年度经营业绩报告中，我们可以看到这一家日本最大的航空公司奇迹般地复活：营业额比前一年增加 2.7%，达到 13447 亿日元；营业利润比前一年增加 7.7%，达到 1796 亿日元；税后纯利润也达到 1490 亿日元。

8. 日本八佰伴集团为何破产

日本八佰伴集团宣告破产时，和田一夫总裁流下了痛苦的泪。他用两句话概括了曾经是日本最大的百货超市集团失败的原因：一是不该圈地建店，二是不该相信银行。

和田一夫发出这一声悲叹，是在 1997 年。这一年的 9 月 18 日，八佰伴破产。当时，日本泡沫经济崩溃已过去整整 8 年。在这 8 年中，日本经济始终在深渊里徘徊，八佰伴终于未能挨过这一沉重打击，在日本经济舞台上黯然消失。

八佰伴集团创始于 1928 年，刚开始是伊豆半岛热海的一家蔬菜店。和田一夫从父亲手中接过这家蔬菜店后，引进了美国的超市模式，从 20 世纪 70 年代起把八佰伴发展成为一家连锁超市公司。到了 20 世纪 80 年代，八佰伴已经把超市开到了南美和新加坡。

在泡沫经济的旋涡中，八佰伴做了一件一般人眼中的"正常事"：圈地开店。当时，八佰伴的经营业态已经从一般的超市发展成为大型购物中心。在地价天天上涨的情况下，"圈地开店"不仅可以保证地价与房价的同步升值，而且可以在短期内提高公司的业绩。八佰伴的雄心得到了银行的大力支持，多家银行跟着八佰伴一路投钱。和田一夫更是在 1990 年把八佰伴的总部从日本迁到香港，让这家以蔬菜摊起家的日本公司一下子拥有了国际巨头的良好感觉。在其最兴旺的时期，八佰伴的海内外店铺总数达到 400 家，在上海浦东也开出了中国第一家中外合资的百货公司——上海第一八佰伴。

当时头脑发热的不仅是八佰伴，还有大荣等超市集团。日本的商业企业，几乎在这一时期采取了同样的方式——大力发展商业地产。结果，泡沫经济崩溃后，银行顿时变脸逼债，八佰伴和大荣则陷入困境。

1998年，八佰伴在融资无门的情况下，把一部分店铺卖给了大荣，好不容易筹集到了320亿日元的资金，又被银行盯上。当时，八佰伴的最大借贷银行是东海银行。东海银行得知八佰伴筹集到这笔救命款后，立即赶到八佰伴总部，对和田一夫说："你先把欠我们的钱还上，这样消息一发布，公司的股票就会涨。过一段时间，我们再贷给你，你不就一举两得了吗？"后来，和田一夫用昏了头来形容自己当时的思维与情绪——他居然相信了银行的话，结果这笔救命钱一去不返。

八佰伴在无钱偿还货款和支付员工工资的情况下，最后不得不宣布倒闭。当然，坑了八佰伴一把的东海银行，几年后也因为大量不良贷款而破产，演绎出一出你死我活又同归于尽的泡沫悲剧。

就在各大商业集团纷纷买地开店的同时，有一家商业企业却采取了截然不同的做法：租房开店。这家公司就是伊藤洋华堂。当时，许多人对于伊藤洋华堂的做法大为不解：地价天天涨，房价日日高，伊藤洋华堂只要圈一块地造一家百货公司，几年后投资成本就收回来了。银行也是如此劝说伊藤洋华堂。但是，公司总裁伊藤雅俊就是坚持租房开店，"有钱时我开店，没钱时我退租，这样公司经营自由自在，没有还贷的压力"。

在这场历史性的泡沫惨剧中，日本这么多商业企业，唯有伊藤洋华堂立于不败之地，而且发展得越来越好，不仅在中国成功地开了6家百货公司，还收购了美国的"7-11"连锁便利店，成为世界最大的便利店集团。

伊藤洋华堂总裁铃木敏文是公司创始人伊藤最得意的助手，也是把"7-11"便利店引进日本并最终实现"小鱼吃大鱼"的成功经营者。他在接受日本《财界》杂志访问时这样总结自己面对泡沫经济的经验：任何经济发展模式都如波浪一般，有起有落。作为经营者，如果只看到波浪高起时，而不知道波浪也有下落时，那么红极一时最后失败是十分必然的事。企业发展中如何抓住商机虽然重要，但如果一味地追求暴利、急功近利，而忽视了企业经营最基本的东西——量力而行、稳步发展，那么，企业的经营风险就会变大，要造就一家百年企业会难上加难。

2001年，我翻译的和田一夫先生的书《不死鸟》在中国出版，这一年夏天，我陪伴和田先生夫妇一行重返离别4年的上海。当他们走进浦东的第一八佰伴

大楼的顶层时，当年的办公室还在，甚至日式的会客室还是原貌，但是今非昔比，一切都已经不再属于他们。和田夫妻在那里抱头痛哭，其景催人泪下。

当时，上海市长徐匡迪在市政府贵宾厅会见了和田先生，我充当了翻译。记得徐市长对和田先生说了这么一段话：八佰伴的破产不完全是和田先生的责任，更多的因素是泡沫经济崩溃和随后而来的亚洲金融危机。八佰伴的名字在日本消失了，但是在上海，不会消失。

应了徐市长的吉言，如今的上海第一八佰伴公司已经成为中国效益最好的百货公司，尤其是它的商业地产的价值已经翻了几十倍。和田先生当年选择满是稻田的浦东建造第一八佰伴，而没有把第一八佰伴建在淮海路，是很有战略眼光的抉择。只可惜，他如今只是一名过客，而不再是主人。

9. 东京的房价到底有多高

中村雄幸先生就要退休了。在日本一家著名的家电公司，他工作了整整 38 年。对他而言，一生相当简单——读完大学，娶个老婆，生了两个孩子以及买下了一套房。

中村的家，在东京都江户川区。这个与千叶县毗邻的区域，是东京都新兴的住宅区。站在高楼阳台上，可以看到东京迪斯尼乐园，也可远望东京湾，景致相当不错。

中村婚后始终没有买房。直到 37 岁时，他才买下了现在的住宅———套三室一厅的房子。"买房子的时候，正好是日本泡沫经济开始的时候，所有人都认为以后的房价还要涨，所以也就硬着头皮买下了。当时的房价是 7500 万日元，现在只值 1500 万日元了。"中村叹了一口气。虽然他马上要退休，但是 25 年的购房贷款，还剩 3 年要还。对于中村来说，房子旧了，人也老了。

20 多年前，日本经济正处于高速发展时期。企业高额的利润收入与个人薪水的增加，导致流动性资金膨胀，而房地产市场立即成为日本企业与个人投资的主战场。当时所有的人都相信，东京一定会成为亚洲乃至世界的经济中心，取代纽约指日可待。而成为经济中心，必然会吸引全世界的大公司和研发机构到东京落户，商务楼将成为最烫手的投资商品，同时市中心的地是建一块少一块。在这种思潮的刺激下，东京的地价猛涨。没有想到，泡沫经济崩溃后，东京不但没有能够取代纽约，相反的，地价暴跌了 65%。

同样，市中心地块吃紧后，公寓住宅楼纷纷迁建郊外，中村家的房子就是那个时代的产品，当然现在的价格只是原价的五分之一。

日本的泡沫经济崩溃至今已有 25 年，房地产市场虽然比最低谷时有所回升，但是形势依然严峻。

日本不动产经济研究所发表的最新房地产市场统计报告显示，2014年度，以东京为中心，包括千叶县、神奈川县、埼玉县在内的首都圈的公寓（一般为三室一厅）新增供应量为4万4913套，比前一年减少了20.5%。而在2015年4月，东京都23区的每套新建公寓的均价为4519万日元（约230万元人民币），而整个首都圈的均价为3338万日元（约为170万元人民币），比3月份下降了0.9%。

与此同时，东京首都圈二手房的价格则出现了连续16个月的上升。以建造年数在10年以内、实用面积70平方米的二手房住宅为标准计算，2015年4月的平均价格为2312万日元（约118万元人民币），与3月相比，增加了1.7%。而同样规格的房子，在日本的名古屋地区，只值1420万日元（约73万元人民币）。目前，因为2020年将在东京举办奥运会的缘故，东京市区的二手房的价格攀升幅度较大。4月，东京二手房的价格上涨了17.8%，均价达到2874万日元（约147万元人民币）。而均价在2000万日元以下的小型二手房，则成为中国投资者青睐的投资商品。他们低价买进后出租给留学生等居住。

日本房地产的前景如何？市场人士都没有看好。首先，日本进入了"老龄少子"的时代。目前，日本 65 岁以上的老龄人口已经达到 27%，接近于"三人行必有老人"的水准。而婴儿的出生率连续 8 年下降，2014 年仅为 1.4%，一个家庭拥有的孩子平均不到两人。越来越多的职业女性选择了独身和不育。

在这个背景之下，买房的人数开始减少，房地产的销售市场日益萎缩，房屋设计面积也逐渐缩小，大型户少有人问津。

其次是长期的经济不景气导致国民收入降低。泡沫经济崩溃后，日本经济一直处于长期徘徊与低迷的状态。除部分大型跨国企业依然能够维持其一定的效益之外，众多的中小企业勒紧裤带，依然难以为生。企业破产数年年超过一万家。这自然就导致员工的收入大幅下降，失业率居高不下。虽然安倍首相执政后日本企业的收益增加，并给员工适当增加了基本工资，但是由于 2014 年 4 月提高消费税，使得员工新增薪水抵消不了物价上涨的支出，结果导致企业员工连续 19 个月出现实际收入下降的局面。

在此背景之下，想买房的人没钱购买，有能力购买的也持币观望，凑热闹的大多是海外投资者。相反的，租房市场出现了价格上升的趋势。日本婚礼公司 SDK 公布的一项调查显示，目前东京都内新婚夫妇自有房的拥有率只有 5%。至少有 90% 以上的新婚夫妇是租房结婚。在首都圈内，夫妇购买第一套房子的平均年龄是 32 岁。

从日本楼市的过去和现在，我们似乎也能够看到中国楼市的未来走势。因为两国的经济与社会发展状况有着众多的相似。

10. 一个中国人在日本的买房记

在东京一家日本跨国公司工作的北京人王栋，这些天挺犯愁。

公司人事部已经和他商量，准备在明年3月调他到上海工作，而他在半年前刚刚娶了一位日本同学做太太，被窝还没焐热。

"男子汉到哪儿都一样，反正工资不少你一元"，王栋心里是这么想。但是，犯愁的是两个问题：一是东京新买的房子怎么办？二是在上海要不要买房子？

和太太商量了好几次，太太很爱他，回答的总是同一句话："你决定就是了。"虽然上海的空气比东京灰蒙了一些，她还是愿意到上海来生活，因为她想世博会会很热闹，老家名古屋前几年也曾热闹过一阵子。

王栋毕业于早稻田大学，在这家公司里已经工作了6年。工资从最初的每月20万日元（约1万元人民币），也已经涨到了32万日元（约1.6万元人民币）。与同龄的中国男人相比，他属于高级白领。但是在东京，拿这一点钱只够养家糊口，还没有进入小康社会。

在中国市场部负责中国原材料采购的王栋，其实已经不是第一次到上海工作。两年前，他曾被派驻到上海的中国总部工作了三个月。那一次刚好赶上冬天，公司在中山公园附近给他临时租了一套新落成的公寓，月租7000元人民币，这一价格，刚好与他在东京租借的公寓楼的价格相同。

王栋清楚地记得自己在上海的公寓里度过的第一夜。那天半夜醒来，不是为了上厕所，而是被冻醒。他死活不明白，房间里打了30度的暖空调，为什么还是那么冰冷。起来一看，居然发现两扇窗门的合缝处底部有一个酒酿圆子般大小的洞，寒风从这个洞里吹进来，把整个房间的温度给搅了。再一摸墙壁，发现墙体如同冰块，他想象这堵墙除了砖头和混凝土，绝对没有什么隔热保温材料。当然门窗的玻璃也是单层的，隔热功能与陕北人家的窗户纸没有什么两样。

加了一条被子，王栋重新躺在床上时，他想起了东京的家。虽然自己租用的是10年前建成的公寓，但是门窗和墙体都使用了很好的隔热材料，外面是风雪飘飘，走进家里不开空调，也是暖洋洋的感觉。没有比较，还真的不知道。他突然可怜起上海人来，花了一辈子的钱买了一套房子，居然还是居住在"原始社会"。他更想不明白，因为没有使用隔热建材，上海市家家户户为了取暖，一天要白白浪费多少的能耗？

为了迎娶大学时同班的绫子，王栋下决心在东京买房子。房子位于东京都江户川区，这个位置相当于上海的闸北区。站在阳台上，可以看到东京迪斯尼乐园每晚燃放的焰火。

东京稍微有些钱的人比较忌讳住到"新村"或"花苑"，因为这种村落式的群居住宅，在日本属于政府开发的廉租房，叫"团地"。虽然配置有超市、银行、邮局，生活十分便利，但是，毕竟是三教九流混杂一地，兜里有几个钱的，都不往那里住。王栋的房子在一栋单体的12层公寓楼里的第5层。

加上留学期，王栋在日本先后打拼了10年，也只存下400多万日元（约21万元人民币）。民间的日本生活研究所的一项调查显示，东京的年轻人结婚，92%是租房子结婚。不是他们不愿意买房子，而是凭自己的工资买不起婚房，当然更不愿意做房产公司的房奴。

王栋感到幸运的是，没有接到如上海丈母娘那样"连房子都没有，凭什么娶我女儿"之类的惊世警言。绫子的爸爸妈妈说："好好工作，好好努力，争取在35岁时能够买下自己的房子。"35岁，那是日本人第一次买房子的平均年龄。绫子的爸爸也是在这一个年龄买下了一套三室一厅，至今还在还贷。

王栋的爸爸妈妈见了绫子，却一定要拿出积蓄给这位贤惠的儿媳妇安一个窝。这不仅是中国人娶媳妇的习惯，更体现咱们王家的面子——"中国人不比以前了"。绫子出乎意料地反对，她说"我们都已经工作了，不应该再花爸爸妈妈的钱"。自从读大学开始，除了学费，一切的生活开销都是绫子自己打工挣的，这在日本也是一条最普通不过的做子女的道理。

王栋看了样板房，房产公司说，这里使用的墙体是一种新型的建材，叫"空气墙"。"空气墙"不仅能够保暖与隔热，而且还具有调节室内湿度的功能。

当室内湿度不够标准时,它会把室外湿气吸纳进来,尽量保持一年四季室内的恒湿。

让王栋感到满意的,不仅是这一面"空气墙",所有的门窗均是厚实真空的隔热材料。夏天时,室内温度比室外温度一般都能低5度以上。

王栋花了4500万日元(约230万元人民币)买下了三室一厅的新房。房产公司开出的买房条件是,你可以选择不付头金,每月支付10万日元(约5000元人民币)加部分年中年末奖金的方式。也可以选择支付10%的头金(450万日元),每月支付8万日元(约4000元人民币)加部分年中年末奖金的方式。还贷期均是30年。

日本房地产公司卖房与中国有三大不同。

一是日本卖房是按照使用面积计算。王栋的房子刚好是100平方米,如果按照中国以建筑面积来计算卖房的话,应该是130平方米。也就是说,每一平方米的售价约是35万日元(约1.8万元人民币)。

二是日本卖房都是精装修完毕,并配置完基本的设备,如橱柜、卫浴设备和壁橱,而且都是最时兴的产品。换言之,拎着包就可以入住。王栋的那套房子,如果按照上海装修标准来计算的话,装修费至少花了30万元(约585万日元)。也就是说,按照上海的概念,王栋花了4500万日元(约230万元买下的 130 平方米的房子，事实上已经省去了 30 万元的装修费，实际的购房款只用了 3915 万日元（约 200 万元人民币），每平方米的实际售价只有 1.54 万元人民币。这还不包括东京新房使用的科技含量很高的"空气墙"等新型建材，以及抗震 8 级以上所带来的住宅高质量的享受价值。

三是日本购房享受的绝对质量保证期是 20 年。也就是说，在 20 年中，房子出现裂缝、倾斜、渗漏等建筑质量问题，房产开发商必须做出无偿修理，并做出相应的赔偿。

王栋前几天到上海来出差，到闸北区转了一圈，发现那里建筑面积 130 平方米的二手房，价格已经卖到了 400 万元人民币（约 7800 万日元），比他东京的新居贵好多。而他半年前买下的新居，估价已经跌到 4000 万日元，因为你已经是二手房，就如汽车，开了半年，抛售的话绝对跌价。因为日本没有炒房团。

王栋已经接受了公司人事部的约谈，准备明年带夫人到上海工作。但是，他也同时决定，不放弃东京的房子，不购买上海的房子。理由很简单：上海的房价让人很看不懂。

11. 在日本当老板为什么比在中国当老板轻松

　　这几天接待一个来自中国的企业考察团，团员大多是企业老板，大家都是看《地道战》长大的，因此混在一起，除了骂日本，偶尔也聊聊日本女人。最后几天，大家似乎深有感触，也开始玩起了中日对比。

　　下午访问了东京一家大型购物中心，在与中心的干部们座谈时，来自广东的孙总很认真地问了一个问题："像你们搞购物中心的，谁管你们？"

　　我把这句话翻译成日文告诉对方时，购物中心的干部们左右瞧瞧，愣是没听懂。我怕我理解错孙总的意思，马上向他确认："你说的管，是指上级单位吗？"孙总点点头。再把这话翻译成日文告诉对方，这些干部们又左右瞧瞧，最后眼睛齐齐地看向他们的社长，说："他管我们。"

　　孙总没听懂，我听懂了：日本公司除了老板自己管企业，没有上级主管单位，想要人管也没人管你。

　　向孙总解释了半天，他还是不理解。他又提出了几个问题：第一，你们要扩建，发改委不管你们吗？第二，你们搞经营，工商局不管你们吗？第三，你们每天收钱，税务局不查你们吗？

　　购物中心的干部们面对三个问题，只听懂了一个税务局，其他的都摇头，说："日本没有发改委，也没有工商局，只有税务署。"

　　孙总见对方没能理解他的意思，把自己的问题具体化，举例说：譬如，你们要在别的城市里去建购物中心，项目是谁批准你们建的？社长回答说，没人要求我们报批。我们只要从当地市政府的城建档案中了解清楚哪些地块是可以开发商业设施，只要从地主手中购买到这些，或者从不动产拥有者手里租到这些房产，就可以建购物中心。当然，我们要将建设图纸和方案报市政府建设课备案，但不是申请批准。

在具体经营中，那完全就是由企业在法律和自己申报的经营范围的框架之内自个儿去折腾，没有工商局或者市场局来管你。如果说日本政府哪一个部门具备中国工商局那样功能的话，可能就是法务局擦一点儿边。因为法务局是管企业登记的，公司成立时，要向法务局申报核准。但是一旦核准，法务局似乎就跟企业割断了关系，除非你需要公司的注册资料时，那得跑到法务局，花上几百日元去打印一份。法务局对企业没有年检，没有定期指导，没有各种培训班，也不会来蹭饭吃。

在日本，与企业关系最为密切的，要数税务署。但是，企业一般与税务署发生关系，也就一年一次。因为日本的发票，都不是税务局统一印制的，而是到文具店买的，当然也可以自己印。日本企业一年一度要缴纳的各种税金，是企业自行申报的。日本企业要上交的税，主要有五种：一是法人税（根据企业的经营决算报告，盈利的部分需要缴纳的税。如果决算时是赤字的话，不需要缴纳）。二是法人住民税（作为企业向所在城市政府缴纳的法人人头税。税额基本上根据公司的注册资金多少来框定税额，注册资金越大，要缴纳的法人税也越多。所以，日本公司的资本金一般都比较少）。三是消费税（2014年4月开始，消费税从5%提高到8%。税务署根据你的营业额多少来匡算你要缴纳的税金）。四是事业税（企业在开展事业过程中使用道路、公共设施，享受各种公共服务需要承担的社会共同责任，交给各地政府）。五是资产税（企业拥有自己工厂、仓库和办公楼的，都要根据规模大小缴纳资产税）。

上述税金，都是由企业自己，或者委托税理士帮企业一年申报一次。至于企业申报得准确不准确，税务署都有备案，对于可疑企业实施抽查。如果是故意偷税漏税，金额巨大的，那么企业老板就要遭到逮捕，而不是补交了税款就能轻易过关。日本对偷漏税的处罚是相当严厉的。

其实，日本企业所有的账目进出几乎是通过银行，很少做现金交易（除了零售、餐饮等服务行业之外），因此，每一笔钱款的进账与付出的单位、时间、金额都在银行的账单上记录得十分清楚，因此，企业在决算时，主要就依靠银行的存折来做账。

而企业向日本的银行请求贷款，如果年度决算连续两年出现赤字，那么要获得贷款会很难。除非你有资产做担保。因此，有些人觉得，为了躲避或少缴法人税，我叫会计师把企业的利润做得低一些，或者干脆做成赤字，那么其结果就是使得企业的金融与社会信誉和价值受损。当然，一旦被税务署查出，那会计师就会被剥夺资格，无法再从业。

所以，市场经济中的日本企业，只要认真交税，没人会卡掐你。当一个企业老板，除了搞定老婆，不需要搞定市长、局长，也不需要搞定税务官，因为谁也不敢收你的钱和礼，一旦败露，他们会丢官。所以当老板的，下了班后就回家吃饭，看电视想问题，不需要过多应酬，除非自己想出去泡吧。

孙总一直到晚上吃饭时还在琢磨：原来在日本当老板，比在中国当老板轻松。

12. 日本化工项目落户之前要做哪些工作

这几年，从厦门到宁波，从四川到广西，一说到引进化工项目，大有谈虎色变之紧张，一些城市甚至为了抵制 PX 项目，出现了抗议游行和骚乱。

那么，环保大国日本，也是世界著名的化工产业基地，它是如何做到安全生产，尤其是如何与当地的市民沟通合作，实现化工厂的顺利落户呢？

我在日本经济团体联合会讲演时，刚好遇到一位日本著名化工企业的副社长佐藤先生，于是逮住他，在讲演结束后拉着他一起去喝酒。

我想了解的是，像他们那样的大型化工企业，在日本国内建设工厂时，是如何让当地住民接受并落户运营的？

佐藤就着红酒，告诉我他们的整个操作程序。

首先，化工项目在选址上要远离中心城市。一方面是考虑到万一化工厂发生问题，危及的人口不会太多，另一方面，中心城市的落户门槛比一般的中小城市来得高，所以，工厂的选址，一般都会选择在偏远或人口较少的中小城市。

其次，要游说地方政府和议会接受这一项目。佐藤说，由于日本的社会制度关系，一个项目要在一个城市落户，游说政府是次要的，最主要的是要游说议会。日本的化工工厂环保是没有问题的，这一点，整个日本社会都很清楚，所以，地方的市长大多愿意接受，因为不仅可以解决大批雇佣，而且可以增加地方税收。但是，地方城市的议会，往往会有议员提出反对意见，也就是说，是不是同意化工项目的落户，不是市长说了算，而是议会说了算。议会通不过的话，那政府再努力也没有用。所以，向反对派议员提供资料，详细说明项目的安全性等工作，是很费精力的。

再次，要诚心诚意地向当地居民进行解释。佐藤表示，公司在日本有十几家工厂，每次建厂，一般都有反对派居民出现。人们对于化工工厂的担忧也是可以理解的，所以，建厂项目即使获得了当地政府和议会的批准，公司要做的最细致的工作，还是举行与居民的对话会，向他们解释项目的详细内容，包括生产内容、产品用途、安全保障设施、污水污气的处理能力，等等，回答并解释当地居民提出的各种疑问，向他们提供公司的项目说明资料。佐藤说，如果居民们反对意见强烈的话，这样的对话会需要开好几次，一直到大家满意和安心为止。

最后，也是最重要的，就是要给地方政府和当地居民准备"礼物"，叫利益诱导。一般的做法是，雇用当地居民当工人，给当地居民提供就业机会；为当地学校或当地政府免费捐建体育馆或剧场等文化设施，供当地居民使用；根据基础设施现状，免费为当地修建高规格公路，甚至建设连接中心城市的客运铁路专线方便居民们出门或者给周边的居民每月分发生活健康补助金。让大家感觉到，引进这个化工项目，不仅对当地政府增加财税收入有利，也使当地居民多了就业的机会，个人生活也得到了好处。

佐藤先生说，日本的化工企业在环保和防止污染等领域的技术和管理机制已经很好，所以不会出现有毒废气废水的外泄与污染周边环境的问题。因此，地方政府大多会接受建厂，但是当地居民往往会感到不安，所以，在游说和解释的过程中，一定要以最大的耐心和诚心，以科学的数据和论证以及切实可行的环保措施，真诚地面对地方政府，真诚地面对当地居民，做到让当地政府和居民放心安心，敞开胸怀热烈欢迎化工项目入驻。只有这样，工厂才会平安，事业才能发展。

以上佐藤先生介绍的日本化工项目落户的四点做法，想必也值得我们的化工企业和各地政府参考。

13. 日本最牛的一家豆腐店

我们亚洲通讯社的边上，是东京最高的大楼——东京MIDTOWN（中文可译作东京中城），这是一个由6栋建筑和大面积绿化构成的一个高智能化、超现代的新型的复合型城市群，其中最高的大楼高248米，共54层。在这个城市群里，汇集了各种各样的名牌店、餐馆、美术馆、写字间、医院等设施，还有东京房价最贵的丽嘉酒店，最便宜的房间一个晚上也要6万日元（约3600元人民币）。

午休时间，我和同事常去这个中城一逛，顺便看几眼美女，做一回阿Q。

社里的毛丫头们曾怂恿我把编辑部搬到东京中城去，说那样的话，绝对可以和共同通讯社争地盘。我说："你们是不是准备让我破产跳楼？"玩笑归玩笑，我倒是对大楼的租金产生了兴趣。于是很认真地向东京中城的投资与管理公司三井不动产做了打听。不打听还可以，一打听着实是吓了一跳：办公楼一坪（3.3平方米）是每月8万日元（约5000元人民币），一至四楼商铺，一坪是每月30万日元（约2万元人民币），也就是说，每平方米要6600元人民币。

吐着舌头离开管理公司，下到底下一楼，猛一抬头，居然在最醒目处发现了一家豆腐店。店铺上挂着的"とうふ"日文招幡，就是"豆腐"两字。

豆腐店开到日本租金最高的东京中城来，除了一个牛字，便想不起其他词汇来。

小心翼翼地走进这家豆腐店，发现其装饰之精致，可以用5星级的酒店来做比较。这家名叫"京乃豆腐屋藤野"的豆腐店共分成两部分，一部分是卖豆腐的店铺，一部分是吃豆腐料理的店铺。听店长说，这家豆腐店的总部是在京都，京都最出名的菜肴就是豆腐料理。

我察看了整个豆腐店，估计店的总面积应该是在20坪（约66平方米）左右，每个月的租金应该是在600万日元（约37万元人民币）。也就是说，每一天至少要有40万日元（约2.5万元人民币）的营业额才可以做到收支平衡。单单卖豆腐，就能挣到这个钱？我开始怀疑这家店的老板要不就是神经错乱，要不就是一个钱多得没处花的暴发户——只要名不要利。

但是，当我走进豆腐店，才发现这一家店牛的道理：一块普通的豆腐卖315日元（约15元人民币），比一般的超市贵两倍以上。而一个简单的豆腐套餐，则卖2310日元（约145元人民币）。

问题是，这个价格不但没有吓倒东京的妇人们，反而激起了她们无限的欲望。中午时分，店门口会排起长队，并弥漫起一种悠悠的胭脂味。为了品尝这一口豆腐，我活活在门口站了20多分钟，并因此获得一种莫名其妙的奖励——编辑部的毛丫头们围着我的衣领找口红。

据悉，豆腐是在公元前2世纪由中国汉朝的淮南王发明的。日本奈良时代（7世纪），由日本遣唐使传入日本。刚开始时，只是日本贵族与僧人们的高级食品，并初次记录于1183年的奈良春日大社的库录中。到18世纪的江户时代，豆腐才开始在日本民间普及，成为百姓的日常菜肴。1782年出版的日本豆腐菜谱《豆腐百珍》第一次将豆腐的制作方法和烹饪方法公之于世。

经过1000多年，日本人已经把豆腐做得很精，并做出了一种文化。目前，日本的豆腐分成三大类几十种，一类叫木棉豆腐，相对比较硬；第二类叫绢豆腐，属于嫩豆腐；第三类叫充填豆腐，是加一些配料的豆腐。如今在中国被称为"日本豆腐"的鸡蛋豆腐，就属于充填豆腐的一种。

在中国就这么普通简单、便宜得吓人的豆腐，传到日本怎么就变成了高级食品而受到日本人的顶礼膜拜？这个问题我一直没有想通。但是不管怎样，日本人能把豆腐店开到日本租金最贵的大楼里去，总有它的道理和办法。假如上海人把豆腐店开到金茂大厦去，不知结果会如何？

文化传承这东西，很值得我们思考。

14. 一位日本小老板的悲喜曲

美国金融危机爆发后，土屋隆一社长的心一直悬在喉咙口。星期天上午，他一早去东京的浅草寺烧了一炷高香，祈求观音娘娘保佑股票不要再跌。回到办公室，太太递上来的最新股市速报还是让他傻了眼。日经指数下跌900多点还算可以，问题是他所购买的几家公司的股票，跌幅都超过9%以上，"缩水？都已经挤不出水来了。"他愤愤地说。

土屋社长并非上市公司的老板，算上他自己，公司只有5个人，在日本属于"零碎企业"。但是，这家公司做的事情却不简单，专门为日本几家汽车公司生产一种汽油喷嘴。这是土屋一直觉得无比自豪的东西，他花了两年的时间才研制出这么一个小小的汽车部件，据说使用它可以节油20%。

已经66岁的土屋社长原来是日本一家汽车公司的工程师，专门从事汽车零部件的开发设计。退休时，他拿到了2100万日元的退休金。太太特高兴，把这一笔养老钱好好地保管了起来。土屋是磨了老半天，才从太太的手缝里抠出几百万，成立了一家小公司，继续从事自己喜爱的研发工作。

土屋社长开发的这一种汽油喷嘴很快引起了投资基金的关注。3年前，美国一家投资公司找上门来，出资5000万日元帮助他完善产品。土屋社长兴高采烈，因为终于可以自己给自己发工资了。

土屋社长蒙受的第一次打击，是在美国金融危机之后的2010年4月。那一天吃晚饭，太太吞吞吐吐地要和他说事。磨蹭了老半天，终于吐出这么一句话："买的基金亏得很多。"土屋听了好久，终于弄明白了：太太把他的退休金偷偷拿去买了基金，而那些基金最近亏掉了三分之一。

其实，土屋也有一件事瞒着太太，那就是每月发了工资，土屋社长都偷偷地拿出10万日元去买了股票。他怕太太把钱管得太严，今后弄几个小钱活络活络日子。可是，美国金融危机引发的全球性股市暴跌，正在把土屋社长这两年买进的股票变成废纸。他几乎是每隔几天就去一趟浅草寺，但是看来效果不是很大，可能是观音娘娘也没有遇到过这种事。

投资公司这几天正在找他，说要撤资，因为这家公司的美国总部目前正陷入经营困境。土屋找了律师想对策，目前还没有一个好办法。如果投资公司强行撤资，土屋一是买不起这个股份，二是万一投资基金的股份落入黑社会之手，那弄不好还要搭上老命。

太太这几天看他如此愁眉苦脸，说："要不就把公司关了。"土屋社长心里也正发毛，因为前几日媒体发表的一条消息，已经让他有风雨来临的感觉。《日本经济新闻》报道说，因受金融危机的冲击，丰田汽车公司在美国市场的销售量减少了32%，日产汽车公司也减少了30%。就连三菱汽车，在美国市场也失去20%的销售量。要知道，美国是日本各大汽车公司在海外的最大市场，利润几乎占了每个公司总利润的一半。美国市场不振，将导致日本汽车生产量的大减。作为这几家汽车公司的零部件供应商，土屋社长已经预感到接下来的日子将会是"订单减少，付款时间拉长，资金周转困难"。

晚上，他睡不着，因为深夜电视新闻节目又播出一条消息，刚刚开张的纽约股市出现近年来最大跌幅。

"谁说美国金融危机是隔岸之火，都烧到日本列岛了。"土屋社长在这一份担忧中，苦度漫漫长夜。

美国的金融危机，整个经济和金融陷入了恐慌，产业也备受打击。这一沉沦，一直延续到2012年。

2012年12月，安倍晋三第二次当选日本首相。他上台后，开始实行松裤带式的货币宽松政策，增加公共建设投资。这两大措施被称为安倍经济学的两支箭。新政实施两年多来，日元汇率从1美元兑换80日元，猛跌到兑换125日元的水准，跌幅高达40%。这使得日本的许多跨国企业一夜之间利润暴增，丰田、本田、日立等7大汽车制造商的2014年度利润，猛增了60%~156%。企业利润的增加和政府机构资金的投入，也拉动了股市的上扬。两年间，东京股市的日经指数从7000点猛增到两万点，恢复到美国金融危机之前的水准。虽然日本经济依然问题多多，但是已经呈现出复活的景象。

再次致电土屋社长，问他最近如何？他笑呵呵地说："死了的股票全活回来了，工厂现在三班倒，公司撑过来了。"

15. 日本企业家为何不愿抛头露面

在日本，采访政治家很容易，采访企业家很难。

日本两位轮流坐庄的首富——卖休闲服的"优衣库"创始人柳井正和软银集团的孙正义，是打高尔夫球的密友，但是你永远也无法拍到两人在一起打球或喝酒的照片。

把自己的私生活裹得严严实实的两位，是媒体最难采访到的企业家。他们并不是架子大，而是做人做事始终保持着如履薄冰的谨慎。

我给柳井正社长翻译过他的三本著作，因此也多有交往。30年前，早稻田大学毕业的柳井社长从他的父亲手里接过一家小小的洋服店，开始独创休闲服品牌"优衣库"，磕磕碰碰几十年，不仅使得"优衣库"成为世界三大休闲服品牌之一，而且其本人也靠卖衣服而数度成为日本首富。

他把自己的创业与成长的经历写成了一本书，叫《一胜九败》，内容不是自己的天才智慧和辉煌的业绩，而是十次挑战九次失败的寒碜事。这本书的中文版是我翻译的，与中国一些企业家的传奇故事书相比，《一胜九败》简直就是自揭伤疤的可悲故事，但是却成了许多海内外企业家们想认真细读的一本教科书，因为它真，因为它实，不是张扬自己，而是传递创业的教训。

在一个信息泛滥的时代，我们其实很少能在媒体和网络上发现柳井正和孙正义的影子。不仅是他们，日本几乎所有大公司的老总们，都把自己遮掩得如同忍者一样——被人看到的只是单一的色彩。

为什么日本的企业家不愿意抛头露面？理由大凡有这么几点。

第一，日本的企业几乎是私人创建的民营企业，老板的一举一动，直接影响着企业的声誉。在日本这样一个重声誉的社会里，老板的任何一个污点或做错的一件事，都可能导致客户的远离和业绩的下滑。因此，做事先做人是日本社会的一大行为准则和道德要求。也就是说，一家企业的声誉与老板的声誉，在某种程度上是画等号的。

第二，如果企业家把自己当成一位艺人，到处表演或展示自己的私生活，那么，总有一部分人会成为你的"粉"，也总有一部分人会成为你的"敌"。对于企业来说，也许因为老板的个人表演让消费者生厌，或者产生嫉妒，那么，这一部分消费者就会离去，甚至成为这一家企业的攻击者。因此，老板成艺人，虽然在某种程度上可以提升企业的知名度，但是对于企业来说，是大大增加了经营风险度。

第三，言多必失是日本任何一家大公司老总铭记的教义。也正因为如此，你要叫日本的企业家们对当前的政治或社会问题发表看法，那实在是很难的。哪怕其本人十分讨厌安倍首相，也绝对不会说出"安倍经济学注定要失败"的话来，因为你不是学者和评论家，你没有资格说三道四。你最多只能表示某种程度的忧虑。如果你说了，政府不会公开制裁你，但是很可能会遭到安倍支持者们的反感，甚至背地里对你进行报复打击。如果你对同行说出批评的话，那等于是一人搅局，以后再难以在这个圈子里混。所以，有些时候，本人图一时痛快，但是对于企业来说，往往是得不偿失。

第四，与政治搭界利少弊多。日本最大的餐饮连锁店"和民"和"笑笑"的老板渡边美树在经营企业成功后，便想弄一个国会议员当当。2013年，他作为安倍首相领导的自民党的候选人参加参议院议员的竞选,最终当选。但是,公司并没有因为他成为国会议员而股价飙升,反而从此走上下坡路。因为他落下两个不好的印象:第一是"不务正业",第二是"安倍走狗"。那些不喜欢安倍的人,也许从此拒绝进入"和民"去喝啤酒。松下幸之助先生当年也曾经想过参与国政竞选议员,但是最终被周围的人劝住,最后只掏钱办了一个"松下政经塾"。安倍第二次当上首相后,曾经到柳井社长家中登门拜访,邀请他出任内阁经济顾问,但是,柳井社长没有答应。因为在一个法治国家里,一切都公开透明,即使担任这一个很高的政治职务,对于企业来说,捞不到政策好处,也搞不定额外贷款,只会增添政治风险。

所以,日本成功的企业家,总是给人许多谜。你看到的只是他兢兢业业经营企业的一面,你很难看到他的私生活,或看到他的政治立场和观点。他不会让你知道他有私人飞机,不会让你知道他除了那一辆黑色的丰田车之外,还有什么豪车。他总是把可能影响其本人和企业声誉的风险降到最低,留下一个中规中矩、卑微谦恭的形象,让你安心得一塌糊涂。

16. 从家庭收支簿看日本人如何生活

这几天,有不少网友给我留言,就日前在网上流传的一篇《日本人的真实生活》做出真假评价。说实在的,自己文章好写,他人文章难评。但是我还是要说一句,《日本人的真实生活》是我迄今为止看到的最好的一篇有关日本的综合介绍文章。作者应该是学者,因为他把这一篇文章写成了论文。

不过,这篇文章主要介绍的是日本的社会保障制度与综合国力以及与中国的比较,并没有如题目所示,真正反映日本人的真实生活。以至于许多中国网友读了这一篇文章,都以为日本人真的生活在天堂。

其实,日本人生活得并不快乐和富裕,和一般的中国人一样,日子也过得紧巴巴的。

排除我的主观描述,我们先来看看日本主流报纸之一的《每日新闻》前几天刊登的一份日本人家庭的"家计簿"(家庭收支的流水账)。

这是一户4口之家的日本标准家庭,木村夫妻俩加两个孩子。木村先生今年32岁,在一家贸易公司工作。妻子30岁,是家庭主妇,两个孩子一个上幼儿园,另一个在保育院。

木村家住在东京郊外的千叶县船桥市,月薪是35万日元,扣除各种税金与费用后,实际到手是30.4万日元(约1.6万元人民币)。这是日本这一个年龄段的男人(大学毕业后参加工作)的标准工资。木村家的一个月的"家计簿"如下:

收入:30.4万日元

支出:①住房还贷:10.2万日元(三室一厅,使用面积70平方米)

②水电煤气费:1.5万日元

③老公零花钱:4万日元(含中餐费)

④通讯费：1.8万日元（含家用电话、上网费、夫妻手机费）

⑤孩子教育费：2万日元

⑥家庭生活费：6万日元

⑦家族保险费：1万日元

⑧美发等杂费：1万日元

合计：27.5万日元（上述费用不包括衣服购置费、人情费和养车费）

剩余：2.5万日元（约1670元人民币，在日本相当于吃35碗拉面的钱）。

从这一份"家计簿"中可以看出，木村家不仅每月很少有积蓄，而且还养不起车，日子必须精打细算。

为什么在某些中国人的眼里，日本人看起来很有钱？其实，说白了，日本人的这一点工资拿到中国来用，那当然是富翁。但是，这一份工资在日本国内用的话，那就紧巴巴，不会很富裕。吃的方面，我想中国人可能比日本人的日常饭菜还要吃得好。

日本是一个相对来说贫富分化比较小的国家，作为一般的公司职员，大家的工资也差不多，生活都过在同一水准上，没有如中国那样，同样大学毕业生，工资可以相差一倍以上。我觉得，如果要解读日本人的真实生活的话，这一份"家计簿"很能说明问题。

我们通讯社里的日本员工，大多也过着这样的生活。尤其到发工资之前，好些人都舍不得买一罐饮料喝。

日本人真正有钱的时候，一般是在退休之后。孩子都成了家，房子的贷款也还清了，一般公司职员都可以拿到1500万至2000万日元的退休金。这时候才见到生活的太阳，而人生已经近了黄昏。

17. 互联网经济，日本年轻人没兴趣

晚上与早稻田大学的几名毕业生一起吃饭。小川、岛津这几个人都是我在早稻田兼课时的学生，如今都已经成为社会人，在不同的公司里工作。

之所以要聚餐，是因为要祝贺他们下乡去当农民，他们这几个人创业，成立了一家农业公司，准备去长野县种地。

其实，他们已经不是第一批早稻田农民。两年前，我也曾经送别过青木等4名学生，他们4人跑到新泻县去租了一片荒芜的农田，种草莓和大棚瓜菜，居然种得像模像样，还卖得不错。

离开东京这个大都市，居然跑到乡下去创业，图什么？青木曾经这样说，自己的老家在熊本县，从小习惯了在小城市里生活，在东京读书和工作几年，总感觉在迷失自己，找不到自己在这个城市里的存在感。虽然东京是一个国际大都市，夜夜灯红酒绿，但是，感觉这一座城市不属于自己，有一种没有根的漂浮感。所以去农村创业，活得实在。

这是青木和他的伙伴们两年前离开东京时的理由。那么今夜我与小川他们谈创业的时候，问了他们一个问题：为什么不留在东京搞互联网经济，而是去农村种地？

小川他们的回答，让我有些意外。他们说："日本的互联网产业已经十分发达，去年对经济的贡献度已经占到 GDP 的 3.7%，市场规模达到 20 万亿日元。因此互联网创业的难度越来越大，风险也越来越高，不是我们能够碰的。"

岛津曾经到上海留学两年，他跟我谈自己对于中国互联网经济的看法。他说，中国社会目前讲的互联网经济，应该是指五个领域：电子商务、互联网金融、即时通讯、搜索引擎和网络游戏。其中电子商务是最热门和最被认为是适宜创

业的领域。

岛津说，日本只是把互联网经济看作一种行销模式的创新，而不是把它看作是可以包揽从生产到销售再到生产的万能药，也就是没把互联网看作一种新经济模式，而只是一种新的行销手段。因此，日本的投资公司、基金公司以及银行都不会给互联网经济的新企业投钱，年轻人创业就很困难。

这里面就谈到了一个电子商务的问题。他们说，中国的购物环境和市场环境与日本不同，中国因为城乡差别大，商品物流不及时，加上国土辽阔，因此，有淘宝、京东这样的网店，大家体会到一种选购商品的便捷。另外一个很大的原因，是因为网店的价格要比实体店的价格低，显示了其价格优势，对于喜欢讨价还价的中国消费者来说，是具有魅力的。但是，日本的偏僻乡村都有超市或购物中心，加上农民家家都有几辆汽车，带着家人跑到超市和购物中心去买东西，既是一种购物的享受，同时也是融合家庭气氛的一种方式。因为超市和购物中心都强调商品的顾客体验，因此逛商店有乐趣，网购没乐趣。更为重要的是，日本网店和实体店的价格基本上是不分上下的。尤其是一些大型的电器商店，网上网下的商品价格是一样的，没有网上便宜可以占。因此开网店没有太多的利益优势。

小川在谈到互联网经济时，说日本的搜索引擎市场已被雅虎和谷歌瓜分。互联网金融在日本已经推行了至少10年，就是产生不了如支付宝这样一枝独放的新型支付手段甚至许多人担心账户被盗，根本不用网上银行。网络游戏搞得最起劲的是软件开发商和游戏机开发商，非一般年轻人所能为。起源于美国的"滴滴打车"，在日本试行了3年，最后退场，因为日本出租车行业协会和经济产业省认为，这是破坏出租车市场秩序，并导致黑车泛滥的罪魁祸首。

所以，总体上来看，日本的互联网经济，要么一些领域已经领先世界，要么一些领域过于强调公平竞争，禁止无序竞争，年轻人小打小闹无法搅动这一市场。

日本人常常这么调侃自己：日本其实实行的是"社会主义市场经济"。从整个社会意识上来讲，日本渴望全民就业，大学毕业生的就业率高达94%。而中国鼓励全民创业，甚至鼓励大学生停学创业。日本人是有钱才去创业，而中国人是没钱也会想到去创业。日本人谨慎守规矩，中国人胆大有闯劲。日本基金公司只给有业绩的企业投钱，而中国的基金公司愿意给写出优秀创业计划的小微企业投钱。中国人重资本市场，而日本人重实体经济。日本年轻人愿意离开东京去农村种地创业，中国年轻人大学毕业后让他去乡下种地，可能会成为大新闻。

日本人只看到眼前，中国人总向往未来。中国年轻人众筹一家咖啡馆就开始指点江山，日本年轻人则坐在海边看着夕阳说"今天我努力了"。日本年轻人心里想着"不能向父母要钱，不能向朋友借钱，不能给别人添麻烦损自己信誉"。中国年轻人心里想的或许更多的是"今天创业，明天上市"。所以，很难说，哪一个国家的年轻人的想法对哪一个不对，对于年轻人来说，有梦就是美丽。但有一个事实，日本社会不得不承认：中国充满创业的机会，拥有创业的环境，全民创业一定会涌现一批优秀成功的年轻创业者与企业家，他们将为中国未来的发展担责。这一种活力，是日本社会没有也不可能拥有的。

小川、岛津他们明天就要去长野县落户了。他们有一个梦：租用老年农户废弃的土地开辟成果园，引进世界稀罕水果的果树，把果园建成一个观光地，同时开设网店，在网上销售自己的产品。虽然在乡下种地，但他们也将充分利用电子商务，实现实体经济与互联网经济的完美结合。

18. 麦当劳总裁为何被骗 7000 万日元

东京警视厅以投资欺诈的罪名逮捕了一位软件开发公司社长，这是日本警方同一天逮捕的第三位投资欺诈嫌疑犯。本来，这样的消息在当今的日本社会已经司空见惯，但是，人们绝没有想到，被骗的人中，居然有麦当劳公司总裁原田泳幸。

原田先生被称为日本现代经营大师。1990 年，他加盟苹果日本公司，7 年后担任苹果公司副总裁兼日本公司社长，为苹果电脑打开日本市场立了汗马功劳。2004 年，日本麦当劳公司出现经营危机，原田离开苹果公司出任麦当劳总裁。原先人们担心，卖电脑的原田能否卖好汉堡包？没有想到两年后，麦当劳就扭亏为盈。原田更是推出麦当劳咖啡店，与星巴克一争天下，引起国际快餐业的关注。

就是这样一位经营大师，却倒在一位小小的软件公司社长的手中。

东京警视厅公布的消息说，这位名叫林茂道的软件开发公司社长在一次聚会上与原田总裁相识。随后，他以证券公司委托他中介基金为名，向原田总裁推销中期国债基金，并许诺年利息 30%。原田总裁居然相信他的话，向这一个基金投资了 7000 万日元（约 359 万元人民币）。但是，原田根本不知道这一个基金是林茂道利用一家破产企业设立的虚假圈套。一年后，由于无利息分配，细查后才得知被骗。警方称，目前正在寻找其他的受害者，估计欺诈的金额比较可观。

据悉，林茂道以前曾在一家投资公司从事过股票买卖等业务。

不过，原田在 2015 年 5 月卸任麦当劳公司董事长时，退职金拿了 3.73 万亿日元，7000 万日元被骗，最多也只是买了一个教训。

日本消费者机构提供的最新统计数字说,最近两年间,日本发生的金融诈骗案增加了两倍多,其中最多的是投资诈骗案。

2007年被破获的圆天公司诈骗案,诈骗金额高达3600亿日元(约185亿元人民币)。该集团以投资中国房地产和中东油田为名疯狂敛财,并发现圆天增值货币要取代日元,迄今已知受害人数多达一万多人。

而一家名叫"BARUTYKU咖喱"公司的欺诈手段更为高明,他们充分利用日本人对于中国经济高速发展的关注,抛出一个"5年内在中国开店600家,三年后在中国上市"的投资方案,并宣称只要投资100万日元,5年后连本带利归还360万日元。该公司还在宣传资料上称将与中国一家拥有银行的大型国有企业合资开设咖喱饭连锁店,保证三年内在中国上市,上市后每一投资单元(100万日元)实际值将达到830万日元。该资料还列出了一位中国前领导人作为公司的总顾问。

早稻田大学教授小野田芳夫在分析日本投资诈骗案剧增的原因时指出,日元银行利息几乎为零是导致一般人追崇高利息金融投资的一大原因。另一方面,日本经济这几年一直徘徊不前,百姓生活日趋艰难,导致人们追求暴利的心态勃发,给了诈骗者以可乘之机。同时,日本开始进入大退休时代。一大批在日本经济高速发展时期参加工作的人加入了退休者的行列,大量的退休金为诈骗集团提供了良好的诱饵,导致近几年投资诈骗案的大增。

19. 日本到底还有没有核辐射？

最近一段时间，网友们咨询我最多的问题，便是日本的核辐射问题。福岛第一核电站的核泄露事件发生至今已经六年多，东京电力公司最近公布了核反应堆的原子炉炉底熔穿的照片和核辐射量数据，这一辐射量超出了预期，将会导致一位成年人在几十秒钟内死去。这一消息再度引起了人们对于日本核辐射问题的关注与担忧，网友们的焦点都集中在一个问题上：日本现在到底还有没有核辐射？

为了回答大家的这个焦点问题，最近几天，我查阅了日本大量的检测与分析数据，同时咨询了管理福岛核电站的东京电力公司，也跟日本研究核辐射问题的专家进行了沟通，基本了解了福岛核电站核辐射问题的现状。

大家一定记得在2011年3月11日，日本福岛县近海发生了9级大地震。这次地震并没有把福岛第一核电站震倒，但是随后引发的海啸，却袭击了核电站，并摧毁了核电站的供电系统。这一供电系统的被毁，直接破坏了核电站反应堆的冷却水系统，核反应堆原子炉在没有冷却水冷却的情况下，出现了高温。

当时福岛第一核电站有6个核反应堆，其中第一和第二核反应堆处于运转的状态。冷却水系统被破坏后，核电站的抢险队和日本自卫队采用空中洒水和海水喷灌的方式给反应堆降温，但是第二核反应堆的闸门因受损无法打开，结果导致第二核反应堆原子炉的温度冲破1000度，并发生了爆炸，从而发生了震惊世界的核泄漏事件。

我当时在办公室收看电视的现场直播，就看到核反应堆的建筑物的屋顶被炸，空中冒出大量的水蒸气，后来才知道，这就是原子炉的核爆炸。核爆炸导致核电站周围大范围地区遭到核污染，周围20公里被日本政府宣布为"死亡区"，当地15万居民被紧急撤离。这种爆炸的核放射物随风飘落到周边地区，就连距离核电站300多公里的东京也检测到了放射物。

但是自从那次爆炸后，福岛第一核电站没有再发生过新的爆炸，也就是说空中的泄漏没有再次发生。但是由于高温，第二核反应堆原子炉的核燃料棒开始溶解，并熔穿了炉底。大量的高浓度和核燃料棒就像铁疙瘩丢到了地面，并有一部分随着外部灌进来的水融入到地下室。地下室原来是一个配电室，因为水的流入，导致地下室成了一个地下水池，而燃料棒熔化物的混入，使得这些水变成了超高浓度的污染水。

由于人无法靠近，因此过去这么多年，日本政府和东京电力公司都知道炉底熔穿，但是不知道熔穿的具体程度，也不知道现场的状况，更不知道炉底下面实际的核放射量到底有多高。

经过五年多的努力，日本政府和东京电力公司慢慢清除了周边被毁的建筑物和垃圾，终于在2017年1月，可以让一台小机器人携带一条缆式摄像机进入到第二核反应堆原子炉的炉底去拍照和检测。结果发现，燃料棒和预料的一样，已经从炉底熔穿后变成了金属疙瘩，而且推测出的最高辐射量达到了惊人的每小时530Sv（希沃特），比之前预测的数值高出了7倍。这个辐射量有多厉害？据悉，人靠近后几十秒就会死亡，就连这台机器人也没能撑过两个小时而被迫撤离。

那么，这份福岛核电站原子炉底的检测结果，是否意味着东京乃至整个日本，依然遭受着高辐射呢？事实并不是这么回事，这一数值只是指原子炉熔穿处的放射量，而不是周边地区，更不是东京乃至日本全国的放射量。

2017年2月8日，我用北京核仪器厂制造的检测仪，在东京市中心赤坂的"东京中城"前进行了测试，结果发现辐射量只有00.14μSv（微西弗）。网上的资料说，乘飞机从北京往返美国1次，相当于接受0.1-0.2mSv（即100-200μSv）辐射量；机场安检一次为0.05-0.25μSv，东京的核问题学者告诉我，00.14μSv的放射量等于跟没有一样。

我在福岛第一核电站核爆炸事故发生后一个月，曾拿着这台检测仪在银座大街检测，那时候的数值是13μSv。刚好回中国出差，我在上海浦东机场也检

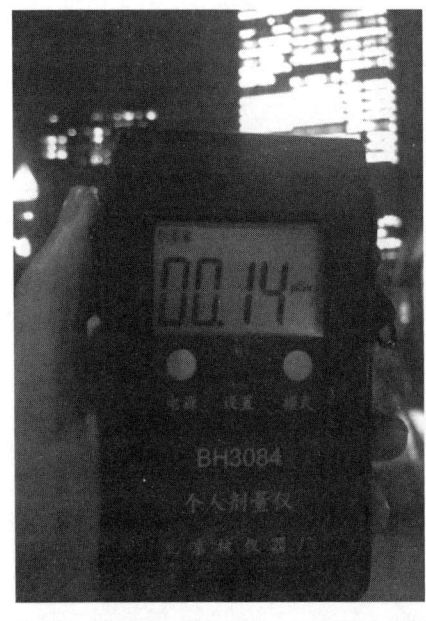

测了一下，数值为 00.39μSv，后来我到北京天安门附近也检测了一次，数值为 00.52μSv。我当时很不理解为何中国的数值反而高，中科院的一位专家跟我解释，这是因为中国属于大陆地区，各种大自然的放射物多，因此本底辐射的起点就高，譬如燃煤就会产生放射量，大理石花岗岩也会产生放射量。

既然福岛第一核电站早已经没有了空中的核泄漏，那么是否还有其他的泄漏呢？有的！目前还存在着地下核泄漏。也就是说，那些沉积在地下室的高浓度水，还在不断地渗透到地下水系，并流入海中。福岛第一核电站建在海边，靠里一侧是丘陵，因此水是从丘陵高处往低处的海域流。为了阻止这一地下泄漏，东京电力公司曾经在海边的土中建造冰墙，力图让这些污染水遇到冰墙后结冰，不至于流入海中。但是目前看来，效果还是不好。也就是说，核泄漏还在发生。

2015年8月，福岛第一核电站内发现，每当遭遇暴雨时，雨水会携带高污染的泥土直接从地面流入海中，污染海洋。而东京电力公司明知这一情况，却没有采取必要的阻止措施，还一直向社会公众隐瞒这一实情。这个问题遭到了舆论的谴责，也激怒了福岛县和附近几个县渔民。

那么，目前这一地区海域的污染情况如何？福岛县边上的茨城县，有两位水产公司的社长，是我们亚洲通讯社发行的日文报纸《中国经济新闻》的读者。我问他们，现在海域的污染有没有问题，他们说，靠近核电站的2公里海域，属于禁止捕捞区，其余的海域都是安全的。捕上来的水产品，都要进行放射物的检测，目前都符合国家标准。而且，联合国原子能机构、美国原子能机构和欧洲原子能机构都在对福岛核电站进行长期监测，并没有发现新的核放射量数值的变化。

六年前遭受核辐射的福岛县人，现在的身体状况如何？福岛县政府公布的调查结果称，2015年1月至3月期间，在以事故发生时未满18岁的青少年为对象的核辐射对甲状腺影响的检查中，确诊患癌的人数新增16人。如今福岛县38.5万名青少年当中，已有103人被确诊患有甲状腺癌。

对于这103名青少年患者，日本医学界的意见出现了分歧。一种意见认为，应该与当年遭受了核辐射有关。还有一种意见认为，参考了远离福岛县的九州地区的青少年甲状腺癌的发病率，二者基本接近，因此认为福岛县青少年的这一发病数，是属于正常的发病范围，与核辐射没多大关系。到底这103名青少年甲状腺癌的发病与核辐射有没有关系？目前日本的医学界还没有一个确切的统一结论。

东京电力公司公布的福岛第一核电站炉底高辐射检测报告和照片，在日本社会并没有引起什么紧张情绪，因为大家都知道，这不是新的辐射。但是在中国和其他国家，确实造成了一些民众担忧，一些媒体在报道中没有介绍事件背景，也因此让民众产生了一些误解。

中国外交部发表了一份谈话，提醒中国公民赴日旅游注意安全，同时要求日本政府及时提供核辐射的最新情况。我觉得这一要求十分合理！虽然因为海流的问题，污染水不会倒流到中国海域，但是，鱼类是游动的，海产品的安全问题，还是应该引起重视！所以大家来日本旅游，如果担心海产品受到污染的话，可以选择不吃或少吃。

20. 日本农民一年的收入到底有多少？

我在日本大分县采访的时候，走进了一户农民的家，跟他们聊了一个问题，那就是在日本当农民，一年的收入到底有多少？

我去的日本大分县九重高原，在过去是一个穷乡僻壤，因为从九州地区最繁华的都市福冈市开车到那里，走现在的高速公路也得要两个小时，在过去只有山路的年代，从福冈市到九重高原，至少也要走上三四天。

九重高原海拔有将近两千米，在九州地区是最高的高原。以前这里很少有居民，在100多年前的明治维新时期，日本政府鼓励城市居民去农村开垦荒地，开垦出来的荒地归个人所有，所以日本的东北地区有一大批人去到北海道垦荒，类似于中国的山东人当年去东北地区垦荒"闯关东"。日本九州地区的人，就来到九重高原开垦荒地，使得这个人烟稀少的高原，成了日本九州地区最主要的稻米产区。

我走访的这家农户的主人，名叫永尾宗男，他原来是当地町政府的一名工作人员，已经68岁，退休以后就在家里耕种祖传的农田。

我到永尾先生家的时候，他刚开了一辆拖拉机从农田回来，忙着招呼我们进家里小坐。家里的客厅是典型的日式布局，榻榻米上放着一张方桌，大家盘着腿，围着方桌聊天。永尾先生端上来的不是日本的茶，而是咖啡，在这个比较偏僻的农村，农民居然在喝咖啡，这让我多少感到有点惊讶。

永尾先生祖传的家业主要是稻田，稻田的总面积有三町。我问他一町是多大面积的土地，他告诉我是1万平方米，也就是15亩地。那么三町土地，就是45亩。

我问他，这45亩地，由几个人耕种？他回答说，只有一个人，就是他自己。

永尾先生有一个儿子和一个女儿，女儿早已出嫁，儿子在大阪的一家公司里工作，平时也很少能够回家，太太在当地的一家超市里当收银员。所以从耕地到插秧到收割，这45亩稻田都需要永尾先生一个人打理。好在所有的环节都是使用农机，洒农药也是用一架小型的无人飞机，所以除了收割时需要临时请几个人帮忙之外，平时的管理，永尾先生觉得自己一个人也足够了。

拥有45亩土地算不算一个大户？永尾先生说，在九重高原，这还是属于小农户。土地多的家庭，都有几百亩。

我请永尾先生算了一笔账，当农民一年的收入有多少？

永尾先生说，像他这样种稻米的话，亩产是700斤左右，三町地一年的产量一般是3万斤，收入是380万日元，相当于24万元人民币。扣除秧苗和农机折旧成本以及临时雇人帮忙的支出，纯利润是50%，也就是纯收入为190万日元，相当于12万元人民币。这个数字，在我们中国人看起来，是一个不小的数字，但是在日本，这还不及一名刚从大学校园里走出来的毕业生的年收入，自然是养不活一个家的。所以，当地的农民除了农忙季节之外，大多数是在兼职，日语中叫"兼业"，就是兼任其他事业。譬如在当地温泉旅馆里工作、在旅游设施里做管理，或者在农产品加工厂里打工。到了冬天，九重高原还有一个很大的滑雪场，需要雇佣好多人做临时工，可以工作4个月。当地人通过做这种兼业，用来补贴家用。像永尾先生，他除了耕种这45亩地之外，还抽出一部分时间去町政府帮忙处理工作事务，加上他每月16万日元、相当于1万元人民币的养老金，再加上夫人一个月10万日元的收银员工资，夫妻两人的年收入也可以达到500万日元，相当于30万元人民币。

这500万日元的年收入，相当于东京这样大城市里一名中年企业员工一年的收入。但是，城市与农村还有一个不同之处是，城市里生活的人，动一步都需要钱，而在农村，稻米蔬菜都是自己种植的，除了日常生活用品之外，每天的开销很少，所以农民年收入的含金量很高。

就像永尾先生自己所说的那样，他在九重高原只属于小农户，而他的邻居佐藤先生一家，就是一个大农户。

佐藤先生是个50多岁的中年男人，他和妻子，以及儿子与儿媳妇一家四口，除了种植大约150亩水稻田之外，还养了100头牛，另外还有一个种植蓝莓的果园。永尾先生给佐藤家算了一笔账，种粮食的收入，一年有1000万日元；

牛是日本著名的丰后牛，一头牛可以卖到80万日元，100头就是8000万日元。再加上蓝莓和蓝莓酱的收入，佐藤一家人的年收入超过了1亿日元，相当于600万元人民币。扣除成本和临时雇人的费用，实际年收入至少也有7000万日元，相当于420万元人民币。这个收入在日本算什么水平？

日本首相安倍晋三的年收入大约是5000万日元，佐藤这一户农民家庭的年收入，是首相年收入的一倍，更是东京一般公司白领年收入的20倍。

日本政府对于农民有许多政策性补贴，补贴主要分两种，一种是对购买农业机械，譬如收割机、耕田插秧用的拖拉机等设备，日本政府都给予20%的补贴。二是对于以长到八成熟的稻谷作为饲料使用的农户，每1000平方米稻田，也就是一亩半稻田补贴8万日元，相当于5000元人民币。像永尾先生家3万平方米的稻田，全部种上粮食，在稻谷八成熟时收割作为饲料的话，政府就会补贴240万日元，相当于15万元人民币。也就是说，你只要把水稻种上，不管收成好坏，到时把八成熟的稻谷交给政府收购，就可以得到240万日元的补贴。这一政策也导致一部分老年农民干脆把土地出租给大户，然后从大农户手中获取土地租金，一般是1000平方米5万日元，大约3000元人民币的租金。

所以在日本农村，你只要勤奋劳作，收入并不比城市居民低，日本许多农民不愿意去大都市里生活，不愿意去城市里做农民工，一个很重要的原因，是他们在农村的生活，实际上要比城里人过得滋润。像永尾先生家有一个大宅子，还有三辆汽车，除了夫妻俩各一辆之外，还有一辆商务车，偶而供孩子一家人来时使用。更为重要的是，因为日本实行的是全民统一的国民养老保险制度，永尾先生的退休养老金和城里人一模一样，一分钱不少。

日本内阁府所作的一项各地生活水准调查显示，日本人均收入最高的地区，不是东京，也不是大阪，而是岛根县，其次是富山县。这两个县，农业和水产捕捞业十分发达，也就是说，农民和渔民数量很多，这些农民和渔民的收入超过了大城市公司白领们的收入。

所以我们到日本农村，常常能看到一栋栋漂亮的别墅，还有整洁的道路，家家户户有车，这也意味着，日本农村与城市之间的差别已经很小了。城乡差别的缩小，也鼓励了一些城市里的大学毕业生离开学校后走进了农村，去承包土地当农民，去过一种自由自在的生活，满足自己对于田园生活的向往。

21. 日本自由行的黄金旅游线

一些读者给我留言，希望我能够给大家推荐一条日本自由行的黄金路线。大家的要求是，这条黄金路线既要包括东京和京都这样的经典旅游地，同时也能体验日本的乡土风情和温泉文化，还得避开游客很多的地方，时间是一个星期。

这一要求确实考验我的脑细胞。不过，日本问题没有难倒我的时候，我给大家设计了这么一条便捷的黄金旅游路线。

说起日本的黄金旅游路线，一般是这样一条线路：从关西国际机场入境，先到京都，然后到奈良，再到大阪，接着坐大巴或者新干线到东京，最后从东京离开日本回国，这一行程需要六到七天的时间。

如果你是第一次来日本，又没有导游陪伴，那么这条黄金旅游路线是一个不错的选择。因为它可以游览京都和奈良两个古都，同时还可以看看大阪和东京这两个日本最具现代化气息的城市。但是由于这条旅游路线过于经典，几乎来日本的游客都走这一条线，因此，对于希望自由行的人来说，不免会产生一种不满足感，总觉得还缺少些什么。

那么，我来给大家推荐一条我设计的自由行黄金路线。

这条自由行黄金路线的起点，是东京。

东京有两个机场，一个是羽田机场，羽田机场距离东京市中心比较近一点，类似于上海虹桥机场。还有一个距离东京市中心比较远一点，是在千叶县成田市的成田国际机场，相当于上海浦东机场。羽田机场到东京市中心一般需要30分钟，成田国际机场到东京市中心一般需要1个小时，相差也就30分钟左右。所以，你选择哪一个机场都行，但相对来说，到成田国际机场的航班多一些，机票价格也比羽田机场稍微便宜一些。

大家来东京的话,建议你们最好是坐上午的航班,这样的话,中午前后就可以到达东京。下午和晚上就能开始自由活动。

第一天到东京,我建议大家先去银座和有乐町、秋叶原的电器店去购物,把自己想买的东西先买好。因为在日本购物,东京的百货公司和电器商店、药妆店以及世界名牌的专卖店最多、最集中,所以,想购物一定要在东京先买好。到了京都,估计都没有时间购物,而且店铺也没有东京那么多。东京的百货公司和专卖店一般都是晚上 8 点关门,但是东京的电器商店和药妆店都是在晚上 10 点关门。所以大家购物的话,要先跑百货公司和专卖店,然后再跑电器商店。如果你要买电饭煲或者马桶盖的话,我建议你去最后离开的城市买,或者在机场免税店买,不然一路带着很麻烦。

第二天,也在东京。如果你是带着孩子来的话,建议一家人去东京迪斯尼乐园。东京迪斯尼乐园的规模是全世界最大的,旁边还有一个世界独一无二的东京迪斯尼海洋乐园。两个游乐园,一天都玩不过来。从东京车站坐轻轨列车,半个小时就可以到迪斯尼乐园,交通十分便利。

如果大家不想去迪斯尼乐园的话,可以去游览皇宫、国会、浅草寺老街,还有新宿的歌舞伎町和东京湾的台场。这几个地方转下来,需要一天的时间。如果你已经来过东京,那么我建议你从东京坐上新干线 1 个小时,去伊豆半岛旅游,或者去箱根旅游。一天就可以来回,而且交通都十分便捷。

第三天上午离开东京,去哪里呢?去金泽。金泽是靠近日本海的一座古城,有"小京都"之称。金泽不仅有一条很漂亮的古街,同时还有一个日本最大规模的庭院,叫"兼六园",还有一座古城堡。金泽靠近日本海,到了冬季,这个地方的螃蟹特别好吃,海鲜也十分丰富。金泽有一个很大的水产品市场,周边有不少的寿司店和海鲜店,大家可以去逛一逛和看一看。金泽还有许多工艺品,尤其是用金箔做的工艺品很有名。

那么从东京到金泽,坐什么交通工具去呢?有一条新干线,叫"北陆新干线"。北陆新干线穿越群马县、长野县、新泻县、福井县、石川县最后抵达金泽市,全程用时两个半小时。北陆新干线是在 2015 年 3 月才开通的新干线,列车车厢的豪华程度是日本其他新干线所无法比拟的,尤其是一等车厢,日本称之为"绿色车厢",它的内部装修和座椅的色彩与精致程度,能让你感受到一种列车旅行的舒适与快感。比"绿色车厢"还要豪华的是"商务座",如果是经济比较富裕的朋友,我强烈推荐你们去乘坐这种超级豪华的商务座。北陆新干线一般的座位,也就是相当于我们中国高铁的二等座,它的价格是14000多日元,相当于800元人民币。商务座的话,是27000日元,比二等座价格高出700多元人民币。

第四天的行程,是去日本的乡下走一走。先去哪里呢?去著名的世界文化遗产地白川乡。从金泽火车站到白川乡有旅游大巴,车程只要一个多小时。白川乡的魅力在哪里?白川乡是一个古村落,它的建筑都是用很厚重、造型又很漂亮的茅草搭建起来的,呈现为合掌式的三角形。

如果在春节时来日本,刚好是下雪的时节,白山乡总是白茫茫的一片,而且傍晚时,在这白雪皑皑当中,还会点缀起各种灯光。所以无论白天还是晚上,整个村庄看起来都特别的漂亮,而且游客很少。你可以在村落里游走,喝杯咖啡或者甜酒。白川乡是一个你去过以后还想再去的地方,可以逗留两三个小时。在白川乡吃完中饭之后,去到的下一个地方,那就是古镇——高山。

大家知道中国有个丽江,丽江的日本姐妹城市就是高山。从白川乡到高山有旅游大巴,开车也就一个多小时。高山古镇也是世界文化遗产地,它有一条很有日本山寨风情的古街,还有许多的温泉旅馆。所以第四天的晚上,建议大家就住在高山的温泉旅馆,泡泡温泉,品尝一点精美的日本会席料理,好好地放松一下。

第五天,建议大家稍早一点离开高山,从高山古镇的车站有去京都的旅游大巴,车程大概需要三个小时,争取中午赶到京都。因为这个大巴票比较紧张,所以建议大家提前一天买好。也就是说,你从白川乡抵达高山车站后,下车就去买第二天去京都的车票,这样比较保险。

京都有什么好玩的地方呢?如果你是第一次到京都,那么以下几个景点,是必须要去看的。第一个是二条城,二条城是日本的将军府,明治维新之前,德川将军决定将国家的政权奉还给明治天皇,就在二条城。第二个是金阁寺,金阁寺也是世界文化遗产,里面有一座纯金箔贴面的楼阁,绝无仅有,很值得一看。第三个是清水寺,它也是世界文化遗产地。清水寺建在半山腰,有一个悬空的大舞台，建筑风格十分特别。最值得一走的还是清水寺前的一条商业街，叫"清水坂"，这里有各种各样的商店，可以买到自己喜欢的具有日本风味的土特产和纪念品。这三个地方，够大家逛一个下午。晚上可以去祇园，祇园是一条艺伎街，在那里可以看到正宗的艺伎。

第六天，有两个选择，一是去奈良，二是去京都的岚山。奈良是日本第一个首都，完全仿照中国唐朝的长安古城建造。奈良有鉴真大师当年东渡日本亲自修建的唐招提寺，还有著名的大佛寺，以及奈良公园，可以在那里喂养梅花鹿。奈良的博物馆里收藏了大量的中国唐朝的文物，大多数是当年的遣唐使冒着生命危险从中国带回来的宝贝，非常值得一看。

如果不去奈良的话，建议大家去岚山。岚山不是一个景点，而是一个景区。那里不仅有许多古寺庭院以及古街，还可以坐小火车到远处的山坳里游玩，再坐小木船从上游漂流一个多小时回到岚山，特别适合具有冒险精神的游客。

第七天，从京都坐火车或者旅游大巴前往关西国际机场，路上大概需要两个多小时，最后从关西国际机场回国。

我向大家推荐的这条黄金旅游路线，基本涵盖到了这么几个方面：既游览了日本首都东京这样的国际大都市，又可以考察日本农村古镇的风貌；既访问了京都、奈良这样的历史文化名城，又可以游览像金泽这样悠闲的小城。同时还可以体验到著名的温泉，品尝到日本的海鲜料理。更为重要的是，像金泽、白川乡、高山这些地方很少有游客去，不会像东京和京都那样充满人山人海的嘈杂，大家可以静静地走，细细地看，品味大都市没有的一种精致的味道。

第四章

拿来与继承
——静观日本政治

1. 村山口述:"村山谈话"发表的前因后果

抗战胜利 70 年,日本首相安倍晋三对于战争的历史责任问题玩起了躲猫猫。全日本在电视、在报纸上强烈要求安倍在"战后 70 周年谈话"中必须写入"侵略与殖民统治""由衷反省"字词的一个人,便是 91 岁高龄的日本前首相村山富市。

战后 50 周年的 1995 年,村山以"内阁总理大臣"的名义,发表了一份"村山谈话",首次承认日本曾经对中国的侵略和对朝鲜半岛的殖民统治,并向受害国表示"由衷的深刻反省"。这一份谈话,成为此后日本历届内阁能否正确对待历史问题的一个核心基准。

过去 20 年,这一份"村山谈话"发表的前因后果,再度引起人们的关注。2013 年,我曾经在村山先生的家里对他进行了一次专访,详细了解了当年为何发表"村山谈话"的动机、谈话起草经过、发表前后各政治势力的态度、发表后的效应等实情。我想我应该用自己的笔为历史留下一份珍贵的资料,当然也拍摄了整个的采访过程,留了一份图像资料。

值此抗战胜利 70 周年之际,我把当时的采访内容进行了重新梳理,再次公开发表。

村山先生的家在九州地区的大分县大分市,精致小巧,估计全部加起来,也不会超过 100 平方米。门口没有警察站岗,也没有其他保安。摁了门铃,村山先生来开门,长长的白眉毛,几乎遮住了他的眼睛,笑哈哈地说:"一年没见,徐先生还是那么年轻。"

老先生请我们进屋。他说这房子是明治时代的建筑,已经有 130 年了。1945 年时,美军轰炸大分市,这一带的房子都被毁了,就剩下这一栋房子还在,

"这是一栋幸运的房子，于是就把它买下来了"，村山先生说。

与村山先生就着茶，谈到了"村山谈话"发表的前因后果。

问：村山先生当时为什么会想到发表这么一份谈话？

答：我当选为首相后的1995年8月，去中国和韩国等亚洲国家进行了访问。对于中国，日本实施了侵略，给中国人民带来了莫大的伤害和苦痛。在韩国，日本实行了36年的殖民统治，背负着沉重的历史包袱。当时的中国，是江泽民主席的时代，很重视历史问题，所以在访问中，我深深地感受到历史问题的那一份沉重。

去东南亚国家访问时，我也感受到，虽然这些亚洲国家对于日本战后走和平发展之路，成为世界经济大国抱有一份敬意，也接受了日本的一些经济援助，但是，对于日本没有很好地处理历史问题，并且经常有政治家发表一些否定历史的言论感到不满，同时也担忧日本成为经济大国后，忘却历史，重新走上军国主义的道路。这一些担忧，也令我感觉到战争留下的创伤并没有治愈，日本政府需要明确地向亚洲各国人民表明对历史问题的看法，寻求与亚洲邻国建立更加信赖的关系。

而当时也刚好是日本战败（投降）50周年，我觉得自己作为首相，应该带领日本借此机会总结一下历史教训，给自己树立一块警示牌，以此来寻求亚洲各国的宽谅，并与亚洲各国建立起真正的友好和信赖关系。

我想这个时候不说，以后也许就没有机会说了。

问：听说您在访问北京时，特地去参观了卢沟桥和中国人民抗日战争纪念馆。当时有何感想？

答：我担任首相后第一次走进中国人民抗日战争纪念馆，看了这么多历史资料，内心十分震撼。去卢沟桥是我自己提出来的。我虽然在战争的后期也被征入伍，但是做的是内勤，还来不及上战场，战争就结束了，因此对于战地的实际情况并不了解。看了展览，真正认识到日本过去在中国干了许多残酷的事。

战争的创伤并不是两国签署一个协定、发表一份文件就可以了却的。许多人目睹了自己父母被杀，这些人还健在，要他们立即忘却，没有道理，也是做不到的，需要时间来疗伤。

问：当时决定发表一份"村山谈话",有没有人提出反对意见?

答：当时,我的内阁是由社会党、自民党和先驱党三党联合执政。在三党商议联合执政时,就涉及过对于历史问题的看法。因为我领导的社会党是坚持认为日本过去发动的战争是一场侵略战争。所以,当我提出要借日本战败(投降)50周年之际发表一份政府谈话时,三党都没有提出反对意见,大家觉得很有必要这样做。为此,三党一起成立了一个"50年问题工作委员会",商议如何处理战后问题。因为对内,还涉及遭受原子弹爆炸的受害者的救助等问题,对外涉及与中国和韩国等亚洲国家的殖民侵略等问题。其实揭开盖子,发现战后未处理的问题实在很多。

在这份谈话发表前,国会议员中不是没有反对者,自民党内就有一些议员反对。好在当时的自民党中,追求民主与和平主义的议员较多,因此这些反对声音未能占上风。内阁成员是满场一致通过了这一份谈话。

我当时也一度考虑以"国会决议"的方式来发表这一份谈话,但是内阁在讨论中,认为应该以"总理大臣"的名义代表政府发表,更为慎重和严肃。于是在1995年8月15日,日本战败(投降)50周年纪念日,发表了这一份谈话。后来大家把它称为"村山谈话"。

问："村山谈话"的核心内容是什么?

答：在这一份"村山谈话"中,我着重强调了过去,由于日本国策发生错误,走上了战争的道路,使国民陷入生死存亡的危机,殖民统治和侵略给许多国家,特别是亚洲各国人民带来了巨大的伤害和痛苦。为了避免以后再次发生这样的错误,我们应该谦虚地接受历史事实,并再次表示深刻的反省和由衷的歉意。同时向在这段历史中受到灾难的所有国内外人士表示沉痛的哀悼。我还表示,战败(投降)后50周年的今天,日本应该立足对过去的深刻反省,排除自以为是的国家主义,作为负责任的国际社会成员促进国际和谐,推广和平的理念和民主主义。汲取历史教训,展望未来,不要走错人类社会发展和平繁荣的道路。

问：在"谈话"中,公开承认日本发动的战争是"侵略战争",周边的人没有抵抗感?

答：日本战后对于过去的这一段历史,有许多暧昧的说法。有的说是一场为了解放亚洲各国被殖民统治历史的战争,是"殖民解放战争"。有的人认为,第二次世界大战期间，发动侵略战争的不仅仅是日本，许多国家都发动或参与了这样的侵略，为什么要单单揪住日本不放？认为对日本展开的批判不合理。我觉得，闯入别国就是侵略，日本在中国建立满洲国（伪"满洲国"），就是一个例证，这是无法抵赖的。

所以，日本对中国发动的战争，就是一场侵略战争。如果我们不能反省这一点，不肯承认侵略，那就根本谈不上所谓的反省了。

当时，在使用具体词汇上，有过商榷。譬如有人主张使用"侵略战争"，有人主张使用"侵略行为"，我最终把它归纳为"侵略"两个字，不管什么程度，就是侵略。

问：为什么在谈话中没有提及"慰安妇"问题？

答：因为过去的那一段历史，涉及的具体问题很多，譬如"南京大屠杀事件""慰安妇"问题等，谈话中不可能一一列举，所以总体上使用了"给亚洲各国人民带来了巨大的伤害和苦痛"这样的表述。

问：这一份"谈话"是由谁起草的？

答：这一个"谈话"的原稿，是由专家小组起草的。内阁官房（注：首相官邸）内的外政审议室负责牵头，并请了不少专家参与，听取了不少人的意见，最后成稿，前后花了不少的时间。稿子最后送到我的手里时，我逐字逐句读了几遍，感到很满意，基本反映了我的思想和理念。

虽然在过去的几任首相中，也有人表达过同样的意见和观点，但是最终以"内阁总理大臣"名义代表政府发表这么一份完整的文件，这还是第一次。因此也受到了亚洲各国的欢迎和评价。

问：对于安倍内阁成员参拜靖国神社和日本维新会共同主席桥下彻关于"慰安妇"问题的发言，您怎么看？

答：这种言行不是一件好事。桥下关于"慰安妇"问题的发言，是一种无视历史事实、无视"慰安妇"们成为性奴隶的行为，不能容忍。我希望日本今后的政治家们能够遵循这一个谈话的精神，日本如果不深刻反省自己的历史，就不能与亚洲各国建立起信赖关系。

我对于中国和中国人民有一种很深厚的感情，20世纪70年代，我访问中国时，曾经在青岛海滩游泳，一个浪头扑面而来，把我的假牙打落在青岛的海滩，当时就找不见了。我已经90岁了，我忽然觉得，我的"分身"早已经留在了中国。真心希望中日两国政府和人民真诚相待，友好相处。合则两胜，斗则两败。

问：现在回过头来再来看这一份谈话，您有什么感想？

村山：发表一份对于过去历史的总结性谈话，不是政府的事务性工作，而是一件让全体国民学习历史理解历史的教育工作。对方的国民如果心中有痛，我们就需要努力消除这一份痛。这是我们的责任。只有这样，日本与中国，日本与亚洲其他国家才能建立起信赖关系，才能一起向前走。江泽民主席在1998年访问日本的时候，后来胡锦涛主席访问日本的时候，对于这一个谈话都给予了高度的评价，赢得了日本社会的赞誉。

村山先生的家里，没有警卫，没有秘书，也没有佣人，只有这对90多岁的老夫妻相携生活。村山太太因为长年腰疼，没法照顾他。村山先生每次都是自己骑着自行车去超市买菜，超市里的店员们都会帮他拎篮子。

日本首相退休后，政府既没有特别的补助金，也没有什么安家费，连书报费和交通费都没有。生病就是一般的国民健康保险，自己承担三分之一，当然没有前国家领导人的"高干待遇"。所有的生活，就靠几十万日元（2万元人民币左右）的议员养老金。

一个人的伟大，也许就体现在平凡之中。我眼前的村山先生，就是一位平凡的老人。所不同的是，在他那长长的白眉毛下，始终有一种坚毅的眼神。敬畏他，不只是因为他曾经当过首相，而是感佩他有一颗正义的心。

临近中午时分，村山夫人张罗着要做饭，我是一定要请他们去外面吃饭。最后村山先生自己打电话到一家经常去的寿司店，订好了座位，还叫了出租车。

走进寿司店，最里面的一间，是村山前首相最常用的地方。很小的空间，坐下四个人就已经很挤。老板娘说，村山先生从当大分县议员时代开始就来店里吃饭。他不用说，我们都知道他想吃什么。

分别时，村山先生向我鞠了一躬，说："还让你付了寿司钱，家内（太太）说我了。真是对不住！"车驶离后，老先生还站在路边相送，我忍不住眼泪夺眶而出。

2. 对话鸠山由纪夫：当首相的酸甜苦辣

当鸠山由纪夫坐在我的面前时，我突然感觉到，他不像一位当过日本国首相的政治家，而像是一名谦恭的学者。因为他只坐了沙发的前半部分，根本没有把自己的身体埋进沙发中去。

鸠山先生没有傲气，说话细声细语，甚至有些腼腆，几乎没有手势。

我和他的"人生对话"，就在这么一种氛围中开始。

"按照中国社会的说法，我是属于'官四代'。"鸠山先生如此调侃自己。

1947年2月11日，鸠山先生出生在东京的一个政治世家。他的曾祖父鸠山和夫曾任日本众议院议长。祖父鸠山一郎，20世纪50年代时曾任首相，实现了日俄邦交正常化。他还是目前安倍首相领导的日本执政党——自民党的创始人。父亲鸠山威一郎曾任外务大臣。弟弟鸠山邦夫曾任总务大臣。因此许多人喜欢把鸠山家族与美国的肯尼迪家族相提并论，并称鸠山家族为"东京大地主"。

鸠山先生出生后，就没有被家族所看好。因为他有一个很大的弱点：怕在生人面前说话。因此，全家人都倾向于他的弟弟、活泼好动的邦夫来继承政治家业，而让鸠山去自由浪漫。

鸠山是个读书人，一心想做一名工程专家。高中毕业后，他考入东京大学工学部，专攻计数工学专业。毕业后，赴美国留学，考入斯坦福大学研究生院。

从美国回来后，鸠山先生进入东京大学当教师，而且当得其乐融融。但是毕竟是鸠山家的长子，根据日本的传统习俗，长子必须继承家业。1986年，鸠山先生放下了教鞭，参加了众议院议员的竞选，并一举当选。时年，鸠山39岁。凭借家族的声望与人脉，鸠山先生迅速成为日本政坛冉冉升起的政治新星。

1993年，因为不满自民党的"黑金"政治，鸠山宣布离开自民党，并与志

同道合者们结成了"先驱新党"。同年,"先驱新党"联手小泽一郎率领的新生党、细川护熙创立的日本新党及社会党、公明党等8个政党,促成1955年以来首个非自民党政权——细川护熙内阁的诞生。

1996年,鸠山兄弟拿出12亿日元的私人资产,与菅直人等人组建"旧"民主党,并担任党的主席。

1998年,鸠山领导的民主党与小泽一郎领导的自由党等合并,组建了新的民主党,并多次担任党主席和干事长。

2009年9月,鸠山和小泽一郎领导的民主党在众议院大选中一举击败长期统治日本的自民党政权,组建了民主党政权。9月16日,日本国会召开特别指名选举,鸠山由纪夫获得480席选票中的327票,当选日本第93代、第60位首相。

回忆起那一天的情景,鸠山说:"早上出门时,身边只有一个保镖。晚上回家时,变成了一个警护车队。到了家门口,发现已经有了临时岗亭。"

徐:您是日本历史上第一位拥有博士学位的首相,当初是准备一辈子从政,还是只想当一名单纯的学者?

鸠山:说实在的,我一向很讨厌政治。我从小有一个弱点,就是不太喜欢在生人面前说话。小时候,因为家庭的关系,很少有机会与同学朋友打打闹闹,因此性格很腼腆。我的爷爷都认为,鸠山家能够继承政治血脉的,是我的弟弟邦夫,而不是我。而我的父亲也告诉我,政治家的代名词就是"混蛋",他也不希望我从政。但是我在美国留学期间,刚好遇上美国建国200周年的庆典,看到那么多美国人在为自己的国家欢庆呐喊,那一种近乎狂热的爱国心深深地感动了我,想想日本社会谁都不敢提"爱国主义",因为一提"爱国主义"就会被联想到过去的军国主义教育。日本人挥舞日本国旗也只是在奥运会举办时,年轻人对于日本的爱情越来越薄弱,心中突然产生了强烈的从政愿望,希望能够尽自己的力量,让日本成为独立自主、受人尊敬的国家。

从美国回来后,我当了一阵子的大学教师,在39岁时参加众议院大选,当上了众议院议员,从那个时候开始了自己的政治家之路。

徐:当上首相后,您感到第一件惊喜的事情是有了门岗,但是您第一次感到痛苦的事是什么?

鸠山:我领导的民主党在竞选时曾向国民许下两大诺言:孩子读书不要钱,高速公路开车不要钱。事后细细算了一笔账,单是"孩子读书不要钱",一年的财政支出就要2.3万亿日元。而"高速公路开车不要钱",一年则需要6000亿日元,两者相加就是3万亿日元。

这一笔钱,原计划要从中央各机关的"埋藏金"中挖出。因为根据民主党的事先调查,各中央机关以基金、备用金名义留存的资金总额达到6万亿日元。这一笔"埋藏金"没有列入国家财政结算中,属于机关的小金库。但是,我当上首相后,发现这些期待已久的"埋藏金"早已经被自民党的麻生内阁花得精光,只剩下一个空盒。这是我最感到震惊的事情。

徐:您担任首相后,提出了一个建设"亚洲共同体"的构想,认为日本应该融入亚洲。这一构想是基于什么样的考虑?

鸠山:战后68年来,日本与美国建立了长期的同盟关系,在美国的支持关照下,日本从战后的废墟中发展起来,尤其是在经济领域取得惊人的成绩,使得日本成为世界经济强国。所以日本感谢美国是应该的,也是当然的。但是,我也感觉到，第二次世界大战结束已经这么多年，日本在外交上一直处于向美国一边倒的状态。当然，在过去冷战时期，这种状态可能是属于比较好的。但是在冷战结束的今天，针对世界出现的新秩序新情况，日本应该顺应潮流改变战略，但是事实上，日本在政治外交上依然是看着美国的脸色行事。我觉得，日本作为一个亚洲国家，在继续保持与美国的同盟关系的同时，也应该拓展自己的视野，努力成为一个能够受到亚洲各国尊重的、独立自主的国家。所以，我一直主张以"友爱"精神化解历史恩怨，学习欧洲的做法，就如德国和法国那样，经历了残酷的战争，最终能够认真清算好历史，达成相互谅解，从而共同建设"欧洲共同体"那样。我觉得亚洲也应该如此，尤其是中国和日本，应认真解决好历史问题，相互尊重和理解，共同引领亚洲走向和平与繁荣。所以，我在担任首相后，就提出了建设"亚洲共同体"的构想。

徐：担任首相后，您正式出访的第一个重要国家，为何选择了中国，而非美国？

鸠山：我和民主党政权当时有一个很重要的外交考量，那就是要结束日本长期以来完全倚重于美国的历史，日本需要寻求政治上的独立。因此我们提出了一个日美中三国的"等边三角关系"。中国毫无疑问是未来日本最重要的伙伴。虽然有历史问题的纠结，但是我相信，只要真诚相待，这些问题并非关键。日本要融入亚洲，就必须先融通中国。我在《纽约时报》发表了一篇文章，指出，日本"不能忘记自己的身份：我们是个位于亚洲的国家。我认为，正在日益显现活力的东亚地区必须被确认为日本的基本生存范围。所以，我们必须持续建立覆盖整个地区且稳定的经济合作和安全框架"。这就是我的外交立场。

徐：什么原因迫使您最终选择了辞职？

鸠山：原因是众多的，与美国的关系一直处理不好，也是其中的一个原因。我担任首相后，就如上面提到的那样，希望日本能够回归亚洲，希望能够建立日美中三国的等边三角关系，但是这一想法遭到了政府内部一些亲美的官僚集团的抵制。他们认为我是大逆不道，认为日本离开了美国，就难以生存，因此对于我提出的建立"亚洲共同体"的构想，也持否定的态度，认为这会得罪美国。

当然，我没有受到来自美国政府的直接的压力。但是，许多时候，这一种压力是无形的。

再有就是有关美军驻冲绳普天间基地的搬迁问题。民主党在竞选期间宣布的纲领中，是明确提出要求将基地搬出冲绳县境外的。但是，我担任首相后，外务官僚马上提出，基地搬迁到冲绳岛内是日美两国政府达成的协议，不可改变，如果改变的话，必然会损害日美同盟关系。结果我不得不修正自己的立场。但是这一修正，让我成了一个出尔反尔的政治家，支持率出现了很大的跌落。

当然，国内财政的严重亏损，官僚集团在工作上采取消极对抗等，都是让我感到当首相困难的原因。

当首相9个月不到，鸠山尝尽酸甜苦辣。2010年6月2日，鸠山宣布辞去首相职务。

3. 安倍的讲演费是天价

这几天,被安倍首相访美折磨得睡不好觉。因为时差的关系,安倍在美国活动时,日本正是深更半夜。譬如奥巴马在白宫为安倍举行欢迎仪式,随后举行首脑会谈,华盛顿是中午,日本是凌晨,所以,为了首脑会谈和记者会,我一直忙到凌晨3时才得以上床。

安倍于2014年4月访美,最大的一个节目是在美国国会发表演说。这一场演说,也是此次安倍访美的一个高潮。根据白宫的说法,美国政府安排上院和下院的全体国会议员一起听日本首相的讲演,安倍还是第一个。因此,安倍本人是深感荣耀,觉得可以青史留名。

但是这一次讲演,刚好又是日本时间深夜0时开始,而且安倍整个讲演秀的又是英语,因此要听懂他的整篇讲演,还得牺牲无数脑细胞。好在日本的NHK电视台进行了现场直播。

安倍首相讲演完毕后,我们得到了他讲演的日文稿全文,总共5839个字。

通篇读来,安倍在讲演中,阐述的内容主要有五个方面。

第一,日本对于过去的那一场战争进行痛切的反省,对于战死者进行哀悼。

第二,在过去的那一场大战中,日本与美国曾经是激烈相战的敌人,战后两国实现了和解,并缔结了强固的日美同盟关系,让日本有机会让自己成为西方国家集团的一员。

第三,日本吸取了战争的教训,在战后一直走一条和平发展的路,并为地区的发展和中韩等国的繁荣做出了贡献。

第四,通过制定新的日美防卫方针,进一步强化了日美同盟关系,日本将比现在更多地为世界的和平与稳定做出积极的贡献。为了海洋的和平与安全,提出了三项原则。

第五，日美两国将同心协力，不仅要让环太平洋合作协定（TPP）成员国获得经济利益，也要让这一集团成为安全保障合作集团。

安倍的讲演进行了 40 多分钟，讲述了多个日美友好的故事和自己对美国的青春记忆。但是其主要的内容，还是以下这些。

历史是无法挽回的惨烈的过去。我在此代表日本与日本国民，向在过去的战争中倒下的美国人的灵魂深深一拜，并献上永远的哀悼。

战后的日本，是在牢记和对过去的大战的痛切反省中走过来的。我们的行为给亚洲各国人民带来了痛苦的事实不能视若无睹。我的这些想法与历代首相的观点完全没有改变。

亚太各国走过了不同的发展道路，日本要和美国一道积极发挥领导作用，不被任何国家的恣意妄为所左右，要创造出公平且活跃的、可持续发展的市场。我们不应该忘记，TPP 已经超越了单纯的经济利益，正在成为安全保障领域具有长期重大意义的事。日美两国有关 TPP 的交涉的出口已经看到，要用美国和日本的领导力来实现 TPP 的成功。

我从心里觉得再好不过的是，过去的日本选择了一条很明确的道路。正因为走了这一条道路，才能和美国合作，别无选择地成为西方世界的一员。这条道路，让日本获得成长，让日本获得繁荣，并且对于现在的日本来说，这也是一条唯一的路。

为了实现亚太地区的和平与安全，我们彻头彻尾地支持美国的"亚洲再平衡战略"。有关亚洲的海洋问题，我想强调三项原则：第一，一个国家不管有什么主张，必须遵循国际法；第二，不使用武力和威吓；第三，使用和平的手段解决纠纷。从太平洋到印度洋上的宽广的大海，必须让它成为自由的受法律保护的和平之海。为此，我们必须强化日美同盟。

日本正在专心致力于充实安保法制。通过这些法制的整备，让自卫队和美军的协作关系更加强化、日美同盟关系更加牢固。这是为了地区的和平，需要拥有实实在在的抑制力。这是日本战后第一次的大改革，我们会在 2015 年夏天前完成这些法制的整备工作。

以这些法制整备为前提，日美两国才能把各自拥有的力量进行最有效的组合，这也是为了构建更高层面的和平所必须具备的合作框架。这个框架毫无疑问就是日美防卫合作的新方针。奥巴马总统和我都互相认识到这个意义的重要性。我们因此签署了具有真正历史意义的文件。

战争中经常受伤的是女性。我们的时代一定要成为女性的人权不被侵害的时代。我们倡导的"国际协调主义基础上发展起来的积极和平主义"将成为引领日本未来的旗帜。日美同盟关系在美国历史上已经是存续了四分之一的时间，是用深厚信赖和友谊结成了同盟。这个同盟总是共享法治、人权和崇尚自由的价值观。

我想把我们的同盟称作"希望的同盟"。美国和日本只要齐心协力，世界将会变得更加美好！

安倍的这一场讲演，获得了美国议员们多次起立和热烈的掌声。讲演结束后，掌声更是长达40秒钟。应该说，安倍为了这一次讲演，下了一番工夫。首先，讲演稿的用情用词都十分准确，可见撰稿者水平不是一般。其次是安倍的这次英语讲演水平，根据我社一名留学过美国的编辑的评价，可以打90分。日本外务省的官员透露说，安倍在访美期间，一有空就练习背读，睡觉前也是一遍遍练，结果惹得昭惠夫人从第二天开始，就跟安倍分房睡，说受不了他的嘟囔。

整个讲演过程，安倍赢得美国上下两院500多名议员最热烈鼓掌的地方有三处。

第一，安倍在讲演的一开始，引用了他的外公岸信介在1957年作为日本首相第一次在美国国会同一个讲坛发表的演说中的一段话："日本之所以能与世界的自由国家合作，是因为确立了民主主义原则和理想。"这一段话，不仅点明了安倍与岸信介的关系，暗示了安倍家两代人为日美同盟关系发展所做的努力。同时也告诉美国社会：因为有了美国，才有了日本的今天。

第二，安倍回忆了自己当年留学美国加州，在一户寡妇家居住的往事。他说，弗朗西亚夫人很爱她死去的丈夫，尤其是她的意大利菜做得世界一流。她的亲切和明快的性格，让我吃惊："美国真是一个了不起的国家。"相反，我的太太昭惠总是说我，让我不得不经常装聋作哑。

第三，安倍讲述了自己刚刚访问第二次世界大战纪念馆的所见所闻。他说：

"看到墙面上超过 4000 颗的金星,每一颗金星代表着 100 名战死的军人。我想这金星是捍卫自由的代价,让我们感到自豪的象征。同时也凝聚着这么多年轻的军人抛弃幸福的生活所蒙受的痛苦和悲伤以及对家人的爱。……历史是无法挽回的惨烈的过去,但是我的心中充满了深深的悔悟,让我在那里久久默哀不忍离去。"说完这一段话,安倍特别请出了坐在二楼的两个人,一位是当年攻打过硫磺岛的美国老兵、海军陆战队中将斯诺登。另一位是当年守卫硫磺岛并战死的日本军司令官栗林忠道大将的孙子、国会议员新藤义孝(担任过总务大臣),两人热烈而亲密的握手,安倍说了一句话:"过去曾是激烈相战的敌人,如今已经成为心连心的好友。"这一演出有点儿感人,安倍以此来表明战后 70 年一笑泯恩仇,日美已和解。

讲演结束后,安倍的眼睛有些湿润,也许他为自己的讲演成功而激动,也许是因为在美国国会说出了自己想说的话而兴奋。但是我关心的是,安倍在历史问题上,虽然使用了"痛切反省"一词,比不久前在雅加达发表的讲演中使用的"深刻反省"进了一步,并使用了"我们的行为给亚洲各国人民带来了痛苦的事实是不能视若无睹"一语,但是从他的口中始终没有吐出"殖民统治和侵略"这一关键词。那么,在他 8 月发表的战后 70 周年的谈话中,会不会补上这一关键词?

这次讲演,让安倍首相出尽风头。但是,在他离开美国的时候,白宫发表了一条消息,说日本决定向美国购买 10 架鱼鹰运输机,总价值 3500 亿日元(约 175 亿元人民币)。

听到这一条消息,日本人才恍然大悟:原来安倍缴纳的讲演费是个天价。

4. 安倍让自卫队出兵海外到底为了什么

去日本国会采访,还没到傍晚五点,各大电视台的直升机就开始在首相官邸上空盘旋,这架势,好像是要遇到大事。

其实,从五点钟开始,日本首相安倍晋三要举行临时内阁会议,他要干一件历史性的大事,那就是在内阁会议上决定自卫队出兵海外行使集体自卫权的相关法案。

首相官邸门口,近千名抗议者高举"反对战争""我们不要日美安保""坚守宪法第9条"的标语牌,要求安倍停止内阁会议,取消法案审议。

就在抗议声中,安倍在内阁会议室里坦然地主持会议,一锤敲定了10项安保相关法案,并决定在第二天递交国会审议。安倍前不久在美国国会讲演时,就早已经开下了口头支票:"在夏天前完成法案的修订。"

安倍为何不顾国民的反对强行修订安保法案?原因其实很简单,那就是:2014年7月,安倍绕过修宪的高门槛,以内阁决议的形式决定行使集体自卫权。虽然内阁决定可以行使,但是真要让自卫队走出国门出兵海外,甚至参与海外的军事行动,自卫队碰到了几道法律的铁壁,算下来至少有10部相关法律需要修改。这就是今天安倍内阁会议的出场戏——在联合执政党起草并最终达成协议的安保法案上,内阁成员们画了圆圈。

毕竟还算是民主国家,安倍得向国民说清楚为何必须修订法案,必须行使集体自卫权,必须要协助美军作战,必须向他国部队提供后方支援?这一系列悬念,安倍自己必须说清楚。

那么,我们来看看,安倍在内阁会议后举行的记者会上是如何唱独角戏的。

安倍在记者会上说,70年前,我们曾经发誓绝对不会再一次参与战争。这一不战誓言守护了国民的生命和生活,也守护了日本的将来。但是,国家安保环境在发生变化,单靠一个国家自己是难以守护国土的。最近几年,日本人在海外遭受了恐怖袭击,朝鲜发射导弹威胁了我们,他们研发的核武器如果搭载核弹头,后果将会很严重。日本自卫队对外国飞机的拦截次数,与十年前相比增加了7倍。这样严峻的时代,我们难以闭眼无视。我上任以来,与周边邻国进行了积极的交流努力寻求对话,我们一直主张不管遇到什么样的纷争,希望通过国际法进行解决。这一立场,今后也不会改变。

但是安倍强调,为了预防万一的事态的发生,日本不得不强化日美同盟关系。在上一次访美期间,美国政府明确表示,要为日本的防卫尽力。我们自己也应该对日美同盟承担相应的责任。美军遭到攻击时日本无法伸手相助的问题必须予以解决,所以需要行使最低限度的集体自卫权。

针对国民和舆论担心,通过安保相关法案,允许自卫队行使集体自卫权后,日本是否会因此卷入战争的疑虑,安倍首相保证了三点:第一,日本绝对不会卷入美国主导的战争;第二,日本不会参加像海湾战争、阿富汗战争这样的战争;第三,在对外国军队实施后方支援时,也不会行使武力。

安倍首相表示,没有一个日本人会渴望参与战争,日本会继续走和平发展的道路,为了日本的和平与繁荣,自己将站在最前列做出最大的努力。

我注意到,安倍在记者会上极力避免提到"中国"两字,并拒绝对美国干预中国在南海建设基地一事做出评论。直到会见结束,他都没有吐出这敏感的两个字。

在被问及中国在南海岛屿扩建基地,美国进行干预,日本是否觉得应该参与相关行动的问题时,安倍说:"我对这些情况不了解,所以无法发表意见。"避开了在南海问题上发表见解。

安倍在35分钟的记者会上,始终没有吐出"中国"两字。在谈到日本周边安全环境时,安倍首相点了朝鲜的名,说朝鲜开发巡航导弹,如果脑子发昏,换成核弹头,那后果不堪设想。但是他没有像以往那样公开批评中国在东海和钓鱼岛及其附属岛屿问题上威胁日本,只是说了"自卫队对外国飞机的拦截次数,与十年前相比增加了7倍"。但是他没有说明这些外国飞机来自何方。以前的安倍绝对不是这样,一年前,他还在说"中国的海洋进出战略让日本周边的环境变得日益严峻"。但是，今夜他已经不敢再说这句话，他真的开始惧怕中国了。

安倍在整个的记者会见中，一直使用"万一""假如"等假设词语来强调日本行使集体自卫权的重要性。但是他一直没有说出，这"万一"发生袭击日本的事态，主角来自何方？多少有点儿恶母吓郎的感觉："你再不听话，大灰狼就要来了。"

可以说，安倍死活不肯吐出"中国"两字，至少处于三个考量：

第一，不想惹怒中国。过去几年，因为钓鱼岛及其附属岛屿问题，在中国海警船的频频出击下，日本失去了钓鱼岛及其附属岛屿的巡防权。虽然日本也借此机会扩充军备，但是中国造机造舰的步子迈得比日本大。安倍真心有点儿怕中国，自己上台才两年，中国军机编队居然可以穿越冲绳空域自由往来太平洋了。如果再给中国一点时间，其军事力量不知会有多少长进，安倍不敢想。他必须向中国频送秋波：我无意与你抗争。

第二，此次修订的法案中，第一案是将《周边事态法》改为《重要影响事态法》，目的是为了消除自卫队对外国军队实施后方支援的地域限制，同时也解除了自卫队军事活动的范围，允许自卫队走向全球。从这个意义上来说，日本所要冲击的范围已经从东海地区走向全世界，并非完全针对中国。

第三，安倍内阁此次要新制订一部《国际和平支援法》，以允许自卫队可以随时出兵海外，以"支援和平"为理由参与海外的各种军事行动。说白了，这是想让日本的年轻人去海外挨子弹，与中国也没直接关系，不撞中国枪口就行。

安倍的考量也许已经超出了行使集体自卫权原先的初衷，但是，安倍之所以急于这么做，其内心有两大目的。第一是捆绑美国，借船出海。通过强化日美安保新机制，实现"日美联军联防联战"，来提升日本在国际社会的政治、经济与军事地位，以便在中国成为世界第一强国时，也不至于沦为没落诸侯。第二，通过自卫队出兵海外，与他国共同行使集体自卫权，来确定自卫队作为"日本国家军队"的地位。继而通过修宪，完全摘除"战败国"的帽子和一些枷锁，让日本成为一个"普通国家"。

因此，对于安倍来说，今天在内阁会议上通过了历代首相都无法通过的海外出兵案，这一成就，就够他今夜睡不着觉。至于日本的自卫队员今后死在了他国的领土上怎么办？安倍估计连想都不想。

5. 日本为何怕加入亚投行

在亚洲基础设施投资银行（AIIB）创始国成员报名的最后一天，日本首相安倍晋三主持了内阁会议，最终决定对亚投行继续持审慎态度。这就意味着，日本无意于赶末班车成为AIIB的创始国成员之一。

日本政府不愿意现在加入亚投行的原因，日本副首相兼财务大臣麻生太郎在内阁会议后的记者会见中说了两点：一是亚投行的管理机制以及贷款融资的审查基准等缺乏透明性；二是日本政府要求中国政府解答几个疑虑问题，中方没有给出明确的答复。换言之，不是日本不愿意加入中国主导的这一个亚投行，而是中国方面做事不讲规则，使得日本放心不下。

日本政府的这一种找理由嫁祸的做法，不够地道。

我与日本一家大报社的编委谈日本加入亚投行的问题，他说了一句实话："半个月之前，我们还在笑中国连独角戏都唱不下去。没有想到，就这么几天，全世界都倒向中国，日本和美国反而成了孤家寡人。中国这一次是中奖了。"

我对他说："不是中奖，是水到渠成。"

那么，日本政府为什么一直在"可能参加"与"慎重判断"之间玩文字游戏呢？原因很简单：想参加，但是又担心参加后砸自己的脚。

日本对加入亚投行到底怕什么？这几天在与日本经济界和新闻界的友人们探讨中，大致可以归纳这么几点：

第一，担心中国主导的亚投行击垮日本主导的亚开行（亚洲开发银行，ADB）。亚开行成立于1966年，是面向亚太地区的区域性政府间的金融开发机构，初建时有34个创始国成员，以后不断增加，目前共有56个成员，总部设在马尼拉。亚开行最大的出资者是日本和美国，日本占15%的比例，美国占

14.8%的比例。1986年,中国加入亚开行,目前出资比例为7.1%。由于亚开行实际上由日本主导(美国主导世界银行),因此历任的行长几乎是由日本人担任。所以,中国主导的亚投行的成立,不仅会打击亚开行在亚太地区的领袖地位,削弱日本在亚太金融资本市场的影响力。同时也会因为亚开行资金的匮乏,促使相关成员国倒向资金雄厚的亚投行的怀抱,令亚开行遭亚投行架空。有57个国家和地区申请成为亚投行的创始国,就足以证明亚投行的魅力。

第二,担心中国成为世界资本市场的新领袖。正如那一位编委先生所说过的那样,日本从一开始就不看好亚投行,认为不会有太多的人跟着中国跑。但是,3月中旬以来,英法德澳等国家纷纷"背叛"白宫的旨意,宣布加入亚投行,令日本政府大吃一惊。中国政府的号召力和金融实力,让日本政府刮目相看。虽然中国的出资比例还没有最后公开,但是日本方面估计,应该会在30%以上。而这一比例,日本在亚开行都做不到。一旦中国主导的亚投行投入运营,中国政府可以用各种形式做到源源不断地注入资金。经济地位决定政治地位,中国成为国际资本市场的新领袖已是理所当然,这是日本最不愿意看到的。

第三,担心日本的亚太安保外交遭到冲击。安倍首相上台之后,先是推行"民主与自由之弧"外交,继而推行"积极和平主义"外交,游说亚洲各国成为日本的战略伙伴,对中国形成牵制和战略包围。但是,在过去两年的交锋中,日本明显感觉到体力不支。就拿对东盟国家的援助来说,安倍在2013年时宣

布要向东盟 10 国提供两万亿日元（约 240 亿美元）的资金援助。没有想到，中国对印度尼西亚一个国家的经济援助与合作资金就达到 230 亿美元。毫无疑问，从那一刻开始，日本在与中国拼钱的较量中，已经彻底败退。而与此同时，日本在亚洲各国撒的钱，也并没有发挥出"包围中国"的作用。因此，日本政府十分担心，一旦中国主导的亚投行开始运作的话，中国不仅自己掏钱，而且还可以通过亚投行再掏钱来支援东盟国家的建设与发展，那些东盟国家自然会在安保问题上不再看日本的指挥棒。

对于日本政府与亚投行保持距离的做法，日本经济界和部分国会议员担心，日本这样的做法会使得自己陷入孤立，尤其会影响日本产业的输出。当前，在基础设施产业输出领域，日本与中国已是竞争对手，一旦中国将亚投行的融资与产业输出相挂钩，那么，日本又将在竞争中处于劣势。所以，积极要求安倍内阁放下架子和面子加入亚投行。

日本执政的自民党政务调查会也开始着手亚投行对于日本产业与安保外交的影响的论证与评估，希望通过专家评估，并与中国加强沟通，最终对是否应该加入亚投行做出决定。

日本前首相福田康夫在 4 月底与习近平主席会谈后表示，习主席明确提出亚投行要与其他国际机构加强合作，这就使得日本反对亚投行的理由变得无法成立。因为，亚投行有可能会与日本主导的亚开行展开合作。

而福田康夫强调的这一点，恰恰是日本政府最为闹心的事。如果亚投行不排挤亚开行，同时还能与亚开行进行合作，那么，日本还能保持一点儿江湖地位，至少在国际资本市场还能与中国平起平坐。因此，在亚投行正式缔约成立之前，日本还需要观望一点时间，不仅是为了照顾美国的面子，更是为了确定亚投行不排挤亚开行的游戏规则。

日本自民党的一位干部说，日本加入亚投行只是时间问题，但是，我们不会轻易地投入中国怀抱。

6. 没有人比日本更关注中国

日本人对于中国政治和经济的关注程度，绝不亚于中国人对日本马桶盖和电饭煲的关注程度。

每年采访完中国"两会"或党的代表大会，我的一大任务，就是回日本去讲演会议的盛况。而这一种讲演，不是中国哪一个机构给予的政治任务，也不是我爱国行动的表现，完全是日本各团体或企业的自发邀请，因为他们认为，我身临其境采访，再加上研究中日两国的政治与经济，掌握了第一手的最新资讯。

2013 年 3 月，中国选举的新的领导集体正式诞生。我中午在北京人民大会堂的金色大厅参加完李克强总理的第一场记者招待会后，撒腿就往首都机场跑。因为第二天上午，日本最大的广告宣传公司——电通，邀请我讲演《习近平—李克强新体制的特点》。

电通公司创立于 1901 年，在全世界拥有两万多名员工，一年的营业额高达两万亿日元，也是世界最大规模的广告宣传公司。

作为广告宣传公司，他们为何如此渴望了解中国最新最详尽的政治与经济发展的信息呢？理由似乎很简单，因为他们要同世界最大的广告市场打交道。所以，前来出席讲演会的有公司的专务执行董事（副社长）和常务执行董事。对于我在中国"两会"结束后的第二天上午就出现在他们的面前，电通人是兴奋的，他们说我带去的是"滚烫滚烫"的消息。

我给与会者们带去的是两样礼物：一份"两会"印发的日文版总理政府工作报告，另一份是"两会"纪念封。前者是他们最渴望获得的，后者是他们轻易得不到的。

我讲演的主题有四个内容：第一，习近平与李克强体制的特点；第二，中国经济发展的前景与难题；第三，中国的机构改革与社会制度的变革；第四，从北京看中日关系的前景。

讲演刚开始不到10分钟，下面就有人开始举手："徐先生，能否随时插话提问？"我说："当然可以。"

于是，整场的讲演会，变成了一场"记者招待会"。原本预定是一个半小时时间，最后延长到两个半小时，才把大家的心填满。

那么，在这一场的讲演会上，日本人对于中国都关注了哪些问题？

归纳起来有这么10个。

第一，习近平主席和李克强总理到底是怎么样的领导人？他们的日本观是怎样的？

第二，李克强总理的城镇化建设计划，会不会诱发中国新一轮的房地产泡沫？

第三，中国的这些议员们（人大代表）是怎么选出来的？

第四，中国今后将如何解决户口和教育、医疗等社会不公平不公正问题？

第五，严禁"三公消费"，会不会影响中国消费市场的成长？

第六，中国的农民工买得起城里的房子吗？

第七，在钓鱼岛及其附属岛屿问题上，军方、海洋局、外交部，哪一个掌握主导权？

第八，为什么选择王毅当外交部部长？中国的外交战略是否有了调整？

第九，北京的大气污染问题到底怎么治理？

第十，浙江的1万多头死猪，捞上来6千头，剩下的4千头去了哪里？

讲演会结束，我发现自己喝掉了两瓶矿泉水。从这10个问题中，我们不仅可以看出日本人了解中国"两会"的程度，同时也可以发现，他们关注中国的焦点在哪里？

会后，电通的一位部长对我说："对于我们来说，把握中国未来的趋势，比把握现在更为重要。我们渴望的是中国的稳定高速发展，因为这会给日本带来利益。同时，我们也渴望日中两国能够友好，真正成为好伙伴，引领21世纪的亚洲和世界。"他悄悄地问了我一个问题："你说，什么时候可以举行日中领导人会谈？"我说，天知地知，你不知我也不知。但是，李克强总理说过一句话，叫"花好总有月圆时"。他似懂非懂地点了点头。

当然，习近平主席与安倍首相举行第一次会谈，是在2014年11月的北京APEC首脑峰会期间，离这位部长问我这一个问题，隔了整整一年半。

日本人对于中国的关注度之高，还可以举一个例子。

2013年11月，中共十八届三中全会闭幕才几天，我又接到日本3个团体的演讲邀请，要求讲解"三中全会到底将给中国带来什么改变？"第一场是在福冈，第二场在东京，第三场在仙台。

东京的那一场是一个专门研究东亚经济问题的协会邀请的。在讲演前一周，他们过来几个人到我办公室，商谈讲演的具体事宜，并提出了7个他们最关注的问题。

第一，中国即将成立国家安全委员会和中央全面深化改革领导小组，这两个机构是否会演变成新的国家最高决策机构？中国是否因此有可能在今后实行总统制？

第二，十八届三中全会强调了农民对土地的拥有权，这是否意味着中国农民从今之后，其土地不会被强征剥夺？农民是否因此可以靠土地致富？

第三，城镇化问题一度被喊得很响，但是在这一次的三中全会上，并没有被多提及，是否意味着"城镇化"在今后不会成为中国拉动内需的主题？

第四，中国政府准备强迫国有企业多上缴利润充垫社会保险基金，这是否意味着中国的养老金制度也出现了类似日本巨亏的问题？少子老龄化问题是否将会成为今后中国最大的社会问题？

第五，三中全会强调司法独立，这是否意味着中国共产党将会撤销政法委员会，削弱党对司法的领导，最终在中国实现"三权鼎立"制度？

第六，三中全会后，中国政府对日本的态度，是会变得更为强硬，还是会变得柔和？

第七，中国将放宽"独生子女"政策，东京的玩具股和儿童服饰股都因此上涨，毫无疑问，出生率的提高会刺激经济刺激市场，问题是，中国的年轻人有多少人愿意生二胎？

我对他们说，你们这些问题，把中国想得很远，也把中国看得很大，我感觉到是一种很美好的"日本人对中国愿景"。我认为，十八届三中全会做出的各项改革决定，只是中国通往"公平与法治"社会的一个过程，或者是第一个阶段，这一个阶段持续到 2020 年。剩下的最后两年，将会是总结与修补的两年。因此，2014 年是中国全面深化大改革的元年，从那时开始的 6 年间，中国的利益集团将经历一场被削权和剥夺利益的剧痛，所以也可以想象，改革在实施和落实中一定会遇到阻力，关键就看中国领导人的意志与手腕。

他们对此很赞同。讨论进入尾声，福冈的九州地区中国经济协议会发来了他们的讲演要求提纲，具体内容有三条与上面重复，没有重复的四条内容如下。

第一，我们知道，中国参与炒房的人，许多是官员和他们的家属，十八届三中全会开始从政策上限制官员拥有过多房产，这是否意味着，中国的房地产市场将会进入大抛售大跌落的时期？

第二，会议提出"进一步破除国企各种形式的行政垄断"，这是否意味着中国今后将大范围开放市场，允许更多的民营资本进入国家垄断行业？那么外资企业是否也因此在中国可以获得更为自由宽松的经营权？

第三，会议决定要对中国军队体制实施改革，具体会有哪些改革内容？中国军队今后会朝哪一种类型发展？

第四，中国目前最大的社会问题应该是"贫富巨差"，十八届三中全会的报告中，有哪些具体缩小这种差异的措施？

世界上除了日本，估计没有第二个国家如此关注中国，关注中国一丝一毫的变化。很可惜，我还没有听到中国国内有什么人被邀请讲演"安倍经济学"或者"日本改革的前景"，而是多了一点盲目的批判。我想，知己知彼才能百战不殆，这一点，我们真的应该向日本学习。

7. 行政改革，日本为何也这么难

2015年5月17日，日本发生了一件不大不小的事。有160多万大阪市民走进各个投票所，参加了一项市民公决投票：你是赞成设立大阪都，还是反对设立大阪都？投票结果显示，反对票为705585票，支持票为694844票，两者相差仅1万票。这意味着，大阪都设立计划破产。

主导这一大阪都设立计划的是大阪市市长桥下彻，面对这一公决结果，他表示了对于政治的深深失望，他坦言改革好难。他说，一个政治家的政治主张得不到多数市民的支持，是失败的。因此，他表示，到12月的大阪市市长任期结束，自己不会参加新一轮的竞选，会从政界彻底引退。他说："我从此将与政治无缘。"

桥下彻是何许人，他为何要推进大阪都计划？1969年出生的桥下市长，今年才46岁。他毕业于早稻田大学，长期从事律师工作，后因出演电视节目而成名。2008年，他参加大阪府知事竞选，竟一举当选。成为大阪府知事（相当于上海市市长，且市长上面没有书记）后，桥下发现，大阪府已经连续10年出现财政赤字，财政几乎处于崩溃状态。于是桥下实施了大胆的改革，冲破重重阻力关闭和出售了一大批大阪府出资的机构与美术馆、资料馆等馆舍，并在一年后"扭亏为盈"。但是桥下很快发现，大阪府下设立大阪市，这种双重的行政架构，导致了财政的重大浪费，同时也增加了市民的税赋。他在街头游说时说的一句最通俗易懂的话就是："大阪府设一个府立图书馆，大阪市也设立一个市立图书馆，两家相距就没多远，为什么不合并为一家，既可以集约图书资源，又可以减少财政支出？"因此，桥下开始推进大阪府和大阪市合并为大阪都的

计划。根据他的构想，目前大阪府和大阪市设立的30余个市和区的行政机构，可以合并为"东西南北中央"五个大区，削减20多个行政机构，一年可以减少3万多亿日元（约1578亿人民币）的财政支出，这笔节约的支出可用于提高市民的福利和城市建设。

但是，桥下的这一构想遭到了当时的大阪市市长的反对。大阪市议会议员和下面的20多个区级行政机关也不愿意被兼并削权，因此掀起了抵抗运动。于是桥下做了两件事：一是成立了一个地方政党大阪维新会，集合志同道合者组建成近卫军，向各地渗透自己的主张与势力。二是在大阪市市长换届选举时，他辞去大阪府知事，屈身去参加大阪市市长的竞选，以便击破大阪市这一个堡垒。他居然也成功了。2011年，他当选为大阪市市长。

但是，桥下与维新会一直无法搞定大阪市议会。于是，桥下彻想出了一个办法：实行市民公决投票。

但是，大阪市议会的各个政党为了保住"大阪市"和自己的议员资格，以"府市合并将大大降低大阪市民的福利"为理由，鼓动市民起来抵制和反对。这一理由得到了大阪市许多老年市民的积极回应。

而桥下市长为了获得更多市民的支持，也立下了"军令状"：如果公决失败，我将从政界引退！

结果在17日深夜诞生：仅1万票之差，桥下惨败！

宣布引退的不仅是桥下，还有日本维新会主席江田，他也会见了记者，认为自己未能辅助桥下取得公决的胜利，痛感自己的失责，因此也表示引咎辞职。

一夜过去，维新会一下子失去了两位最核心的领导人，这个政党开始陷入混乱。

桥下创立的大阪维新会后来由地方政党改为全国政党，并在几次的大选中连连获胜，目前是日本第三大政党，在日本政坛的作用举足轻重。桥下为了实现自己的大阪都梦想，坚持只做大阪市市长，而不参加国会议员竞选。因此，他目前只担任维新会的最高顾问。桥下是安倍首相的好友，两人的某种改革志向相同，因此在大阪都设立问题上，安倍本人和首相官邸倾向于支持。但是，安倍自己领导的联合执政党的自民党和公明党表示反对，因为根据大阪地区的情况，如果实现大阪府和大阪市合并的话，自民党和公明党都将会在议会中失去第一、第二大党的地位，也因此会失去在大阪的地盘。这也导致安倍首相不敢公开站出来支持桥下的大阪都设立计划。

安倍还有一个算盘，原计划要借助维新会的力量在2016年的国会中完成修改宪法的工作。因为宪法规定，修改宪法必须获得国会议员三分之二以上的支持，而安倍领导的联合执政党虽然在众议院已经控制了三分之二的议席，但是在参议院却还只是过半数，因此必须借助其他政党的支持。桥下领导的维新会支持安倍的修宪行动，因此成了安倍最为期待的联合对象。但是，这一次的大阪都计划的失败，将使得维新会陷入分裂和无力化状态，在2016年的参议院大选中，维新会将很难保持住现有的议席，这将给安倍的修宪计划带来很大的悬念。同时，随着维新会力量的削弱和分散，日本在野党将会掀起一场政界重组运动，令未来的日本政局充满变数。

8. 日本反贪,谁开第一枪

2013年12月,东京都知事猪濑直树宣布辞职,辞职的原因,是因为他被控拿了一家医疗机构5000万日元(约300万元人民币)的选举资金,当然他自己没有这么说。

今年67岁的猪濑本是著名作家,因为与当时的东京都知事石原慎太郎私交甚笃,于2007年被邀请担任东京都副知事。2012年12月,由于石原辞去知事职务,猪濑在石原的支持下参加了知事竞选,获得东京都市民433万张选票

的支持，创下了日本选举史上个人得票最高的纪录。

2012年12月18日，猪濑一早走进东京都政府大楼接受了人们的鼓掌欢迎。那时，他不再是石原任命的副知事，而是东京都市民投票选出的新知事。他将坐镇日本心脏四年，而且还有望连任一届。

在这一年的知事任上，猪濑办成一件喜事，办了一件丧事。所谓喜事，就是他喊破嗓子四处游说，终于使得东京都获得了2020年度的奥运会承办权；一件丧事，是跟随他几十年并一起参加申奥活动的妻子查出癌症仅半年就走了。妻子走的时候，正好是申奥最为严峻的时刻，猪濑在葬礼上对爱妻说了一句话："我一定会拿奥运承办权回来告诉你！"

奥运承办权拿到了，妻子走了。67岁的猪濑知事本可以全力以赴为公为私去筹办2020年的东京奥运会，为自己的人生画上最美丽的句号。但是，在11月，他被《朝日新闻》率先披露出拿了医疗法人机构"德州会"的5000万日元，而且这5000万日元是他在竞选东京都知事期间拿的。

假如，猪濑在自己的选举资金报告书上写上这5000万日元，一点儿问题也没有。但是他没有写，他只写了3500万日元。所有参加过国会议员选举的人都知道，没有1亿日元左右的资金，是铺不开选举场面的，更何况是参加东京都知事的选举。因此，猪濑只花了3500万日元选举资金的报告书，让不少内行人感到不可思议。

那么，如果猪濑拿了这5000万日元是用在了选举上，却没在选举资金报告书上记录，那么就是违反选举法，轻则辞职，重则入狱。因此，猪濑一口咬定这5000万日元只是个人的借款，与选举无关。

问题是，医疗法人机构"德州会"在此之前因为参议院大选的贿选事件，有6人遭到逮捕。猪濑与"德州会"的贿选事件挂上钩，立即引起社会舆论的强烈关注。继而，东京都议会的议员们开始传猪濑知事到议会接受质询。而猪濑前后不一致的答辩，又会被各大报社电视台的记者们拿去到处核实，结果总会被发现漏洞。猪濑怎么说，都无法让人相信这5000万日元不是"德州会"贿赂他，而是自己个人借的，不是用于选举，而是为了防止落选后生活困苦。

从11月下旬开始，到12月中旬，短短3个星期的时间，猪濑被媒体集中剥皮，被议会四处抽筋，终于招架不住。在与自己的"政治义兄"石原慎太郎会谈后，终于下定决心，引咎辞职。

上午的辞职会见，猪濑满含热泪。但是与会记者并没有因为他的热泪而放弃对 5000 万日元的追究，而今天对猪濑的追究，已经从 5000 万日元延伸到他主政的东京都计划要将东京电力公司的医院卖给"德州会"的事情上来。媒体开始推测：因为猪濑答应要将电力医院卖给"德州会"，因此"德州会"送了 5000 万日元的现金给了猪濑。如果这一推测成立的话，那么，猪濑触犯的不仅是选举法，而是受贿罪，那就直接变为刑事案件。

当晚发行的日本晚报《富士晚报》已经透露出消息，东京地方检察院特别搜查本部已经开始关注此案，并加速立案侦查，事件可能还牵涉石原慎太郎。

如果媒体的这一推测成立的话，等待猪濑的不会是他今天所说的那样"回家写小说"，而是进监狱做小工。

到此为止，我们可以有一个小结，那就是，日本首都的最高行政长官被查处，不是由纪委或司法机构内侦外调，掌握证据后把他拉下马的，而是首先由媒体揭露、舆论跟进、议会追究，才最终落马的。

作为日本最高廉政机构的东京地方检察院特别搜查本部，它只是一直观望，不吭一声。等媒体把事件来龙去脉整得差不多时，它才开始正式介入：找本人约谈，如果认罪，立即逮捕；如果不认罪，证据确凿，也照样逮捕。

现在有一大悬念：谁向《朝日新闻》提供了猪濑知事拿了"德州会"5000 万日元消息的？

9. 日本政坛有一位华裔议员——莲舫

在日本的国会议员中，莲舫是一个很特别的名字。说它特别，不仅因为只有两个字，还在于她是唯一一位有华裔背景的国会议员。

一直希望采访到莲舫女士，但是她实在是太忙。日本众议院大选正如火如荼地进行，虽然莲舫是参议院议员，但是因为她在日本实在太有名，到处有竞选人邀请她去助选讲演，因此要见到她实在很难。

8月13日，我们终于在参议院的办公室里，见到了她。

莲舫的父亲谢哲信先生是中国台湾地区的人，母亲是日本人，自己出生在东京，因此还会讲一口流利的中文。1990年，莲舫从青山学院大学法学部毕业后，就成为朝日电视台的新闻节目主持人。清新美丽的容貌和干净利落的话语，使得她成为朝日的"看板娘"。1995年，莲舫突然辞掉了节目主持人的工作，并前往北京大学留学，给日本民众留下了一个不解之谜。

这事已经过去十几年，莲舫终于向我揭开了这一个谜底。她说："日本的电视节目主持人与美国的不同，主持人没有编辑稿子的权力，也很少有机会出去采访，整天就是待在演播厅里念稿子。作为一位新闻人，不到现场去，是做不出好新闻的。所以，我决定离开朝日电视台，去寻求自己的空间。当然，首先想到的就是自己的根，所以我选择了中国，到了北京大学汉语中心留学。"

在北京大学留学期间，莲舫一有机会就到各地区旅游，足迹遍及内蒙古草原、甘肃、四川。

1997年，莲舫生下了一对龙凤胎，她给两个孩子取了很中国范儿的名字，女儿叫翠兰，儿子叫琳，希望他们不要忘记作为华裔的根。

有了孩子以后，莲舫开始关心儿童的教育问题，并逐渐地感觉到，日本教育问题之严重，需要通过政治来解决。这触发了她投身日本政坛的愿望。

"日本的青少年的教育问题和犯罪问题，包括日本社会的少子化问题日益严重，我觉得不教育好下一代的话，我们的社会就会崩溃。我想我只要成为一名政治家，就有可能参与青少年保护政策的制定，能做一些一般人所做不到的事。所以，在一名先辈的介绍下，我参加了民主党，并作为该党的候选人参加了参议员大选。"

2004年，莲舫获得92万张选票，当选为参议院议员。

在参议院，莲舫一直参与教育与福利委员会的工作，经常代表民主党在国会上向首相质询，成为民主党的一位形象代表，有"民主党麦当娜"之称。民主党政权诞生后，莲舫担任行政改革大臣，强力推进政府行政改革。

那么，民主党与如今执政的自民党到底有什么区别？莲舫指出，自民党批评我们的竞选公约是白日做梦，乱撒钱。但是，我们的执政目标很明确，就是要从207万亿的国家预算中创造出18万亿日元的财源来，用于老人的健康、年金制度的改革等。迄今为止，日本的国家预算是由各省厅自己提出一个数值，政府只是汇总，一切都听官僚指挥。但是，民主党就要打破官僚控制国家的体制，将预算制定权收归首相官邸，什么地方该花钱，什么地方不该花钱，由内阁决定。只有这样才能有效地控制国家财政支出。而自民党政权在过去4年间什么都没干，就是新增了129万亿债务，单麻生内阁就新增了44万亿，两年后又提高消费税，这会使得国民的生活越来越艰难。所以我们要推翻自民党政权。

作为日本国会中唯一一位有华裔背景的政治家，莲舫先生对于日美、日中关系又是如何看待的？

莲舫先生说，日美两国关系是日本外交的根本，这一点不会改变。在此同时，民主党十分重视与中国的关系，促进日中两国更紧密的交流。中国在国际社会的存在感越来越强，我们需要和中国从环保领域开始，积极开展多方面的协作，两国的合作领域相当广泛。

在谈到日本、中国大陆、中国台湾的三者关系问题时，莲舫先生表示，中国台湾与中国大陆的问题，希望能用和平的手段与贤明的判断来解决。对于海峡两岸的关系，日本政府是没有资格说三道四的。日中两国的关系需要建立一种对等的互惠互利关系，该说的时候要说，该谦让的时候双方都谦让一些，以此来共同培育一种新型的两国关系，我觉得这是最理想的事情。

回忆在北京大学留学的生活，莲舫最怀念的是哈密瓜，说至今还不能忘记哈密瓜的味道。她对于中国人的好学精神十分敬佩："北京大学从清晨到深夜，大家总是在学习，早上5点开始图书馆就已经有人排队了。清华大学也一样。中国真是了不起，一直在用一种探求的精神在学习。这一点，应该成为日本社会的学习榜样。"

民主党改建为"民进党"后，2016年，莲舫当选为民进党主席。

10. 日本的市长每天都忙些什么

秋田县汤泽市政府邀请我去讲演《中国市场经济与日本企业的机会》，这场讲演安排得很隆重，会场是在该市最好的酒店，市长和副市长以及市商工会议所会长等政界和财界的要员们全体出席，让我颇有受宠若惊的感觉。

在讲演之前，汤泽市长斋藤光喜先生首先致辞，讲了此次讲演会的宗旨，那就是要了解一个真实的中国，寻求与中国开展经贸合作的可能。

日本的一个地方城市的市长对于中国市场有如此的渴望，确实让我感动。结果，我是一口气讲了一个半小时，原先安排半个小时的提问，由于提问的人一个接着一个实在太多，最终花了一个小时，才由主持人匆匆宣布，"晚宴的菜已经凉了"。

汤泽市是秋田县的一个旅游观光城市，一年一度的"秋田美人"选拔赛就在这里举行。听说斋藤市长原先是当地一家"稻庭"乌冬面经销公司的社长，后来当选为市议员。两年前，参加市长竞选，成了这个城市的最高行政首长。

晚宴是在酒店的宴会厅里举行的，参加会议的人都参加。当我走进宴会厅时，我看到斋藤市长已经站在门口拼命地鞠躬迎候每一位参加讲演会的人士。在他的身边，还有汤泽市唯一的副市长阿部贤一，与每一位来宾握手。

更觉不可思议的是，在晚宴宣布结束后，斋藤市长和阿部副市长没有自己先走，而是赶紧站在宴会厅门口，鞠躬送别每一位参加宴会的人——不管是企业家还是当地的小人物，那一份谦恭的神情，让我感觉到市长是这个城市里地位最低微的一个。

我想这一幕在国内市政府主办的宴会，"让领导先走"是一个惯例，一是

因为领导比你官大,二是因为领导比你忙。

我对斋藤市长感到好奇,想看看这位市长每天在干些什么?

第二天,我来到市政府,走进了市长的办公室。

市政府的办公楼是昭和年代的建筑,已经十分破旧,有30多年的历史了。斋藤市长说,大楼里没有空调,所以夏天很热冬天很冷。我问:"那为什么不安装空调呢?"斋藤市长的回答很直接:"市财政收入不是很好,我们总不能拿市民的税金来享受吧。"

市长的办公室大概只有20平方米那么大,除了市长的办公桌,就是一排会见客人的沙发,显得很挤。唯一的亮点,是办公室的墙上挂着一幅巨大的美女图。我对斋藤市长说:"每天与美女一起办公,你可真是全日本最幸福的市长。"斋藤市长有点不好意思,说:"这幅画其实是我们汤泽市的一个象征,因为汤泽是'秋田美人'小町的故乡,这幅画,画的就是美女小町。"我突然想起日本人的一句口头禅:"九州男人,秋田小町。"意思是说,男人最英俊的是九州地区的男人,女人最漂亮的则是秋田的小町。小町是日本古代的一大美女,与中国的杨贵妃同时代,汤泽市则是小町的故乡。

问起市长每天的工作,斋藤市长说,上午一般是安排会见各种客人,包括市议员、企业家、市民团体代表、外地来宾，等等，听取他们的意见，并与他们协调各种工作。下午的时间，主要是处理市政府的各种文件和市议会的各种提案，出席各种会议和活动。每周晚上会有两三次的应酬，如果没有应酬的话，就回家吃饭。原先市政府有一辆高级的丰田车作为市长的公用车，后来为了紧缩财政开支，就把它给卖了。所以，市长是自己开私家车上下班，汽油费也是自己负责。

秘书课长说，市长每天会比市政府的工作人员早到办公室，因此打扫办公室的活，也常常由他自己来干。

作为一名企业经营者出身的市长，斋藤市长感觉到自己的压力很大。他说，我是全体市民投票选举当选的市长，因此身负市民们的厚望，自己的一言一行，都必须成为市民们的楷模。这还不是关键，最大的问题是如何经营好这一座城市，让企业得到发展，市民的生活得到改善，市财政收入有所增加，公共设施得到修缮。"我干不好，干不出成绩来的话，我就要被市民们赶下台"，斋藤市长很认真地说。

市长的任期是四年，到期后可以继续参加竞选，可以寻求连任。但是，关键是市民们如何评价自己的工作业绩，是否会认可自己而投自己一票。

那么，作为一名市长，其权力到底有多大？斋藤市长说，说到权力，自然我是最大，因为日本的城市没有中国那样的市委书记，所以市长需要承担起这个城市的所有的管理责任和建设责任。但是，市长的权力受到市议会的很大约束。譬如，市长要花钱，预算必须得到市议会的审核批准；市长任命干部，必须获得市议会的同意；市长要离开自己的城市去出差，就要向市议会报告。市长和市议会的关系协调得好，做起事情来还比较得心应手。但是如果协调不好的话，市议会可以弹劾市长，或者不同意市长提出的各种方案。但是市长无权解散议会或者开除某一位议员，因为议员都是市民们投票选举出来的，代表着市民的权益。

斋藤市长说："汤泽市的市议会还是很支持我的工作的，但是也时常考核我的工作。"所以，斋藤市长除了日常工作之外，还有许多的精力是用在与市议会的协调上。

这时，刚好阿部副市长进来。我问他："你是市民投票选举的吗？"他说，副市长是市长提名的，不需要市民投票选举，但是必须要得到市议会的批准。

汤泽市就一名副市长（其他城市也有两名的），阿部副市长平时在干什么？他哈哈大笑："我什么都管，严格一点说，是替市长把关和分担责任。下面提上来的许多计划和提案项目，由我先审，我觉得可行的话，再递交给市长签字。"阿部副市长不像中国的地方政府，多位副市长是各自分管几个领域的工作，他是市政府的大管家。许多时候需要和市议会协调某项工作的话，副市长先做好与议员和议会的协商工作，最后由市长出面定夺。

斋藤市长拉着我在美女图前拍了一张纪念照。拍完后对我说："徐社长，这次请你来讲演，其实听讲演是一个方面，更重要的还是希望通过你的渠道，为汤泽市开展与中国的经贸合作打开一个局面。我们期待着中国游客到我们汤泽市来泡温泉，看美女。"

离开市长办公室时，我突然感觉到在日本当市长挺累，虽然他不需要讨好上面，因为上面的人，哪怕是首相，与他能不能当市长都没有直接的关系。但是，他必须要做出业绩让下面人（市民们）认可，因为市民们在下次投票中不投自己的话，那么只能是"回家卖红薯"。

11. 日本 29 岁最年轻市长为何被捕

日本政坛又出了新闻，不是安倍首相射出了经济发展的第三支箭，而是最年轻的市长遭到了逮捕。

日本最年轻的市长名叫藤井浩人，29 岁，研究生肄业。但是在 2014 年 6 月，他遭到警察的逮捕，被捕的罪名是，收取了一家地下水设备公司社长给予的 30 万日元的好处费（约 15000 元人民币），警方说：你犯了受贿罪。

黄历往前翻一年，2013 年 6 月，28 岁的藤井在岐阜县美浓加茂市的市长选举中一举击败安倍首相领导的自民党的候选人，成为全国最年轻的市长。

美浓加茂市是一个人口近 6 万人的城市，日本这么大规模的城市，在中国就类似于地级市。美浓加茂市也是日本著名的"美浓烧"瓷器的产地之一，而且巴西人、菲律宾人和中国人占了城市总人口的 10%，国际化程度很高。

藤井市长出生于 1984 年，2007 年从名古屋工业大学毕业，又考取了该大学的研究生后，读了一半退了学，自己成立了一家补习塾，指导中小学生补习功课。2010 年 10 月，首次竞选美浓加茂市议员，以最高得票数成功当选。2013 年 6 月参加市长竞选，获得 11394 张选票，坐上了市长的宝座，一时轰动全国。

藤井为何会犯错误？警方发布的消息说，在藤井当选市长前 3 个月，爱知县名古屋市的一家地下水设备公司"水源"的社长中林正善（43 岁）经人介绍与藤井相识，希望在市立中学里设置一套自然循环型雨水净水系统，当时作为市议员的藤井给中林社长帮了这个忙，并因此收取了中林社长的 10 万日元的好处费。当选市长后，在中小学校的游泳池水净化工程的招投标中，中林社长又给藤井塞了 20 万日元。

问题是，2014年2月，中林社长伪造经营业绩骗取了银行1000万日元（约60万元人民币）的贷款，被控欺诈罪而遭到逮捕。在审讯中，中林社长供出了藤井市长。于是，爱知县警察本部和岐阜县警察本部成立了联合搜查本部，并于6月24日一早通知藤井市长到警察署自首。藤井到了警察署后，曾经发"脸书"称自己清白。但是到了下午四时半，警方宣布以受贿罪将他逮捕。

30万日元，只是藤井市长半个月不到的薪水，在日本实在算不了什么大钱。但是，警察为什么要逮捕他？其基本原因大概有三。

一是，日本对于犯罪的定性，不是以金额大小而论，而是以性质定罪。也就是说，你受贿10万日元和受贿一亿日元的性质是一样的。因此，藤井社长受贿虽然只有30万日元，也是受贿罪。

二是，公职人员的犯罪，其性质比一般人严重。首先，公职人员拿市民缴纳的税金生活，理应成为市民的模范。其次，市长是因为得到市民的信任，由市民投票选举产生的。市长因私欲犯罪，是对市民信赖的背叛，也是对民主主义的诋毁，因此绝对无法容忍。

三是，日本司法不会因为你是官，而高抬贵手放你一马。警察正因为你是官，而且是全国有名的官，搜查得会比别人更起劲。

与律师朋友田村一雄先生讨论此案，他说，如果判决的话，藤井可能会有两年左右的有期徒刑。即使法院放他一马，以缓期和罚款来处理，他也必须辞职，而且以后也没有希望再问鼎政治，政治生命就此完结，因为没有人再会投他的票。虽然藤井才29岁，经历也比较丰富，但是因为有犯罪的记录，一般的公司都不敢雇用他。他今后的人生路只剩两条，一是自己去开店办公司，但是不会有大公司跟他做生意，二是去愿意收留他的小企业去当一名普通员工。田村先生说，因为日本的犯罪案底跟人一生，以后他向银行贷款买房子，也都会受影响。

日本的犯罪成本实在很高，为他可惜！而此案也给政府官员一大警示：伸手必斩！

12. 日本"官二代"为何没有财产

2013年11月1日,日本政府公布了安倍内阁在9月任命的19名副大臣和25名政务官的个人与家庭财产,结果显示,包括不动产、存款和股票等在内,副大臣们的平均家庭资产为5103万日元(约255万元人民币)、政务官们的平均资产为4421万日元(约276万元人民币)。有7人的财产超过1亿日元(约500万元人民币)。

值得关注的是,有3名高官的财产为零,其中包括日本前首相小泉纯一郎的儿子、日本内阁府兼复兴政务官的小泉进次郎。

32岁的小泉进次郎被称为日本执政的自民党的"白马王子",他早年留学美国哥伦比亚大学,获得政治学硕士学位。2006年,他进入美国智囊机构——战略国际问题研究所(CSIS)日本部担任研究员,曾经担任美国国家安全保障会议亚洲事务负责人的迈克·格林是进次郎当时的上司。

2007年,进次郎回国担任父亲的秘书。在小泉前首相宣布从政坛引退后,他继承父亲的票田,于2009年一举当选为众议院议员,时年27岁。随后,进次郎担任了自民党青年局长。

由于进次郎长得与其父亲十分相像,说话语气和性格也十分类似,因此,一当上议员,就获得不少日本国民的喜爱,成为自民党内最具人气的议员。在近几年的两次国会选举中,他为100多名自民党候选人站台助选,个人支持率超过安倍首相。因此许多日本人也相信,这位气盛年少但是做事稳当的进次郎,一定会在将来成为日本的首相。

进次郎其实已经不是"官二代",而是小泉家的第四代政治家,他的曾祖父小泉又次郎曾担任通信大臣、祖父小泉纯也曾任防卫厅长官、父亲小泉纯一郎担任了日本五年半的首相。进次郎本人已经担任了5年的众议院议员，但是他的全部个人财产，却只有一辆丰田小轿车，按照目前的市场估价，价值只有40万日元（约两万元人民币）。由于汽车不列入个人财产的调查范围，因此进次郎的个人财产为零。

很多人难以想象，进次郎居然没有财产，而且连存款都没有。

日本国会议员（众议员、参议员）的平均月收入为175.5万日元（约8.7万元人民币），年收入为2160万日元（约108万元人民币）。另外还有一年780万日元的立法调查费、一年1200万日元的文书通信交通费。合计：4140万日元（约207万元人民币）。同时，国会出资允许每一位议员配3名公设秘书，3位秘书的年薪总计为2300万日元。

在日本国家公务员的平均年收入为662万日元，一般公司职员平均年收入只有408万日元的背景下，国会议员一年2160万日元的收入，和一年1980万日元的事务经费收益是十分惊人的。

但是，日本的国会议员中，却没有一个人喊富，尤其是当选没几年的"新人议员"，更是数着零钱过日子。原因何在？

一位自民党议员给我算了一笔哭穷账。

议员身边需要一批包括秘书在内的工作人员，总数需要多少，是根据议员本人的政治影响力和活动能量来定的。在国会办公室里，政策秘书和第一秘书、第二秘书的工资是由国会事务局负担的。但是在选区里，每一位议员至少要设立一个个人事务所，雇用的私设秘书，少则3人，多则十余人，帮助议员在选区内打理各种选民陈情、地方政府诉求、支持者的婚丧喜事，等等，这所有的房租、人员工资、通信交通以及出差费用，全部需要议员本人负担。这笔选区维持费的开支多少，直接关系到议员下次能否当选。

日本国会议员中很少有富翁，像鸠山由纪夫、麻生太郎这样有家族经济支撑的为极少数。

这位议员给我算了一笔小账：一个选区里至少有10万名选民，每天至少有一个人死亡，以议员的名义发一份唁电，送上一份香火钱，一般需要5000日元（约300元人民币），一个月至少15万日元，一年就要180万日元。这还不包括隔三差五的结婚贺礼。

一句话，议员一年的收入，还不够养活这么一支跟班部队，笼络这么多选民的心。资深的有影响力的政治家，一般还有企业和支持者的政治捐款，但是这一种捐款也有法律限额，并且账目必须绝对透明。如果变相收取企业的不法捐款，一旦查实，立即入狱。而初出茅庐、没有政治影响力的议员，就是清水衙门。

像进次郎这样刚刚当选议员五年的政治家，更需要的是笼络选民之心，赢得选民更多的支持，因此必然会出现"收入不多，支出很大"的困境，因此，不借钱，已经是万事大吉，更不要想买豪宅、买豪车。

小泉纯一郎在辞去议员职务、把选区让给进次郎时，对儿子说了一句话："我没有钱财留给你，只有政治财产。"

至今依然是单身汉的进次郎，近日在接受媒体采访时谈到自己的财产为零的问题，表示："人生，简单就是快乐。说不定在下一次选举中我还会落选。"已经获得副大臣级官位的进次郎，依然对于自己的政治人生充满危机感，而不敢追求奢侈，把全部的资金用于自己的政治事业中。也许对于他来说，政治事业上获得成功，比住豪宅开豪车更有价值！

"人生只能一头热"，这是这位日本名首相儿子的人生哲学与心态。

13. 东京的"城管"都管什么

北京来的老王给我打求救电话时，我刚好陪着客人在爬刚落成不久的新东京电视塔，这塔有 634 米高，世界第一，我已经爬到了 451 米处。

老王是北京人，心一急，舌头"儿化音"得太厉害，听了老半天，才听懂最重要的一句话："我被日本城管给逮了。"我差一点没有从塔顶掉下去，因为日本没有城管。

"你有没有搞错啊？"我小心地问。"没有错啊，他们都穿着制服，手里还拿着罚款单"，老王在那边喊。哈哈，大白天在东京遇到土匪了。我叫他把手机交给"城管"。接电话的是一位日本老头，很客气地对我说："你的这位中国朋友走路抽烟，还把烟头扔在地上，我们需要对他罚款。"

这烟鬼，在长安街上没有被罚，跑到东京捐款来了。罚就罚呗，对于老王来说，都是毛毛雨。人家建新电视塔花了 650 亿日元，这么好的一个"东京天空树"名称，还被中国人抢注了去，罚你 2000 日元还不够买卫生纸擦眼泪呢。

搁下老王的电话，我开始想一个问题："这么来说，东京还真有城管啊？"

后来打听，东京都政府确实有这么一支"特种部队"，而且基本上是由中老年人组成的，准确的名称叫路上抽烟监视员。

根据东京都政府颁布的《生活环境条例》，走路抽烟、公共场所抽烟以及在政府特别指定的"路上禁烟地区"抽烟，均要遭处罚。王总就撞到枪口上了。

各位还真需要注意，你来东京时一旦违规抽烟，被这些监视员逮住，千万不要撒腿就跑，虽然这些大爷们追不上你，但是等你回过神来，一定会发现四周全是警察。因为在东京，违反东京都政府颁发的条例就是违法，东京警视厅的那帮警察可是拿东京都政府的钱在干活啊。

东京的街头，设置有专门抽烟的场所。烟瘾来了，可以跑到那里去抽上几口。

有一个常识需要解释，日本地方政府制定的条例等于这个地方的法律，譬如《青少年健全育成条例》，看着很一般，假如你哪一天昏了头，约了初中女生上情人旅馆，出来时，警察控告你的不是嫖宿幼女罪，而叫违反《青少年健全育成条例》，厉害吧？所以，各位到东京，一定要谨慎抽烟，认真交款。

东京的城市秩序管理，基本上依靠警察。市民与警察之间，没有"城管"这一中间环节。于是，一些容易让城市乱七八糟的现象，譬如走路抽烟、违章停车等，就需要由专人来管理，于是催生了专项的管理队伍，路上抽烟监视员就是其中的一支。这支队伍算不算"城管"？从广义上来说，是城市管理环节中的一员，也是穿统一制服的，但不是中国人印象中的"城管"。

东京的"城管"队伍除管抽烟的，还有一支管违章停车的，叫驻车违反监视员。这些监视员在规定不许长时间停车的街区转悠，一旦发现有汽车停在那里，会先掏出照相机拍下停车的位置，立此存照。然后掏出像 iPad 一样的 PS 机，将车号输入，查找这辆车的车主资料，然后用一台随身背着的很小的打印机打印出罚单，装入一个专用的塑料袋中，很顽固地锁在你的反光镜上，你到时就乖乖地开着车去交款便是。

路上摆摊不是这些"城管"管的事，而是属于警察管。这位大爷在车站前卖桃子，事先向警察提个申请就行。

据说，查违章停车本来是女警察开着小警车分管的事，也许违章太多来不及转悠，于是东京都就组建了这么一支队伍。但是，执行中还是比较公正的，譬如送货公司的车、邮递车等，都可以到东京都政府申请"特别停车证"。而一些个体户主，自己做一个"交货中，马上回来"的牌子，马马虎虎也可对付。

东京都政府的这两支"城管"队伍，雇用的大多是退休老人，一方面，这些老人做事认真负责；另一方面，拿的报酬大多也是小时工钱，便宜。说白了，大家都是"临时工"。

日本这个社会，并非人人都守规矩。但是，因为大多数人守规矩，于是对极少数不守规矩者，政府就变得轻松，用这些"白发临时工"，也就足够对付了。

14. 大地震中日本学校为何不倒

清晨5时7分，我被强烈的摇晃惊醒。也许因为习惯了日本的地震，所以没有惊慌，还在床上躺了一会儿，享受摇篮的感觉。在摇晃中，我判断东京的震级应该在4级左右。结果也如此。

大楼摇晃了约20秒钟。摇晃停止后，我起床打开电视机，NHK电视台播音员已经开始在播报静冈县发生强烈地震的消息，并呼吁当地的民众注意海啸。

为什么NHK电视台在地震发生1分钟后就开始播报地震的消息？这里有一个秘密，那就是日本拥有一个遍及全国任何角落的地震监控系统。这一套系统除连接首相官邸、全国各地方政府、各地警察署的同时，也连接日本各大媒体。这一套系统可以在地震发生后及时测算出地震的震源地、震级、深度等基本情况，并即时通报给上述机构。因此，电视台可以在第一时间里获得地震的基本情况以及会不会发生海啸（因为日本是一个列岛），并迅速做出报道。日本最大的中文新闻网站"日本新闻网"在地震发生后5分钟，就发出了第一条中文地震速报消息。

日本是一个多地震的国家，太平洋板块、菲律宾板块和亚欧板块交集在一起，日本人就好像在摇篮上生活，三天两头晃一晃，大家对于地震习以为常。2011年，东日本大地震发生，并伴随三四十米高的海啸袭击东北沿海地区，造成了近两万人死亡和失踪。

那么，在日本遭遇地震的话，第一时间可以去哪里避难，日本人一定会告诉你："去学校！"

"学校是发生灾害时的第一避难所"，这个理念，在日本可以说是一个常识。所有的房子都可以倒，学校的房子不能倒——这也是日本防震灾的一个基本原则。

为什么日本会把学校作为第一避难场所？这要从1923年的那一场关东大地震开始说起。当时的日本学校的建筑，大多是木结构或砖瓦结构，与现在中国部分农村的学校的情况相似。但是，关东大地震导致了不少学校教学楼倒塌，学生集体遇难。当时的日本政府从中吸取了教训，以"学生的生命维系着国家的未来"为最高原则，规定学校教学楼必须使用钢筋混凝土结构。而在1923年，钢筋混凝土结构是最新的建筑模式。从那时开始，学校便成为每一个地方最牢固的建筑，自然也成为地震后灾民的第一避难场所。

学校之所以能够成为第一避难场所，除了它有牢固的建筑如体育馆、教室等空间可以供灾民避难休息之外，还有两大功能，那就是：因为学校大多有操场，可以作为直升机的停机场，也就可以成为一个救灾中心。加上灾民都集中在学校里避难，所以也便于集中救助。另外一个就是成为受灾程度的判断基准。学校教学楼的受损程度往往会成为政府判断当地受灾程度的一个主要标准。如果教学楼都倒塌了，那就意味着这场灾难超乎想象的严重。

1995年1月17日早晨，阪神地区（大阪、神户）发生了7.3级地震，这一次地震造成了5000多人死亡，其中也有几栋教学楼倾斜倒塌。由于地震发生时刚好是早晨，学生大多还在家，所以没有发生教学楼倒塌压死学生的惨剧。但是，人们也很快地发现，私立学校的教学楼很少有损坏的迹象，而公立学校的教学楼却受损严重。日本文部省（中央政府教育与文化主管部门）经过调查发现，私立学校的教学楼的抗震强度几乎超过了文部省规定的抗震基准，而公立学校在抗震设计和施工上，有一半学校没有达到文部省规定的基准。

为什么会出现这一现象？调查后发现，日本的私立学校的收费要比公立学校高，教学质量也相对要比公立学校好，所以，私立学校很注重校舍的设计和抗震。而公立学校是由地方政府出钱、文部省适当补贴的办法进行建设的。在地方政府财政紧张的情况下，这些公立学校的校舍相对于私立学校来说，就要简单许多。

阪神大地震之后，日本政府开始实施校舍补强计划。根据这一计划，全国各中小学校全面进行了一次抗震检查。根据检查结果，对不符合文部省最新抗震要求（抗震要求为7级）的学校立即进行补强施工。但是，阪神大地震发生13年后，日本还有将近一半的公立中小学校的校舍依然处于"危房"状态。为什么这么多学校至今未能完成补强施工？其实最主要的问题还是地方政府经费不足。

高知县安艺市有12所公立中小学校，该市从1995年开始对不符合新的抗震要求的学校进行补强施工，施工分为两种：一种方法是将四层的教学楼（日本政府规定中小学教学楼不得超过四层）的最高一层削减为"屋顶花园"，以减轻整个建筑的重量；另一种方法是对整个大楼的外墙采用钢管（直径10厘米）穿插进行网状包裹。但是，由于一个学校的施工需要三年，费用约两亿日元（约1400万元人民币），因此至今还有五所学校依然处于"危房"状态。市政府解释说，安艺市的财政收入年年下降，预算十分严峻，无法迅速完成全部校舍的补强施工。即使如此，安艺市市民对于市政府也没有多大的怨言，因为市政府大楼本身由于长年失修，多处出现裂痕，抗震率为零，十年前已经被鉴定为危房。

2008年，中国四川大地震造成许多教学楼倒塌，众多学生遇难，这一消息给了日本政府极大的震惊。地震发生后一周，日本内阁举行会议，专门讨论加快学校危房改造的进程。会议决定，由中央财政安排主要资金，争取在五年内完成全国45000栋公立中小学校校舍的补强施工。因为对于日本政府来说，由于政府不作为的原因导致震灾中教学楼倒塌，学生集体遇难，严重的将导致内阁下台。

学校，不仅是日本人的教育场所，更是日本人的生命保护所。

那么，中国人到日本旅游考察，万一遇到地震怎么办？我告诉你最关键的几项自救要点。

一、如果你住在酒店里的话，根据大楼的摇晃程度，可采取以下的措施。

摇晃得不怎么厉害的话，先把房门和窗打开，因为地震发生后，大楼有可能变形，大楼一旦变形，门窗就打不开，你想逃也逃不出。

如果摇晃得很厉害的话，最好立即躲入厕所中。因为日本的厕所不是用砖头什么堆建起来的，而是用高强度的材料整体压模出来的，不仅比较耐压，而且空间也大。最重要的是，水箱里面有水，即使你被困在里面几天，水箱中的水也可以维持你最低的生命所需。当然，如果你来不及躲入厕所的话，那么就马上钻到桌子底下。

打开电视机，马上会有地震速报，可以知道震源在那里，你所在位置的震级是多少。即使你不懂日文，由于速报的文字大多是汉字，你也能够看懂八成。根据地震速报，由此来判断自己是否需要离开房间到外面去避难。

逃离房间时，要走安全楼梯。日本的一般建筑（除超高层之外），大多有室外安全楼梯供逃生之用。

二、如果你在百货公司或超市里买东西时遇到地震，那么请采取以下措施。

立即离开建筑物，逃到室外空旷的地带。

如果一时离不开建筑物，那么一定要离开货架，到靠近窗口的开阔一些的位置躲避。因为货架倒塌或货架上的商品掉落，会砸伤身体。

三、地震发生时，如果你刚好在电梯里，那么电梯会自动停止，然后电梯会自动选择最近的一层放你出来。如果是旧电梯的话，可能就没有自动下降到最近一层的新功能。那样的话，你千万不要惊慌，待在里面等待救援就行。因为，日本的大多数电梯都与电梯管理公司的控制中心连接，一旦发生问题，控制中心马上就会知道，并通知最近的救援中心赶来救援。

四、万一大楼倒塌，你被压在建筑物内，那么，你第一要保持冷静，先不要大喊大叫，以保持体力。如果听到附近有动静的话，你可以喊话，或者用木棒或铁器敲击发出声音来告诉人们你生存着，并告知他们位置。

五、地震发生后，以下三件事千万要注意。

不要乘电梯逃生。因为地震发生后，电梯会自动停止。万一电梯失控，会摔下去导致死亡。

不能随便跳窗。如果是底层的话，你可以尝试着跳窗逃离，如果是三层以上建筑的话，那么跳窗无疑等于自杀。

地震发生时，如果你刚好在使用煤气的话，那么，你如果不立即关掉，等于你在为自己制造自杀炸弹。

地震发生后，救援人员会在最短的时间内前来救助，除非是在边远地区。

另外，如果大地震发生后，你可以随日本人到附近的避难所避难，那里有日本政府准备的各种救灾物资可供免费取用。同时，你也可以告诉日本的救助人员，寻求与中国大使馆或所在城市的中国领事馆取得联系，寻求帮助。如果你不懂日文，你可以直接写中文，因为大多数日本人可以从中文字词中理解你要表达的大概意思。

以上经验供大家到日本遭遇地震时参考。

15. 福岛核泄漏应该由谁来买单

东日本9级大地震发生后，东京首都圈房子没倒，但是却出现了水荒和菜荒，原因在于核污染导致首都圈菜园子全部遭到污染。

2011年3月这一场空前的大灾难，汇集了大地震、大海啸、核泄漏三大最恶的灾害，也是人类历史上少有的"三位一体"式的灾难。由于日本房屋抗震能力强，因此在如此剧烈的大地震中，房子倒塌较少，更没有多少人因房子倒塌而伤亡。相反地，大海啸毁灭了太平洋沿岸三个县的大部分城镇，并使得近两万名来不及逃离的人葬身海啸之中。而持续对日本造成直接和间接影响的，更是福岛第一核电站的核泄漏事故。

这一次核泄漏事故不是核技术原因，而是海啸冲垮了核电站的供电系统和供水冷却系统，导致原子炉内温度升高，最终发生核爆炸和炉芯熔解，造成了数百平方公里的直接核污染。

日本文部科学省在核泄漏发生后十天公布了一项调查分析结果，在临近福岛第一核电站的栃木县、茨城县、群马县，当然首当其冲是福岛县，11种蔬菜中检测出了超过国家限定标准的放射性碘和放射性铯，其中受害最大的要数福岛县饭馆村，那里没有饭馆，却有大量供饭馆采购的蔬菜。厚生劳动省随后也发表消息说，该省的一个专家小组对在饭馆村采集到的西兰花做了检测，结果显示，一公斤西兰花中，放射性碘的含量为1.7万贝克勒尔，放射性铯的含量为1.39万贝克勒尔。而日本文部科学省在这个村的杂草中，更是检测出惊人的核污染数据：一公斤杂草中的放射性碘的含量高达254万贝克勒尔，放射性铯的含量也达到265万贝克勒尔。这是迄今为止，日本政府机构检测出的最高含量的放射性物质。看了这一数据，谁还敢吃福岛县的蔬菜？

福岛县和枥木县、茨城县、群马县以及目前情况还算良好的千叶县，是日本首都圈的"菜篮子"，首都圈 4000 多万人口，就靠这个"菜篮子"提供生活保证。如今，这个"菜篮子"被毁了，上述四个县的蔬菜和水果，包括吃了受污染的草的牛挤出的受污染的奶，以及相关的乳制品都已经被禁止销售。

东京的小学生的课间餐，每天必喝的牛奶改成了红茶。超市里原本挑挑拣拣还嫌形状不够笔直的黄瓜，如今哪怕是弯成了圆钩，都有人抢。

东京缺少的不仅仅是蔬菜，还有矿泉水。

东京都政府发表消息说，东京水道局所属金町净水场的自来水中，检测出了超过婴儿饮用水限定标准两倍的放射性物质。根据净水厂的取样分析，一公斤自来水中的放射性碘的含量为 210 贝克勒尔，超过了国家规定的婴儿饮用水安全数值的两倍。日本厚生劳动省规定的婴儿饮用水的安全标准中，放射性碘的含量不能超过 100 贝克勒尔。

这一消息使得原本就已经十分紧缺的矿泉水，一下子没了踪影。家庭主妇要，保育院要，妇产医院也要。消息发布三个小时后，记者跑了东京好多超市和 24 小时便利店，就是没能买到一瓶矿泉水。

日本人没有趁火打劫的习惯，不会闹出"水比油贵"的事来，但是，"水比油少"却已经是日本首都圈的现实。

当时的日本首相菅直人召集经济产业大臣和农林水产大臣等紧急开会，要求他们向矿泉水公司下死命令，必须 24 小时生产，解决首都圈的水荒问题。同时，要求农林水产省紧急向日本其他地区和海外调集新鲜蔬菜。

菅直人首相开会还不忘把东京电力公司的社长叫来，叫他们准备买菜钱。结果社长不肯露面，只来了一位副社长。"都是你们东京电力公司惹的祸"，这是菅直人对东京电力公司这位副社长的训斥，因为福岛核电站是他们建设管理的。

其实，对于日本政府来说，解决首都圈缺水缺菜的事情，还是小问题。更大的问题还有两个：一是美国人带头不买灾区四县的果蔬和乳制品了。二是菜农牧民们吵着要赔钱。

在核泄漏发生后的半个月内，美国和新加坡、澳大利亚、新西兰以及中国香港地区均已经宣布禁止进口日本灾区四县的果蔬食品，包括肉制品。美国人一带头，国际社会就会跟进，对于日本的农业打击显然是重大的。日本的菜农和牧民虽然不会把首相官邸围了，但是，不早一点解决他们的赔偿问题，实在也是有违人性。灾区人民失去了亲人，再让他们断了生计，那真的会把他们逼上绝路。

这还不仅仅是眼前的问题，如果土地污染严重的话，福岛等四个县至少有600万人的就业与生活安置需要政府买单，而且一买得好几年，直到土壤中放射性物质含量低得让人彻底放心为止。

污染不仅仅来自于陆地，还有海洋。

原子能安全与保安院也透露消息说，该机构已经在福岛第一核电站的南放水口附近，检测出了高浓度的放射性碘131，数值相当于国家限制基准的146.9倍。随后，文部科学省宣布，在核电站周围30公里的海域，检测出了超标的核放射物。这一条消息告诉人们，海水已经遭到污染，而且会不断地扩散。

一场大海啸，让灾区沿海的渔船飞上了屋，渔港码头和水产加工厂大多被摧毁。这一带可是日本最大的水产品生产基地和养殖基地，渔业产量占全国的三分之一。

大地震，毁掉的不仅是日本首都圈的菜篮子，还有鱼仓。日本政府的初步测算说，这一场灾难，将给日本经济造成至少25万亿日元的直接经济损失，这还不包括核电站废弃和核泄漏所造成的其他间接损失。

这次核污染造成的损失，包括菜农和渔民的赔偿补贴，到底应该由东京电力公司买单，还是由日本政府买单？东京电力公司称，大力推进核电站建设，是日本政府制定的国策，电力公司只是响应政府的号召推进这一事业。如今出了事，要叫电力公司买单，毫无道理。而政府称，政府是制定出了核电要占总发电量的30%的目标，但是没有说不需要提高核电站的安全性，至少，福岛第一核电站的沿海大坝的高度不够，才使得海啸长驱直入。

虽然陆地上的核泄漏问题基本解决了，但是这一扯皮，直到2015年春还没扯清。

16. 核泄漏后东京人怎样生活

日本大地震和核泄漏发生一个月之后，我带了几位日本温泉规划设计专家去了黑龙江省大庆市，继续帮大庆搞温泉城规划。大庆打不出油的地方，居然打出了温泉，泉质甚好。

离开大庆回东京的时候，有关日本核泄漏的消息已经被媒体报道得铺天盖地。大庆市政府领导专门为我们准备了一袋当地的食品，包括小米、红方腐乳和黑木耳，还有咸鸭蛋，算是支援"日本灾民"的礼物。

拎着这一袋东西到东京成田机场的时候，已是晚上。日本海关官员问我里面装的是什么东西？我说是"中国人民的救济粮"。他笑，挥挥手让我过了关。

离开东京没几天，重新回来，却有了一份异样感。首先是发现空港的电梯停了，所有的人都得拎着包自己爬楼梯，听说是为了节电……

从机场到东京家中的高速公路上，路灯几乎全灭，好像到了农村乡下，前途一片黑暗。路过东京迪斯尼乐园，司机告诉我："全停了，已经好长时间了。"突然发现往日辉煌的迪斯尼乐园是漆黑的一片，脑海里忽然闪出一个"鬼城"的念头。没有电，原来这般可怕。

到家后，搁下行李先去买水，超市里大瓶装的货架上已经空空，小瓶的倒有一些。收款员说，一个人只能买3瓶，害得我不好意思，好似成了囤积分子。

晚上躺在床上，期待闹一次地震。一直到早上起来，还没有震感。倒是地震灾区从清晨到上午，3级地震已经闹了两次。发现东京还挺太平。

离开大庆时，到机场来送行的领导们千叮嘱万叮嘱："不行就回大庆来，一定包吃包住。"气氛挺有一种上前线，或者奔赴地狱的悲壮。

第二天一早，赶去办公室上班，看看日本人这几天是否已经如惊弓之鸟。

到了地铁车站，站台上已经站了不少等车的人。仔细一瞧，没有发现有人像中东大亨那样头上缠点什么防辐射。只是看到一位小伙子端着一本书，竟然在站台上静静地读。大难当前，小伙子有如此的淡定，真是了不得。

地铁车厢里十分宁静，甚至是一种祥和的气氛。东京还是和以往一样，坐车的人，依然捧着一本书，或者看着一份报纸，好像9级大地震从来没有发生，好像核泄漏漏不到他们的身上。

出了赤坂车站，看到一位漂亮的女孩在发新店开张广告纸，真的感到"东京无事"。

到了办公室，先是处理一些文件，然后接待客人。客人中有一位是赤坂王子饭店的前海外部长工藤圀芳先生，他特地赶来与我告别，因为赤坂王子饭店在3月31日宣告关闭，结束了其55年辉煌的历史。2009年12月，时任中国国家副主席的习近平访问日本时，就下榻这一家酒店。我社是这家饭店的老主顾，这些年也多亏工藤先生的照应。谈起大地震的影响，工藤先生说，酒店的海外客人在大地震发生后一个星期，就减少了一半。虽然现在东京是樱花盛开的时节，但是，已经很少能够看到往年外国人赶来东京赏樱花的热闹情景。他问我，中国人赴日游何时才能恢复正常？我说，核电站问题不解决的话，估计中国人还是会裹足不前。他叹了一口气："看来要等到秋季枫叶红时。"

工藤先生说，赤坂王子饭店在关闭后，将临时提供给来自东北灾区的灾民们居住一段时间，然后再解体，以作为对灾区的支援。

中午吃饭时，秘书问我吃什么？我说就去边上的一家四川料理店，顺便去看看那里的几位中国厨师。她却告诉我，店早关门了，中国厨师跑得一个不剩，气得老板直跺脚："下次绝不招聘中国人。"哈哈，中国人都是独生子女，父母能不着急吗？

办公楼的边上，就是东京最高的大楼——东京中城，日本软库集团和优衣库集团、富士胶卷的总部都在这个楼里。楼下有一个公园，以前是日本防卫厅的所在地。

樱花已经盛开，我吃完中饭去公园看看樱花，却看到了另外一番情景。好多的家庭主妇们带着才几岁的孩子在草坪里吃盒饭聊天，更有白领躺在草坪上午休。全世界都以为日本人已经钻进了防空洞，或者全身包裹不敢迈出家门半

步，却没有想到，东京人好像什么事也没有发生一般，任凭孩子在草地上奔跑，端着盒饭在核辐射中悠然品尝着其中的味道。

这就是今日东京人在核辐射下的生活，很平常。

东京都政府对空气中核放射物的检测分析结果显示，中午 11 时许，东京的核辐射量为每小时 0.088 微西弗。我查了东京都平时受核辐射量的数据，发现没有核泄漏之前的平日，东京都的核辐射量也有 0.035 微西弗。所以日本政府宣布这些超微量的放射物不会对人体构成危险，不是忽悠。

东京距离福岛第一核电站 230 公里，担忧总会有，但是，没有人对此有太多的恐惧，因为日本人真的想得很明白："日子还得照样过。"

17. 东京遇台风为何不会水漫金山

2013年10月的一场台风,把我浙江老家的好多城市淹了,大上海也泡了。网友不断地给我发灾情照片,甚至通报死讯,看着心疼,看了着急!

我发了一条微博,写了这么一行字:"一场台风,半城淹水,说明了什么?说明我们的城市建设,太注重地上的建筑,而轻视地下的沟通。这是教训,面子固然重要,但底子也不可忽视!不然损失会惨重!"

我写这一行字的时候,想到了东京——我生活的这一座城市。

东京一年至少要遭受五六次台风的袭击。但是这一座城市很少被淹。即使每小时降雨量超过100毫米,也只是几处道路积水,远不至于汽车进水。

是什么秘密让这一座河流众多的滨海城市能够抗拒台风暴雨的袭击?理由很简单,因为拥有完善的城市泄洪系统和雨水地下储存系统。

东京古称江户,是一个由冲积平原和海积平原构成的地区,因此河流众多。即使到了现在,东京已经成为世界著名的现代化大都市,城市里依然流淌着隅田川、江户川、荒川等宽阔的江河,同时市中心还保留了众多互相贯通的河道,可以开着游艇兜圈。

东京保留这么多的河流,主要目的不是为了船舶航行。这些河流除了偶尔能见几艘小游艇和夜间出行的花船(一种供游客在船上用餐,并夜游东京湾的小游船)之外,见不到任何的货物船。因此,东京市中心这些整修得异常整洁畅通的河流,其主要作用是泄洪。一旦出现暴雨和强台风天气,洪水会很快排入河流并流入大海。

除了河流泄洪系统之外,我特别想介绍的是,东京的地下水库建设和建筑物的雨水储存与再利用系统。

一、东京在20世纪六七十年代也曾发生过老城区淹水的问题，原因是暴雨带来的雨水来不及排泄。从20世纪80年代开始，东京开始建设大型的地下水库，先把雨水集中起来，然后再慢慢排放。到2015年年初，东京地下共建成了37座大型地下水库。其中最大的一处地下水库，其容量达40万立方米，可以在短时间内将地面的雨水大量收集起来。地下水库管理公司可以根据气象预报，随时调整地下水库的存水量，在暴雨来临之前，可以将存储的雨水先排放到河海中，以腾空水库，保证雨水的收存。

二、从20世纪90年代开始，日本修改了建筑法，要求大型建筑物和大型建筑群必须建设地下雨水储存和再利用系统，也就是要求各家"自扫门前雪"。

这一系统就是将建筑物周围的雨水收集起来，储存在大楼的地下储水蓄水池中，而在平时，这些雨水通过雨水净化循环系统，可用于冲洗大楼的厕所和浇灌花木等。

2012年建成的新东京电视塔"天空树"，其地下雨水储存和再利用系统还增加了一个"空调"功能：在地下的储水库里增加加热功能，在天气变冷时，将这些雨水加热，热量通过特殊的空调系统为整个电视塔提高室内加温。而到了夏天，地下水温低于电视塔的室温，于是寒气再通过空调系统给电视塔供冷。

三、日本政府从2005年开始，修改相关法律，要求道路铺敷的材料，必须是容易渗水的。因为使用这种材料铺敷路面，一旦遇到暴雨，雨水可以在瞬间直接通过路面渗透到地下。而地下沟渠将渗透下来的雨水进行汇总后，流入地下水库。这样的话，地面就不会出现大面积积水，也不需要设置众多明沟，影响环境与卫生。

当然，东京还是有一些老城区来不及改造，遭遇暴雨后，一些道路还是会出现小范围的积水。因此，在迎接2020年的东京奥运会之际，东京都政府正在加快老城区的排水蓄水系统的全面改造，以消除暴雨隐患。

当然，建设城市泄洪系统和雨水地下储存系统需要投入一定的资金，但是与一场暴雨淹没半个城市所造成的财产与生命的损失相比，投资建设这些地下系统所耗的资金，还是微不足道的。关键是，我们有没有这么一个防灾意识和觉悟，为子孙后代留下一个安全又现代化的城市。

18. 日本风景旅游区为何不卖门票

去日本九州地区访问，九重町政府希望我一定去他们那里转转，理由很简单：町政府订阅了我们的日文报纸《中国经济新闻》，属于读者。作为这份报纸的总编，我没有理由拒绝。

九重町是一座山城，有日本最长的峡谷吊桥，很好的温泉，还有长在高原草地上的牛。

日本的町，相当于中国的一个县。副町长永尾宗男先生陪我走了几个地方，我觉得来错了时候。若是秋天，这里一定是满山金黄，枫叶流丹。泡在露天的温泉里看山景——神仙。

町政府的公用车，是一辆挂着黄牌照的小轿车。日本凡是挂黄牌照的车，排气量都在600CC以下，我想起了多少年前满北京跑的夏利车。

永尾副町长挤在我身边的时候，抱歉地对我说："政府只能买小车，车钱都是町民们缴纳的税金，大家盯得紧。"

车把我拉到一处景区，叫"龙门瀑布"，工作人员告诉我这里有一座古寺，还有一个很大的瀑布，属于"国定公园"。

往景区走，是一条绿枫形成的狭长的山道。沿着这一条山道走三分钟，就见到一座古寺。

古寺隐约在树林中，抬头一看，都是枫叶。想象到了秋天，这里将是一种何等艳丽的景致？

穿过古寺，便听到瀑布的哗哗声。经指点，在古寺的观望亭的正前方，看到了高悬而下的瀑布，有10多米高。"夏日，水有点少。到了雨季，那是20多米宽的瀑布连成一片，倾泻下来，煞是壮观！"永尾副町长介绍说。

古寺没有和尚，也无尼姑，只见到一位弓着背拔草的老太太。一问，才知道老太太是这座寺院的寺主——原来这还是一座家寺。

老太太背着筐从罗汉堂的台阶上下来，是爬着下来的。她把青草搁到一辆小推车上，坐到树荫下擦汗。我这才发现，老太太已经驼背。

我帮她一起收拾好拔下的杂草，与老太太聊天。她告诉我她已经91岁，名叫久保田。

"这座寺院有500多年的历史了，是我的祖上在中国修行后，迎了洛阳白马寺的佛像回来，建了这个寺院。"老太太听说我是中国人，来了劲。

我问她先生为何不来帮忙？老太太说："已经走了5年了。他算命大，一个村8个人出去征战，回来的就他一个。"

我没有细问下去，这段历史对谁来说，都是一种纠缠。

寺院的活，主要由老太太的儿子与儿媳妇照料。但是，每天打扫寺院，是老太太几十年来的功课。看着她蹒跚的步履，我真有点儿说不出的心疼。但是，老太太说，她还自己做各种酱菜。她说，在钟亭下，那里都放着各种新鲜的蔬菜和她做的酱菜，你可以自己去拿。我跑到钟亭下，果然放着许多的农产品，都标了价，从100日元到300日元不等，边上放了一个篮子，上面贴着一张字

条：钱请放在篮子里。

景区边上建了几家温泉旅馆和土特产商店。我去的时候，已是黄昏时分，土特产店已经准备关门。店家的主人是一对老夫妻，名叫福田。太太裹着一方头巾，年轻时一定是一位大美女。她特地进屋去泡了一壶茶出来，还拿了一盆糕点请我品尝。我问福田先生："你怎么娶到这么漂亮的太太的？"他哈哈大笑："我来旅游时遇到了她，一个晚上没睡着，就这么盯上了。"

福田太太是九重町人，福田先生是大分县宇佐市人，他扔下了祖传的一个牧场，跑到九重町做了上门女婿。

游完古寺，看完瀑布，离开时才发现：整个景区没有收门票的地方，自然也没有卖门票的人。问永尾副町长："这个景区不收门票？"他说："不收。"

这么好的一个风景区为什么不收门票？永尾副町长的解释，让我困惑。他说："这个景区的瀑布，是自然的瀑布，政府没有投入多少的维护资金，因此政府没有卖门票收钱的理由。寺院是久保田家的，他们也无意收游客的钱。所以，景区是开放式的，游客什么时候来，都可以。当然，停车场是政府出资修建的，但是这笔资金来自于町民们缴纳的税金，所以停车也是免费的。"他说："政府在没有很多投资的情况下去收取景区门票，是不合理的，只会败坏我们九重町的名声。"

仔细想想，日本各地的自然风景区，确实很少有收门票的。即使是京都国宝级的世界文化遗产的金阁寺、二条城，门票也才400日元（约20元人民币）。

静冈县的伊豆半岛因为伊豆舞女的小说与电影而为海内外所知。加上美味海鲜与温泉，这里因此成为日本著名的旅游胜地。政府为了旅游业的发展，在景点建设和基础设施建设上投了不少钱。那么，政府是如何回收这些投资款的呢？我去伊豆的时候，伊豆市市长办公室干部小村先生向我解释说："风景区的建设不是为了让政府赚钱，而是为了兴旺地方经济，因为政府不是企业，而是市民的服务机构和城市的统筹管理机构。因此，设卡收门票不是政府应该做的事，如何吸引更多的游客来伊豆，才是我们政府必须做的工作。也就是说，政府利用市民缴纳的税金修建道路、建设景区，都是为旅游业发展的一种服务型配套，不是赚钱的投资，因此除了停车场可以收费之外，其他的景点是不能收费的。开放的景区才能吸引众多的游客。游客多了，旅馆酒店、各种饭馆以及各种商店的生意才会兴隆。政府收回投资,是通过服务业和相关企业的生意兴隆,让他们多交税金,来实现整个城市的全面兴旺繁荣。"

"政府不是企业",这句话触动我心。

19. 日本民众有苦向谁说

前些天，我坐新干线跑了一趟神奈川县的小田原市，那里有日本第二大化妆品"佳丽宝"的研究所和最大的工厂，我去做了一次访问。回到东京时，已经是日落西山。晚上约了东京的一家宣传公司的社长村上先生吃饭，他还拖来了我相识的国会议员佐藤先生一起作陪。佐藤先生担任过日本国家公安委员长，这是一个集公安警察和安全部门于一身的国家最高执法机构。不过佐藤先生只是一介政治家，并非"克格勃"头子，所以，这一顿酒喝得还是毫无顾忌，很开心。

席间，我谈起了一个话题：日本老百姓有苦向谁诉说？

佐藤先生的第一个反应，是"向当地政府诉说"。这让我感到有些意外。他的解释是，如果百姓有苦有难，地方政府必须想办法予以解决。譬如，生重病医疗费个人承担的部分无法支付，那么市政府必须想办法给他补助或垫付；没了工作生活困难，那么市政府必须给他提供最基本的生活保障，让他办理"最低生活保障"，领取每个月12万日元（约6400元人民币）的基本生活保障金；家里如果有人走丢，或者登山迷了路，市政府必须协助警察组织人员一起寻找。

为什么百姓可以要求政府做得这么多？村上社长的解释是："因为百姓是纳税人。"是百姓缴纳的个人所得税和人头税（都民税或县民税）等，养活着市政府的这些机关工作人员，并支撑着政府机关的各种开销，因此老百姓可以到市政府指着公务员的鼻子骂人，而公务员和政府官员除了"嘿嘿"，毫无"还手之力"。不过骂人的毕竟是少数。

那么，市政府相关部门不给解决，或者解决得不好，那又该怎么办？

佐藤先生说："那就找议员。"一个市有市议会，一个县（相当于省）有县议会，东京还有国会议员。议员接受选民的"陈情"是一项很经常的工作,也是一项责任和义务,因为你是他所在选区选出来的,就必须为他服务,代表他说话,不然他下次不投你的票,说你坏话,你就有可能落选。

各级议员因为是选民直接投票选出来的,而且也是好不容易当选的(因为是几个候选人竞选),因此往往很在乎选民的意见。而议员在议会中,对于市长或县知事(省长)等官员有监督的权利,资深的议员甚至可以左右政府的预算和各种计划的通过,因此市长看到议员也有几分惧怕。选民有苦处,通过自己选区的议员向政府相关部门施加压力,也是百姓寻求解决问题的一个好途径。

如果市长或县知事还解决不了,那么市民还可以直接向自己选区选出的国会议员的办公室申诉。国会议员在自己的选区都有常年的事务所,配置有多名的秘书,就专干这种"替民喊冤"的事情。因为地方政府向中央争取资金或项目,大多需要国会议员出面与中央相关机构协调,因此,市长和县知事也很在乎国会议员的意见。

那么,议员们解决不了的话,还有什么办法?佐藤先生说,还有两个办法:一是到国会前静坐抗议,二是起诉政府。

我想起去国会采访时,常常可以看到国会门口或者靠近首相官邸的马路边上,有人静坐或举着抗议牌。但是,过往的国会议员很少有停下脚步的。如果是自己选区的民众,或者是全国有影响的事件的受害者们在静坐抗议,那么会有一些国会议员前来了解案情和慰问,甚至与他们一起静坐抗议。当然,警察是不会驱赶这些静坐抗议的人们的。

向法院起诉政府,也是日本国民爱干的一件事,而且往往是团体案件为多。譬如过去遭到政府隔离的麻风病人集体要求政府赔偿案、输血感染肝炎病毒患者们的集体索赔案等,最后大多被最高法院判以"民赢官输",政府赔款而告结束。但是,这样的诉讼案耗时长则十余年,短则几年,需要耐心,需要扛得住。好在往往会出现声援者组织和志愿者律师团,受害民众最后还是会坚持到底,把官司打到最高法院为止。

值得一提的是,日本政府没有专门的信访机构,只是中央各省厅(部委)设有"相谈窗口"。日本执政的自民党中央,也设有一个办公室,专门收集国民对自民党和政府的要求,工作人员只有三人,算是一个信访机构。

　　由于日本法律严格保护私人财产，也很少有官员敢惹百姓，因此日本人喊冤或诉苦的事情其实也不多。曾听说过这么一件事，东京的一位老大爷喜欢捡破烂，家里的院子都堆了乱七八糟的东西。由于有臭味，附近居民向区政府举报，要求将这些破烂搬走。但是老大爷坚决不肯。区政府还是下达了搬走令。老大爷于是拿了这一张搬走令跑到国会找东京都出身的议员。一开始，有几位议员觉得老大爷脑子有毛病，躲着他。后来，一位年轻的议员认真听了他的陈诉，对大爷说："我帮你一起去搬。"结果这位议员选了一个星期天，叫上秘书一起帮老大爷处理了这些臭兮兮的破烂。老大爷直夸他好，说下次选举的时候一定要帮他到各处去贴海报。

20. 日本企业请客送礼为何这般小气

最近发生了这么一件事。一家日本跨国公司社长面对我们地方政府官员赠送的茅台酒犯愁：他知道这瓶酒的价格值 2000 元人民币，但是他无法回赠同等价格的礼物，因为如果他这样做的话，就涉嫌行贿罪。

日本法律规定，企业给政府官员赠送的礼物，每一件的总价值不能超过 5000 日元（约 250 元人民币）。超过者，属于行贿。那么 5000 日元在日本是一个什么样的价值？是一个有 6 年工龄的大学毕业生职员半天的工资。如果按照中国人一般收入标准的话，也就是 50 多元人民币。

结果，这位社长最终用相当于 2000 元人民币的日元，分别购买了 4 份糕点，分送给一同访日的几位中国地方官员。

"小气"，往往是人们对于日本人的评价。但是，这一个"小气"的背后，是因为有一道法律的红线。

日本社会对于企业与政府官员之间的"经济互动"特为敏感。多年前，日本国土交通省一位主管宅急便事业的课长因为工作调动，要从东京调往大阪工作。工作调动的事被日本的一家宅急便公司的社长知道，告诉他刚好有辆运货卡车去大阪，就顺便帮他把一些家具带到大阪去。课长也就搭乘了这一"顺风车"。

这件事后来被媒体抖搂出来，这位课长触犯了公务员法中"禁止利用职务影响力谋取利益"的条例，不仅被要求按照正常的搬家标准，支付 12 万日元（约 6300 元人民币），而且被人事院降级使用，并削减三个月薪水。同时，这家替课长搬家的宅急便公司涉嫌向公务员行贿，被处以 200 万日元（约 10.5 万元人民币）的罚款。

所以，日本企业不论大小，宴请政府官员（包括外国政府的官员）的标准，每人一般都不会超过1万日元（约500元人民币），而送礼的标准，一律在5000日元以下，否则被税务署查出，不仅面临处罚，而且还可能触犯法律。同时，请客送礼的对象，必须写明姓名职务，以备税务署核实。

日本企业税法给予日本中小企业一年请客送礼的最高额度，规定为300万日元（约15.8万元人民币），防止企业借机偷税漏税。这一数字，也是大学毕业参加工作6年的公司职员的年薪。这意味着，企业老板一天用于请客送礼的费用，最多不得超过8000日元（相当于12碗拉面价钱）。

税务署在核实一家中小企业一年的账务时，必定会对"交际费"进行详细的查询。如果总价超过了300万日元，那么超过的部分往往不是对企业进行简单的处罚，除了征缴税金，还要由企业的经营者（社长）个人掏腰包承担。所以，如何做糊涂"交际费"，往往成为这些企业绞尽脑汁的事。

那么政府官员请客有什么限制？日本会计院有这么一个规定：各中央机关厅局长级干部请客，每人标准一般不超过1万日元。课长级（处级）干部请客，一般不超过6000日元。因此，政府官员请客，往往会为了寻找一个价格适中、环境优雅的餐厅而伤透脑筋。一旦超过上述标准，必须要向会计院说明超过的原因。

日本社会在每年的7月和12月，都有向关照自己的长辈或上司送"御中元"和"御岁暮"，每一份礼物的价格也就在2000至5000日元，但是如果是政府官员收到不属于亲属关系的人士的送礼，必须要还礼，以表示自己"无意受贿"，只是"礼尚往来"。

日本社会对于公务员和政府官员的监管，不仅只对干部，也同时针对一国之首相。

2012年，安倍晋三第二次当选日本首相时，按照规定，他要搬入与首相官邸相邻的首相公邸居住，以便于管理国家，处理紧急公务。他的前任野田佳彦当首相时，这座公邸已经使用了一年多。有杂志报道说，安倍夫人昭惠女士对于前任用过的厨房和卫浴设备多有疑虑，要求予以更换修缮。首相官邸测算出来的修缮总费用为1000万日元（约50万元人民币）。这一价格，相当于一位大企业部长的年收入。

在野党议员根据杂志的报道，在国会的答辩中，公开向安倍首相质询求证，结果使得安倍首相连连否定有此举动，表示绝对不会浪费纳税人的钱，只要能住就行。

很快，有人查出各届首相入住公邸时的修缮费用，其中安倍在2006年第一次当选日本首相时用于公邸修理的费用为220万日元。在野党议员依然愤愤不平，认为这相当于一名大学毕业生走出校门一年的收入，还是属于大手大脚。

所以，用法律法规来限制企业和政府官员的请客送礼，是日本社会防止官商勾结、防止官员腐败的最有力措施。正因为有这一措施，才营造出了日本社会"君子之交淡如水"的交际规则与"小气"文化。

21. 野田身后的"和风美人"

日本当首相的人，不一定都是像安倍晋三、鸠山由纪夫这样"官三代"甚至"官四代"，其中也不乏平民出身者，譬如 20 世纪 90 年代的村山富市，以及 2011 年成为首相的野田佳彦。

2011 年 8 月 30 日，当时担任日本财务大臣的野田佳彦在国会选举中当选为日本新首相，他的夫人野田仁实也在一夜之间成了日本第一夫人。消息公布后，野田位于千叶县船桥市的家门口，立即多了一个班的警察，而他的夫人身边也冒出一位贴身女保镖。可谓"早上出门一个人，晚上回家一朝人"。

野田长相很一般，矮矮的个子胖胖的身体，唯一让人们记忆颇深的是，有一双大眼袋的小眼睛。但是，凡是见过野田夫人的人，都觉得她属于很日本的和风美人，尤其是肌肤洁白细腻。

1988 年，野田在一次酒会上遇到了仁实夫人，比野田小 6 岁的仁实夫人，当时是扛着电子琴来为酒会捧场。一曲下来，野田就与仁实夫人一见钟情。没几天，野田从美食杂志上找到一家位于东京六本木的烧肉店，邀请仁实夫人共进晚餐，趁机向美女表达了爱慕之情。1992 年，两人缔结良缘，还生下了两个儿子，大儿子如今已经是医大的学生。

仁实夫人出生于东京都江户川区，娘家经营一家街道小工厂。她从小爱好音乐，高中毕业后就考入了东京音乐大学学习声乐，在美声唱法上颇有造诣。遗憾的是，仁实夫人在大学毕业后，未能从事音乐工作，而是在东京的一家公司担任社长秘书。但是，一有机会，就会答应朋友的请求，在宴会上为大家演奏乐曲。

即使后来与野田结婚后成了家庭主妇，仁实夫人对于音乐的热爱始终不减，

常常是一边做饭一边听爵士音乐。她不仅弹奏得一手好钢琴和电子琴，而且还是女子合唱团的领唱。数年前，民主党干部的太太们举行集会，仁实夫人担任主持，会后有人说"还真以为是请来的专业主持人"。

野田的父亲曾是一名自卫队员。野田从大学毕业后，直接进入松下政经塾研修，立志成为政治家。为了竞选国会议员，野田几乎每天一早都会站在自己家附近的一处轻轨车站前演讲，而新婚不久的妻子一定会站在丈夫的身边，拼命地发传单，请求人们支持野田。夫妻的这种"手工选举"，最终使得野田如愿成为众议院议员，并为后来成为日本首相奠定了基础。当然，这一成果是野田夫妇站在车站前，风雨无阻地演讲了整整20年得来的。

据野田的支持者说，野田虽然演讲口才很好，但是平时话语不多。而仁实夫人很会讲话，夫妻两人在一起出席活动的话，夫人的话总是会比野田来得多，而且说话也很直。但是，凡是丈夫登台致辞时，她又从不出现在丈夫的身边，而是在台下照顾大家,并在大家离开会场时,早早地站在会场门口,向每一位鞠躬致谢。因此在千叶县的选区内,很受选民的支持,为丈夫牢牢地守护着选区阵地。野田80岁的老爸因脑梗死病倒后,仁实夫人把公公接到家里,亲自进行护理。

仁实充当了一名贤内助的美丽角色,即使在野田1996年落选后的4年"浪人"生活中,在没有收入的情况下,仁实夫人也没有一句怨言,在家庭开支中厉行节约的同时,亲自印制丈夫的宣传单,一有空就亲手折。为了节约邮费,仁实夫人常常是自己亲自拿着宣传单挨家挨户地送上门。哪怕是数九寒天,也是事事亲自动手,还陪同丈夫在车站前演讲,希望通过自己的努力,在下一次的众议院议员竞选中,让丈夫重新迈进国会的大门。

正因为有这么一位贤惠女人的全力支持,使得野田在近20年间无思无虑地在国会从事自己的政治活动,并最终问鼎首相宝座。

野田虽然贵为日本第95代首相,但是囊中羞涩。友人说,野田在政府里担任财务大臣,掌管着90万亿日元的国家预算,但是家里的钱包一直是由仁实夫人捏着。野田由于反对政治捐款行为,因此收入很少,根据2009年度的议员财产公布,野田家中的存款只有200万日元(约10万元人民币),这笔钱在日本只是一个中专毕业生一年的工资。但是,家庭借款却高达3400万日元(约180万元人民币),基本上是为了野田的政治活动所借的钱款。因此,自从嫁给野田后,仁实夫人没有好好过过一天殷实的生活,只是最后终于熬成了第一夫人。

从电子琴演奏者到日本第一夫人,仁实夫人默默地努力了20年,也同时印证了日本社会"忍耐和努力终会有成功之日"的文化。但是,她的丈夫在2012年10月,竟然不顾中国政府的强烈反对和警告,单方面将中国的钓鱼岛及其附属岛屿宣布"国有化",导致中日关系全面倒退,这位丈夫也因此被钉在了历史的十字架上。从此,野田人气不再,人们也很少再看到这一对糟糠夫妻的身影。

22. 日本消防队是如何救火的

时钟已经指向 23 时半，正准备洗洗睡觉，楼外传来了刺耳的消防车的警笛声。开始没有在意，没有想到过了不久，警笛声有一种从四面八方赶来的感觉。"这回估计是真的了"，我打开阳台门，跑到外面一看，距离我家 300 多米的地方，已经是火光冲天。赶紧裹上大衣，本来想拿专业相机，一想会让人有一种幸灾乐祸的感觉。于是抄起手机就往外跑。

消防车一辆接着一辆从我的身边呼啸而过。别看只有 300 米，跑起来还真够远的。

终于赶到火灾现场，发现是一栋居民的住宅小楼起火。

道路不宽，消防车估计到了十几辆，现场好一阵繁忙，但很有秩序。我突然对日本的救火程序有了兴趣，用手机拍下了一组照片，看看日本人到底是如何救火的。

火灾发生后，最先接警的是东京消防厅的 119 报警中心。

等我进入救火现场时，最先遇到的人，不是消防队员，而是警察。这位负责警戒的警察说，119 报警中心在接到报警电话后，在通知当地消防署的同时，也同时会通知当地的警察署和派出所。"是同一个警报系统"，这位警察说。

所以，在第一辆消防车赶到火灾现场的同时，当地派出所的警察也往往能够骑着自行车满头大汗地赶来。警察抵达现场的任务，就是立即拉起警戒线，维持现场秩序。

和中国一样，火灾发生后，消防车是从附近各消防署紧急调集过来的。虽然是各自作战，但我发现车种配置很有讲究，除了常规的消防车之外，还有长臂高空消防车，适合钻小弄堂的小型消防车，甚至还发现了三轮车式的袖珍消防车。当然还有指挥车和通信车。还值得注意的是，有几辆是当地消防民团的消防车，这是一支"土八路"部队，消防团员都是当地的居民，大多是公司职员和私营企业经营者。

在我赶到现场时，头上已经有几架直升机在盘旋。除了有电视台的采访直升机之外，还有一架带警灯闪烁的直升机。维持秩序的警察说，那是东京消防厅的消防指挥直升机。

不知道媒体的记者们是从哪里得到的消息，火灾发生也就20几分钟，已经有两家电视台的记者扛着摄像机赶到。问其中一位摄影记者："你们是怎么知道火灾的？"那位记者说："消防厅通知的。"我想我们亚洲通讯社怎么没有这个待遇？想起来，我们没有加入消防记者俱乐部。

与消防车同时赶到火灾现场的，还有救护车。

我一直认为，日本政府把救护车放在消防署里管理，是一个很合理的做法。也就是说，日本的急救中心不属于医疗卫生部门，而是属于消防系统。医院里是没有救护车的，自然整个东京，乃至各个城市，也没有设置中国那样的"120急救中心"。日本所有的救护车，都放在各地的消防署里，救火和救急的电话号码都是一样，是"119"。这样做的好处是，救护车和消防车都是24小时待命。火灾发生后，不管有没有伤员，救护车也跟着跑出来，随时准备救治伤员。

日本的消防体制还有一点与中国不同，那就是消防部门不像中国那样归属武装警察部队，消防队员不是军人。日本的消防队员和警察一样，都属于国家公务员。

等大火扑灭后，原先停在外围的一辆消防灯光车开了进来，竖起类似于足球场那样的排灯，把火灾现场照得雪亮。接下来，东京消防厅的专业勘察员进入现场，对起火的地点和火灾原因进行调查，同时搜寻是否有遇难者的遗体。

等我要离开时，一些消防队员也开始撤离现场，等他们摘掉头盔，发现好多消防队员都是中年男子，还有满头白发的。居然还有两位20几岁的女孩子。看那两位女孩子，身上背负的装备也和男消防队员一样，感觉好勇敢。

23. 首相儿子与陪酒小姐谈恋爱

　　日本这十年，换首相就像割韭菜，一茬又一茬，倒数记不清，顺数还往往搞错。唯一有一位，在位五年半，而且还不是被人推翻，是自己主动要求下台的。这个人的名字其实大家都熟悉，叫小泉纯一郎。

　　小泉理了一个"狮子头"，个性很特别，生了三个儿子，却只认两个。因为第三个儿子还在母亲的肚子里五个月时，小泉与妻子宫本佳代子离了婚。离婚的理由很简单，妻子养孩子辛苦，却又不得不在老家横须贺市替小泉管着选区。小泉当议员一直在东京，那时交通不是很方便，回一趟家要花好几个小时。所以，小泉很少回家，而比他小13岁的妻子，还是在读大学时与他结的婚，清璧白玉一块，既带两个调皮的儿子，还要替小泉应付选区内各种事情，身心疲惫，因此要求搬到东京，与小泉同住。小泉给妻子两个选择：要么老老实实做政治家的妻子，要么离婚去过平民生活。结果，小泉的妻子选择了后者。

　　妻子离婚后，没有再婚，一个人把小泉的第三个儿子生下来养大。可是小泉至今为止，就是不认这个名叫宫本佳长的小儿子。

　　小泉主动辞去首相职务，有他自己的算盘。在人气鼎盛时期急流勇退，让人惦记，让人回味。此后小泉又突然宣布，自己还要辞去议员职务，把选区让给孩子，让选民们把热情和希望转到他儿子的身上。

　　小泉家是神奈川县的最大政治地主，从爷爷当国会议员开始，政治香火一直延续了三代，爷爷和父亲相继当过众议院副议长和通信大臣、防卫厅长官等要职。小泉想得很明白，与其自己贪恋首相宝座，还不如尽早把选区地盘交给儿子来得重要，因为不能在他的手中把小泉家的政治香火给灭了。

　　2009年，小泉的第二个儿子小泉进次郎当选为众议院议员，长相和说话的口气，简直就是父亲的克隆。进次郎曾经担任过日本执政的自民党的青年局长，如今是安倍内阁负责东北地震灾区灾后重建的复兴副大臣，在国民中人气十足。

那么，小泉的大儿子跑哪儿去了？大儿子小泉孝太郎没有接父亲的班，却成了日本的影视明星。

2000年，孝太郎瞒着父亲，偷偷报名参加了由石原艺人经纪公司主办的"寻找21世纪的石原裕次郎（已故日本著名男演员，现任东京都知事石原慎太郎的弟弟）"新星选拔活动。可是在半决赛中，孝太郎被淘汰了。次年，小泉当选为日本首相，人气冲天。于是人们终于发现，那位被淘汰的青年原来是小泉的公子。2001年8月，孝太郎从日本大学经济系中途退学，搭乘父亲的顺风车一脚踏进了日本演艺圈，并立即参加电影拍摄。首映那一天，贵为首相的小泉在秘书的陪同下，悄悄走进电影院观看儿子的表演，看完后说："这小子还有点儿能耐。"

孝太郎先后主演过《乌冬厨神》《爱情呼叫中心》等电视连续剧，并参加了《跳跃大搜查线》等电影的拍摄，如今在日本是数得上手指的年轻影星。不过为人谦恭的孝太郎总是说："我是戴着父亲的'七色光环'进入演艺圈的，正因为如此，今后对我来说还是非常的严峻。"

作为小泉家的长子，小泉首相对于孝太郎的要求还是很严格，小泉不止一次地提醒儿子，要小心娱乐圈里的陷阱。普通艺人跟谁吃饭、跟谁出游也许没有人想知道，可是首相儿子的举手投足都会被人津津乐道。

孝太郎总是很听话，很少闹出什么花边新闻。但是，最近日本写真杂志抖出消息说，已经32岁的孝太郎目前正在热恋中，恋人不是美女明星，而是东京银座一家高级夜总会的陪酒小姐。记者拍下了这位陪酒小姐多次在孝太郎公寓里过夜的照片，并称两人已经到了谈婚论嫁的程度。

名首相的儿子与夜总会小姐热恋，在多数中国人的眼里，我想是很难理解的事。那么日本人如何看待这桩事？与日本新闻界的先辈山崎博史先生聚餐时，谈起此事，他说了一句话："按照一般日本人的看法，是有点儿吃惊，但是不足为奇。"

他说，日本人对于夜总会的陪酒小姐的看法，可能与中国人对卡拉OK小姐的看法不一样。首先，能够在银座高级夜总会做小姐的女孩子，不是普通的女孩子，一般来说，长得漂亮，同时有高学历，还必须有教养。因为客人大多数是大公司的干部，或者是演艺界的大腕，单有长相没有涵养，在那里根本是待不住的。其次，日本人对于陪酒小姐，一般都有一种亲近感。总觉得她们会在这样的地方工作，一定有其原委。或者为生活所迫，或者为家庭，或者为自己的事业前途，深更半夜这么辛苦地工作，很值得同情和关爱。再次，日本的陪酒小姐不会轻易地卖身，如同过去的艺伎。但是，她们一般比公司白领更能善解人意，更有亲和力，容易让男人们得到一种心灵的宽慰。最后，日本过去政治家，或者大公司老板娶艺伎为妻的事时有发生，并且演绎出许多感人的故事，被写成小说拍成电影，因此在人们的心目中，艺伎们既有情又有义，既漂亮又温柔，是女人中的极品。而高级夜总会的陪酒小姐，被许多人认为是现代版的"艺伎"。

山崎先生的结论是：小泉纯一郎前首相的儿子娶银座高级夜总会的陪酒小姐，不是没有可能。孝太郎也不是傻瓜，那位女性的身上一定有让孝太郎动心的地方。说不定，孝太郎找一个高级公务员，或者任性的女演员，还不如找一个温柔体贴漂亮多情的陪酒小姐来得更为合适。

这一场风波已经过去好久，孝太郎依然没有结婚，而他与陪酒小姐的故事或许还在延续。小泉老爸看来也不急于想着抱孙子，反正已经有一个儿子继承了他的政治生命，他似乎已不怎么在乎大儿媳何时进门了。

25. 外国人研修生制度到底存在哪些问题

东京电视台最近播了一档节目，揭露了包括中国在内的外国人研修生在日本所面临的艰难处境。这一节目引起了日本社会的关心，更是引起了中国网友们的高度关注。到底中国研修生在日本是如何工作的，他们的生活是否如电视节目报道的那样？我这几天采访了几位在日本的中国研修生，也采访了从事中国研修生中介和管理的中国人和日本人，听一听他们到底怎么说。

在介绍中国研修生的生活与工作之前，我先来介绍一下日本政府的"外国人研修生制度"。日本最早的"外国人研修生制度"开始于1981年，那时候，日本正处于经济高速发展时期，一方面需要大量的劳动力，另一方面，日本一跃成为世界第二经济大国，口袋里有钱了，也想着帮助发展中国家提高一下技术水平。

说一句公正的话，那时候，日本政府的初衷是好的。他们希望通过接纳发展中国家的年轻人到日本来研修，将日本的先进技术向发展中国家转移，促进"研修生"母国的经济发展。当时的研修生的收入，对于发展中国家来说，是巨款。譬如在1984年，中国的一名大学毕业生一个月的工资一般只有50元人民币。但是那时候，日本人一天的工资就有600元人民币。所以那时候，中国人去日本做研修生，还得"走后门"。

1991年，日本政府的法务省、外务省、厚生劳动省、经济产业省和国土交通省联合成立了一个外国人研修生管理机构，叫作"国际研修协力机构"，负责外国人研修生的引进与管理，并正式建立了国家层面的"外国人技能实习生制度"。这一新制度，将外国人原先只能在日本研修一年的时间，延长到了三年。

但是，这个外国人研修制度在日本经济崩溃之后，开始走样。20世纪90

年代初，日本经济泡沫破灭，经济陷入了困境。加上社会老龄化严重，出生率长期在最低谷徘徊，农村地区青壮年纷纷离开故土去城市工作，使得农村和渔村的劳动力严重短缺。不少企业受利益驱使，在实际操作中，把研修生当作来自海外的廉价劳动力。一些研修生的心态也发生变化：来到日本不再是为了学习技术，只是单纯为了挣钱。于是，各种问题开始出现。

第一个问题是中国国内派遣机构的变化。原先这是政府的合作项目，因此都是中国政府指定相关机构选拔优秀的青年到日本学习技术，从事技术研修工作。但是进入 20 世纪 90 年代，日本开始扩大外国研修生的招收范围，不仅允许工厂招收研修生，也允许农户、水产加工企业、建筑公司招收研修生，于是，外国人研修生实际上成了廉价劳动力。因此，中国的派遣机构也由政府部门降到了政府指定的国际技术合作公司之类的企业。再后来，一般的私人也参与了中介工作，外事部门的三产机构也参与其中，如此一来，中国国内的研修生派遣不再是选拔制，而是谁想去就可以去。也就是说，技术研修生变成了劳务输出。

第二个问题是工作性质的变化。20 世纪 80 年代的中国赴日研修生，基本上是到日本的大企业去学技术，但是到了 90 年代，基本上是到日本的渔农村去干体力活。日语中有一个专用术语，叫"3K 劳动者"，"3K"指的是艰辛、肮脏、危险。因为在日语中，这三个单词的日语发音念作「きつい (Kitsui)」「汚い (Kitanai)」「危険 (Kiken)」，开头都有一个 K 字，所以称之为"3K"。日本经过 20 世纪 70 年代和 80 年代的经济高速发展之后，已经进入了人人有车的富裕社会，因此，年轻人都不愿意去从事这种"3K 劳动"。那么引进外国的廉价劳动力，成了日本企业尤其是渔农村小企业与农户们的一种实际需求。于是，大批中国研修生到了日本，就成了日本人不愿意干的"3K 劳动者"。

第三个问题是待遇的变化。20 世纪 80 年代的中国研修生去日本研修，日本企业基本上是按照日本员工的薪水标准发放补贴的。所以研修一年，研修生基本上可以带上电视机、照相机等几大件回国。但是成为廉价劳动力之后，他们的待遇就发生了很大的变化，尤其是工资，不再像以前那样参照日本员工的待遇发放，而是以研修费的名义发放，那么这笔研修费是多少呢？一般只有日本员工工资的一半。

第四个问题是中日两国管理机构的共同剥削。既然是作为劳务输出，就意味着是去海外挣钱,那么中国的派遣机构要收钱,日本当地的管理机构也要收钱,结果研修生实际到手的工资,少得可怜。我在宫城县调查了一家水产加工企业,这家企业有 8 名中国研修生,年龄都是在二十几岁,男性 5 人,女性 3 人,都是辽宁人。这家企业的老板告诉我,除了加班费,他每个月支付给中国研修生的固定工资是 14 万日元,而工厂里日本同年龄员工的月工资是 18 万日元,相差 4 万日元。但我问中国研修生,你们实际到手每个月是多少钱?他们回答是 9 万日元,大约是 5400 元人民币。那么还有 5 万日元跑哪里去了呢?这 5 万日元中,辽宁的劳务派遣公司收了 3 万日元,日本当地的渔业劳务管理协会收了 2 万日元。我问这两家机构为什么每个月都要收这么多的钱,他们的回答很简单,就是研修生的管理费。我算了一笔账,如果中国一家劳务派遣公司往日本派 100 名研修生,每个月就可以有 300 万日元的管理费收入,这 300 万日元,相当于 18 万元人民币。

第五个问题是挣钱的压力。在 20 世纪 90 年代,当中国人的月工资只有几百元的时候,到日本辛苦一个月,就可以挣几千元,因此再辛苦也会忍耐。但是现在,在上海的餐厅里端端盘子,每个月也可以挣到两三千元人民币的时候,日本的四五千元人民币的收入,就失去了吸引力。于是,加班成了研修生们获取额外收入的最主要的途径。像宫城县的这家企业,在渔汛期,一个月基本上要加班 100 个小时,也就是每天加班 4 个小时,基本上是上午 8 点钟开始工作,到晚上 9 点钟才能下班,每周也只能休息一天。研修生每小时的加班工资是 500 日元,也就是 30 元人民币,一个月也就多出 5 万日元,刚好把中日两家管理机构抽取的管理费挣回来,使得自己每个月的收入维持在 8000 多元人民币的水准。

第六个问题是生活的压力。由于研修生工作的地方大多数是偏僻的渔农村,因此平时没有太多的娱乐生活。许多研修生是独生子女,在国内没有吃过那么多的苦,在日本的饮食也有许多的不适应,加上语言障碍,收入又不高,每年还不能回家探亲。而且在出国时,国内派遣公司还收取了 5—10 万元人民币不等的押金,因此他们的生活与精神压力都很大。这些年来,至少有 30 多名中国研修生在日本研修期间劳累死亡、生病死亡,或者在工作事故与交通事故死亡,甚至还有自杀。

虽然存在上述这些问题，但是外国人研修生制度的最大问题，还是日本政府这一制度本身的问题。明明是引进国外的劳动力，却偏偏要以一个"研修生"和"技能实习生"的名义，种菜杀鱼，这种谁都能干的活让外国人来日本研修，本身就是一个笑话。所以日本政府挂着这块"遮羞布"，使得雇佣外国研修生的日本企业和雇主，就可以逃避履行劳动法所规定的企业雇佣义务，譬如劳灾保险、雇佣保险、男女同工同酬等。所以，这一制度本身，就是一个剥削外国廉价劳动力的制度。

同时，一部分日本企业和雇主强迫研修生加班，而加班费比日本平均的小时工资还要低。有的变态的雇主对中国女研修生进行性骚扰，甚至在女研修生的宿舍里安装摄像头。这些雇主并没有把外国研修生当作正规的劳动者对待，而是视为好欺负的廉价劳动力加以虐待。有的雇主为了防止中国研修生逃走，以代为保管的名义，扣押研修生的护照。

联合国人权组织已经多次对日本政府提出批判，日本媒体也多次曝光，甚至指责日本政府是变相推行一种奴隶劳动制度。但是这一问题一直得不到合理的解决。

日本厚生劳动省在2017年1月27日公布的数据显示，截至2016年10月底，在日本的外国人研修生超过21万人，同比增长25%，他们支撑着日本的农业和渔业以及东北地区的灾后重建与2020年东京奥运会场馆的建设。外国人研修生中，最多的是中国人，达到9万人。其次是越南人，还有菲律宾、马来西亚、印度尼西亚人。但是，日本政府的统计也称，在过去六年中，至少有1万名中国研修生中途逃离，下落不明，或者在居酒屋打黑工。

中国研修生在日本遭受非人待遇，被克扣工资，遭到性骚扰，工伤事故得不到很好的治疗与补偿，遇到这些问题，一定要理直气壮地捍卫自己的权益。

我接受北京《法制晚报》的采访时，向中国研修生提出了这样的建议：

假如在日本受到了不公正待遇，研修生可以向日本当地的劳动监督署（专门管理劳动人事的政府机构）进行申诉。即便不懂日语，只要提供相关的书面材料，劳动监督署也会出面处理。劳动监督署在日本拥有很强的执法权力。遇到人身伤害和遭到性骚扰时，要保留好证据，可以直接向当地的警察署报警。

同时，研修生还可以向日本专门援助外国人的工会组织和律师团体提出申诉。此外，遇到大事要及时向中国大使馆或是领事馆通报，寻求中国政府的保护。总之，不管遇到什么情况，研修生都不能忍气吞声，要寻求日本法律的帮助。一般情况下，日本雇主是怕吃官司的，也很怕自己的名声被搞臭。

最后，我还要特别提醒准备出国的研修生们，你们在与国内的劳务公司签订合同时，一定不要忘记写上这么一句话：因日方雇主原因被迫提前回国，不得扣除押金。因为，我们为了生活，吃苦可以，但是受气绝对不行。

24. 从一起强奸案看日本司法制度公正性

　　2017 年 5 月，日本社会爆出了一起强奸案。这起强奸案之所以引起全社会的关注，首先是日本最牛的搜查机关——东京警视厅的重案组调查了几个月，居然被检察院一脚踢回，宣告强奸嫌疑犯无罪。其次是，涉嫌强奸的这名男子是日本著名的记者，多次出入中东战场，而且还担任过 TBS 电视台驻美国华盛顿支局局长。再次，这名记者有一个很特殊的背景，他与当今的日本首相安倍有着十几年的亲密友情，并为安倍写过两本书。而这起案件引起人们兴趣的还有，受害女性公开举行记者会，不仅公开了自己的容貌，而且还公开了自己的名字。她在记者会上提出了一个要求，那就是要求检察审查会对于这起案件重新审理，代替检察院强制起诉这名男子。

　　我感兴趣的，不仅仅是这起案件的本身，另外还有这名受害人提到的"检察审查会"到底是一个什么样的机构？从中去探寻日本司法制度的内幕。

　　这起强奸案起因很简单，但是过程有点复杂。

　　受害女子名叫伊藤诗织，28 岁。她大学毕业后，曾经在美国留学。由于一心想当一名国际新闻记者，经朋友介绍，认识了当时担任日本 TBS 电视台驻美国华盛顿支局局长的山口敬之，山口当时是 51 岁。

　　2015 年 3 月下旬，诗织给山口发去自己的简历，询问能否去华盛顿支局当记者。山口回邮件说："只要签证没问题，以 TBS 的力量不是不可以，我会考虑。我下周临时回国，如果有时间的话，一起吃个饭。"

　　一周后的 4 月 3 日，山口回国，约诗织在东京惠比寿吃饭。两人先在一家串烧店喝酒，然后又去了一家寿司店，结果，诗织在寿司店里醉倒，失去了意识。第二天早晨醒来，发现自己是全裸躺在一家酒店的床上，而且下身有疼痛感，

此时山口也是全裸趴在她的身上。这时，她意识到自己遭到了山口的奸淫。

两人离开酒店后，诗织马上去药店买了避孕药，并去医院妇产科做了检查。第二天，诗织给山口发了一份邮件，问他："你是不是考虑过我这样会怀孕？"山口回复说："我并不是趁你意识不清醒时与你发生关系。我当时也醉了。只是看到你这样漂亮的女人半裸着躺到了我的床上，于是就做了这样的事。我们双方都应该反省这件事，不应该单方面谴责我。"

根据山口的说法，那天夜里，诗织并没有喝醉，而是同意跟他一起去酒店开房。只是到了酒店后，诗织在厕所里呕吐，弄脏了外套和内衣，于是山口帮她脱了衣服，扶她到床上睡下，还帮她洗了胸罩。半夜里，诗织上了一趟厕所，回来后，诗织便钻到了他的被窝里，于是两人就自然而然地发生了关系。

由于山口一直不肯向诗织道歉，诗织在案发5天后就走进了东京警视厅高轮警察署报了案。于是高轮警察署展开了调查，不仅找到了当时从寿司店送山口和诗织两人去酒店的出租车司机，还调看了酒店的监控录像，从诗织的内裤上找到了山口犯案的证据。

出租车司机回忆说，当时诗织是处于昏睡状态，是被山口抱上车的。上车后，诗织一直在喃喃地说"送我去车站"。

而山口在接受警方调查时称，"诗织是自己坐上出租车跟我去酒店的"。但酒店的监控录像也显示，诗织是被山口搂抱着走进酒店和房间的。

警方根据诗织昏睡的状况，怀疑山口在诗织喝的酒水中加了安眠药，并强奸了她。所以，高轮警察署在搜集了大量的证据之后，发出了逮捕令，并在山口再次回国的时候，在成田国际机场设下埋伏，准备在山口走出机场时实施拘捕。但是，就在山口抵达成田国际机场走下飞机之时，搜查员突然接到东京警视厅总部的指示：停止逮捕行动。

诗织在接到搜查员从机场打来的"山口从我们眼前走过，我们无能为力"的电话时，感觉到在这起普通的强奸案的背后，有一股强大的势力在干扰。

日本著名的周刊杂志最近在报道这一案件时，说下达停止逮捕行动命令的是当时的东京警视厅的刑事部长。这位刑事部长随后将这起普通强奸案的搜查权从高轮警察署收归到警视厅总部，直接交给了负责全国重大案件搜查的警视厅搜查一课去负责搜查。

东京警视厅虽然看上去跟北京市公安局的概念有点相近，都是负责首都治安的警察机构，但是它与北京市公安局不同的是，东京警视厅与国家警察厅是合署办公，事实上也是一套班子两块牌子，因此，东京警视厅事实上行使着指挥全国警察的权力。

根据警视厅刑事部长的指示，负责全国重案调查的警视厅搜查一课接手了这起强奸案的搜查工作。诗织向媒体透露说，搜查一课警察找她谈话，希望她与山口寻求私下和解，说对方是 TBS 电视台的名记者，背后有势力。但诗织不同意。于是搜查一课以书类起诉——日本一种轻犯罪的简易起诉方式，向东京地方检察院提出了起诉，结果在 2016 年 7 月，检察院以证据不足为由宣告不予起诉。

最早报道这一强奸案丑闻的《周刊新潮》杂志说，这位下令中止逮捕令的警视厅刑事部长，应该是后来走进首相官邸，担任了安倍内阁官房长官秘书官的中村格。

山口敬之是何许人也？在日本的新闻界，他是一位赫赫有名的记者！大家是否记得 2007 年 9 月 12 日，安倍晋三第一次当首相才一年，选择在这一天宣告辞职的事。在日本所有的媒体中，最先报道这一辞职消息的，就是当时担任 TBS 电视台驻首相官邸记者的山口。山口也因为这一特殊功劳，后来升任为华盛顿支局的局长。

山口为何能够预先获得安倍辞职的消息？因为他跟了安倍整整 16 年，是安倍身边少有的可以进入安倍家一起喝酒的御用记者。2016 年，山口出版了一本近距离观察安倍的书《总理》，封面的照片是山口拍的：安倍靠在自己的首相办公桌上打电话——这也是日本社会第一次公开安倍首相办公室的内部陈设。2017年2月，山口又为安倍首相写了一本《暗斗》。

正因为如此，突然下达停止逮捕令，然后决定不被起诉，山口的背后有没有安倍首相或者首相官邸给予警视厅的幕后指示？这成了当今日本社会最为关注的问题。

而这一事件引起全社会关注，是因为在5月29日，诗织在律师的陪伴下，在司法俱乐部举行了一次公开的记者会。她说："我知道举行这个记者会，将会给自己的声誉带来影响，给家人带来麻烦，自己的履历上也会留下污点，但是我希望得到正义。"诗织不仅没有要求电视台给自己的脸打上马赛克，而且还公布了自己的名字，向日本社会揭露了这起强奸案的前因后果，要求检察审查会对山口实施强制起诉。

检察审查会是由市民代表组成的对检察院的监督机构，以防止检察院徇私枉法。按照规定，对于检察院决定不予起诉的案件，检察审查会认为有必要起诉的话，可以代替检察院向法院提出强制起诉。最近几年，多起被检察院宣布不予起诉的政治家犯罪嫌疑案，都是通过检察审查会的强制起诉，最终真相大白。

诗织在举行记者会之前，已经向检察审查会提出了请求，她把伸张正义的希望寄托在检察审查会身上，也寄托在社会舆论上。

检察审查会是否会决定起诉山口，这一结果目前还不得而知，但是安倍首相显然已经是"躺枪"了。

进入2017年，安倍首相的麻烦不断，刚刚躲过大阪"森友学院"廉价买地事件，最近又被媒体抖搂出涉嫌替朋友担任理事长的"加计学园"新设兽医学部一事对文部省施加压力。从"森友学院"事件到"加计学园"问题，再到山口强奸案，虽然许多问题或许还是捕风捉影，但日本国民还是从中看到了安倍首相利用手中权力轻易地为他人谋取私利的问题。尤其是安倍首相的夫人在山口为自己辩解的Twitter上点赞，引起了人们更多的猜测：在一个宣扬司法公正的社会里，一起普通的强奸案到底能否冲破重重看不见的政治阻力，实现公平透明的诉讼？这确实考验日本司法制度的公正性。